Olshausen, Theodor

Geschichte der Mormonen

oder Jüngsten-Tages-Heiligen in Nordamerika

Olshausen, Theodor

Geschichte der Mormonen

oder Jüngsten-Tages-Heiligen in Nordamerika

inktank publishing, 2018

www.inktank-publishing.com

ISBN/EAN: 9783750343429

All rights reserved

This is a reprint of a historical out of copyright text that has been re-manufactured for better reading and printing by our unique software. Inktank publishing retains all rights of this specific copy which is marked with an invisible watermark.

Geschichte
der
Mormonen
oder
Jüngsten-Tages-Heiligen in Nordamerika.

Von

Theodor Olshausen
in St. Louis im Staate Missouri.

Göttingen
Vandenhoeck und Ruprecht's Verlag.
1856.

Inhalt.

			S.	1
Einleitung	. . . .			
Cap. I.	Joe Smith's Jugend, erste Visionen und Heirath	. . .	—	9
„ II.	Die angebliche Auffindung der Goldplatten und die Herausgabe des Buches Mormons (Anhang Nr. 1.)	. . . .	—	14
„ III.	Inhalt des Buches Mormons	. . . .	—	21
„ IV.	Der wahre Ursprung des Buches Mormons. Spaulding		—	25
„ V.	Die Gründung der Mormonen-Kirche in Manchester, New-York. Ihr erstes Aufblühen bis zur Verlegung des Sitzes der Kirche nach Kirtland in Ohio		—	29
„ VI.	Die Kirche in Kirtland. Verlegung des Hauptsitzes der Kirche nach Independence in Missouri		—	33
„ VII.	Aufenthalt der Mormonen in Independence und ihre Vertreibung von dort		—	37
„ VIII.	Joe Smith gejucht. Fernere Geschichte der Kirche in Kirtland. Des Propheten Flucht nach Missouri		—	42
„ IX.	Die Mormonen in Far West und der Umgegend. Ihre Vertreibung aus dem ganzen Staat Missouri		—	46
„ X.	Der Auszug aus Missouri. Befreiung der gefangenen Mormonen-Führer		—	53
„ XI.	Niederlassung der Mormonen in Nauvoo und die Organisation ihres Stadtregiments		—	59
„ XII.	Die Hierarchie unter den Jüngsten-Tags-Heiligen. Ihr Glaubensbekenntniß		—	66
„ XIII.	Die Friedensperiode in Nauvoo (Anhang Nr. 2.) . . .		—	75
„ XIV.	Der Prophet des Mordversuchs an Ex-Gouverneur Boggs angeklagt. Die öffentliche Meinung wendet sich gegen die Mormonen. Joe Smith's Candidatur zur Präsidentschaft der Vereinigten Staaten (Anhang Nr. 3. u. 4)		—	83
„ XV.	Streitigkeiten der Mormonen unter sich. Rüstung zum Kampfe		—	91
„ XVI.	Die Mormonen liefern die Staatswaffen aus und der Prophet und der Stadtrath stellen sich als Gefangene. Joseph und Hiram Smith im Gefängnisse zu Carthage ermordet		—	97

Cap. XVII.	Joseph Smiths Wirksamkeit und Charakter . . .	S. 101
„ XVIII	Gouverneur Ford in Nauvoo während der Mordscene in Carthage. Nächste Folgen der Ermordung des Propheten. Brigham Young zu Smith's Nachfolger erwählt . . .	— 111
„ XIX	Die „Wolfsjagd" in Hancock-County. Zurücknahme der Mormonen-Privilegien. Der Proceß gegen die Mörder des Propheten. Der Proceß gegen die Zerstörer der anti-mormonischen Presse. Verwüstung von Green Plains. Rache der Mormonen. Vergleich (Anhang Nr. 5.) . . .	— 116
„ XX.	Auszug des Vortrabs aus Nauvoo. Vollendung des Tempelbaues. Der große Exodus der Hauptmasse der Mormonen	— 124
„ XXI.	Gewaltsame Vertreibung der in Nauvoo zurückgebliebenen Mormonen und der neuen Bürger Nauvoo's . . .	— 128
„ XXII.	Die Stadt Nauvoo nach dem Exodus	— 134
„ XXIII.	Das Mormonen-Lager der zuletzt Vertriebenen am Mississippi. Die Mormonen-Lager am Missouri. Die Indianer. Die Aushebung für die Vereinigten-Staaten-Armee . .	— 138
„ XXIV.	Die Wanderung nach Utah. Die Heuschrecken-Plage. Die Hungersnoth. Das Goldfieber	— 144
„ XXV.	Die Verfassung des Staates Deseret. Territorialregierung von Utah	— 151
„ XXVI.	Verbesserung und Ausbreitung der Ansiedelungen in Utah	— 158
„ XXVII.	Sociale Einrichtungen: Arbeit — Neger — Landwirthschaftliche Verhältnisse — Industrie — Geselliges Leben — Schul- und Unterrichtswesen (Anhang Nr. 6.) . . .	— 164
„ XXVIII.	Die mormonische Philosophie	— 170
„ XXIX.	Die Polygamie. Der angebliche Orden der „Kloster-Heiligen." Der Gladdenismus	— 175
„ XXX.	Das Verhältniß zu den Indianern u. zur Bundesregierung	— 184
„ XXXI.	Der numerische Bestand der Mitglieder der Mormonen-Kirche	— 190
Chronologische Uebersicht der Geschichte der Mormonen	— 195
Anh. 1.	Certificate der bei Kinderhook, Illinois, aufgefundenen Metall-Platten und Glyphen	— 199
„ 2.	Aus der Offenbarung an Joseph Smith, Nauvoo, 12. Juli 1843	— 200
„ 3.	Joseph Smith's Correspondenz mit den Präsidentschafts-Candidaten Henry Clay und J. C. Calhoun . . .	— 202
„ 4.	General Joseph Smith's Ansichten über die Regierung und die Politik der Vereinigten Staaten	— 219
„ 5.	Circularschreiben des Hohen Raths an alle Gemeinden der Kirche der Jüngsten-Tags-Heiligen, vom 20. Januar 1846	— 234
„ 6.	Aus Salt-Lake-City-News vom 11. Januar und vom 8. Februar 1855	— 237

Einleitung.

Der Mormonismus ist eine so interessante Erscheinung und verspricht auch äußerlich eine solche Bedeutung zu erlangen, daß er aus den verschiedensten Gesichtspunkten eine allgemeinere Beachtung verdient, als ihm bisher außerhalb der Vereinigten Staaten zu Theil geworden ist. In seinem Ursprunge ohne große Originalität hat der Mormonismus durch die Zusammenwirkung pfäffischen Betruges, religiöser Schwärmerei, umfassender Menschenkenntniß, die sich nicht scheut, die Leidenschaften der Einzelnen zu selbstsüchtigen Zwecken auszubeuten, und eines unverkennbaren Talents, die socialen Zustände neu zu organisiren, eine Gesellschaft geschaffen, die in ein und derselben Organisation alle menschlichen Zwecke umfaßt, d. h. Kirche, Staat, wissenschaftliche und Bildungsanstalt, Leiter der Arbeiten und materiellen Schöpfungen, Vergnügungsanstalt — kurz Alles zugleich ist. Die Kirche — denn dieser Eigenschaft der Gesellschaft wird der erste Rang eingeräumt — kennt keine Aeußerung des menschlichen Zusammenlebens, keine menschliche Bestrebung, der sie überhaupt Berechtigung zugesteht, welche sie nicht in das Bereich ihrer Thätigkeit zieht und zu beherrschen strebt. Der Mormonenstaat ist eine mit aristokratischen und demokratischen Formen umgebene Hierarchie, von den Gläubigen selbst "Theo=Demokratie" genannt, der Theorie nach von dem Oberhaupte, dem Propheten, allein abhängig, der seine Anordnungen von unmittelbaren göttlichen Offenbarungen ableitet. Dieser legale Absolutismus ist aber thatsächlich durch die Zustimmung der Würdenträger, der Aristokratie, und durch das Geschehenlassen der Masse, des demokratischen Elements, beschränkt. Denn da der Prophet kein äußeres Zeichen seiner angeblichen näheren Verbindung mit Gott an sich trägt, da er nicht durch Abstammung, noch auch durch eigentliche Wahl zu der höchsten Würde berufen ist, sondern nur durch die wirkliche oder vorgeschützte Meinung von seiner göttli=

chen Bevorzugung seine Stellung inne hat, so würde er bald gestürzt werden, wenn er in seinen auf Offenbarungen gestützten Gesetzen und Vorschriften zu sehr gegen die Ansichten und Interessen der Aristokratie, d. h. der Priesterschaft, oder des Volkes verstieße.

Daß eine so constituirte Gesellschaft nicht in enger Vereinigung mit den übrigen civilisirten Staaten, seien sie monarchisch oder republikanisch, leben kann, haben die Mormonen nie verkannt und haben deshalb gestrebt, sich auf alt=jüdische Weise von allen übrigen Völkern möglichst abzuschließen. Sie haben durch einen schroffen Gegensatz der Sitte und der Lebensweise zuerst eine Scheidewand gegen „die Heiden", wie sie alle nicht-mormonischen Christen nennen, aufzuführen gesucht, und als dies unvermeidlich zu Collisionen führte, denen sie nicht ausweichen wollten und gegen welche Stand zu halten sie zu schwach waren, haben sie sich in die Einöde zurückgezogen, wo sie für einige Zeit neben einzelnen Indianerstämmen das Reich allein haben, wenn sie auch äußerlich die Hoheit der Bundesregierung der Vereinigten Staaten anerkennen.

Die Trennung in den Sitten ist durch die erst später geschehene Einführung der Polygamie noch weit stärker geworden und macht sie besonders bei der anglo=amerikanischen Bevölkerung verhaßt oder giebt dieser wenigstens einen Vorwand, sie in gehässigem Lichte darzustellen. Im Grunde ist den Amerikanern die selbstständige Richtung der Mormonen im Religiösen, Politischen und Socialen gleich sehr zuwider. Der theoretische Grundsatz der Verfassung, daß alle religiösen Gesellschaften gleichberechtigt seien, wird in den Vereinigten Staaten praktisch nur in einem sehr beschränkten Umfange anerkannt. Daß die Mormonen sich aus der großen Zahl christlicher Secten aussondern und diese „Heiden" nennen, wird ihnen ein christlich=amerikanisches Gemüth nie vergeben. Daß sie ferner durch ihre eigenthümlichen politischen Einrichtungen zeigen, daß sie den Zuschnitt der amerikanischen Constitutionen nicht für sich passend finden, vergißt ihnen der Republikaner der Freistaaten nicht; daß sie die „eigenthümliche Institution" der Sklaverei verschmähen, ja daß sie es gewagt haben, dagegen zu agitiren, kann ihnen der sündliche Sklavenhalter nimmer vergeben. Selbst die verschiedene Sitte im alltäglichen Umgange ist dem Angelsachsen widerlich und kann er solche in seinem eigenen Lande nicht ertragen. So hielten es die zuerst nach dem Mormonenlande geschickten Vereinigten-Staaten-Richter dort kaum ein paar Monate aus, verließen ihren Posten und reisten wieder nach dem Osten zurück unter der Versicherung, in der Salzsee-Stadt könne kein Nicht-Mormone leben. Und doch hatte man ihnen kein Haar gekrümmt und nichts Positives in den Weg gelegt.

Trotz dieser großen Abneigung ihrer Nachbaren und vielleicht grade wegen der Grundverschiedenheit dieser Secte von allen übrigen christlichen Secten, hat sie in kurzer Zeit eine große Zahl von Anhängern gefunden und fast in der ganzen Welt, unter Christen, Juden und Heiden Proselyten gemacht. Sie scheint auch, wenn auch unter temporären Hemmungen, im Allgemeinen noch zuzunehmen.

Wie ist dieser auffallende Erfolg zu erklären? Man hört häufig die Behauptung aussprechen, daß es die Polygamie sei, welche der Secte einen so großen Zulauf verschaffe. Daß darin der Hauptgrund nicht liegt, geht daraus hervor, daß der Mormonismus seinen bisherigen größten Höhepunkt schon erreicht hatte, als die Polygamie nur erst im Geheimen als erlaubt anerkannt war, denjenigen aber, welche erst zu der Kirche überzutreten wünschten, noch sorgfältig verheimlicht wurde. Die Vielweiberei mag den Uebertritt zum Mormonismus im Orient vielleicht erleichtern, ob aber in Amerika und Europa, woher bis jetzt die große Mehrzahl der Mormonen stammt, nicht grade das Gegentheil der Fall ist, das ist wenigstens noch zweifelhaft. Um die Frage beantworten zu können, woher der Erfolg des Mormonismus komme, wird zunächst darauf zu sehen sein, woher die Secte ihre Mitglieder erhalten hat. In dieser Beziehung ist es nun unzweifelhaft, daß die ganz überwiegende Mehrheit der Mormonen von der protestantischen christlichen Kirche abgefallen ist, sowie daß sie dem angelsächsischen Stamme angehört, denn außer aus dem englisch-redenden Amerika und aus Großbritannien ist nur aus Skandinavien eine erheblichere Zahl von Anhängern gewonnen worden. Katholiken gehen selten zum Mormonismus über, weshalb auch wenige geborene Irländer unter ihnen sind. Ebenso sind sehr wenige von romanischer Abstammung unter ihnen, ob wegen dieser ihrer Abstammung oder weil sie Katholiken sind, ist schwer zu entscheiden; und dasselbe ist mit den Deutschen der Fall, diese mögen Protestanten oder Katholiken sein. Es sind weit mehr Heiden (Polynesier, Hindus und Chinesen) Mormonen geworden, als Portugiesen, Spanier, Franzosen, Italiener und Deutsche zusammengenommen. Auch ist es nicht gelungen, Juden und Indianer in größerer Anzahl zu gewinnen, obgleich die mormonischen Missionäre gleich Anfangs ihr besonderes Augenmerk auf beide richteten und auch Palästina mit einer Mission versahen. Die Protestanten englischer Abkunft sind also der Hauptstamm der Mormonen. Unter diesen sind nun viele unbefriedigt durch ihr Kirchenwesen, wovon schon der auffallend häufige Uebertritt von einer Secte zur andern einen Beweis zu liefern scheint. So sehr auch der nüchterne praktische Verstand bei den Anglo=Sachsen überwiegt und so wenig bei der Mehrzahl derselben ihr Geschäft, ihr tägliches Leben und ihr ganzes Treiben von einer höheren Idee durchdrungen ist, so haben doch Viele einen Hang zum Mysticismus, welchen der fixirte Offenbarungsglaube ihrer speciellen Kirche nicht hinreichend befriedigt. Die fortgehende Offenbarung, welche die Mormonenkirche annimmt, hat für diese Leute etwas Anziehendes, und das Barocke ihrer Religionslehren fesselt sie mehr, als es sie abstößt. Der Katholicismus hat freilich ein ähnliches Element und doch ist der Uebertritt zur katholischen Kirche eine sehr seltene Erscheinung; aber hier wirkt der den Protestanten englischer Abkunft von früher Jugend an eingepflanzte Haß gegen den Katholicismus mächtig ein, wogegen eine ganz neue Kirche weit vortheilhafter gestellt ist. Die häufig in die geringfügigsten Einzelheiten eingehenden Offenbarungen, welche der Mormonen=Prophet vom Himmel zu empfangen sich rühmt, sind in der That für gläubige Seelen ein sehr bequemes Ruhekissen und belohnen den Mormonen schon hier auf Erden für seinen Glauben, der ihm in jenem ein neues Paradies verheißt. Der Protestant bleibt dagegen bei allem seinen Glaubenseifer oft in der quälendsten Ungewißheit über den Inhalt des wahren Glaubens, über den ihm auch sein Geistlicher keine authentische Aufklärung geben kann, denn er steht so wenig in unmittelbarer Verbindung mit Gott, wie das einfache Kirchenmitglied. Die Offenbarung der Protestanten ist abgeschlossen; der Prophet der Mormonen erbittet sich täglich neue Offenbarungen vom Himmel. Bei Völkern, die im Allgemeinen so offenbarungsgläubig sind, wie die Engländer und Amerikaner, hatte daher der Mormonismus große Aussicht auf Erfolg, während im protestantischen Deutschland die Aufklärung oder der Unglaube schon so tief in die Massen eingedrungen ist, daß dort sehr wenige Hoffnung auf größere Verbreitung gewesen sein würde, auch wenn der Secte von Staatswegen freier Spielraum gelassen wäre.

Die gesetzwidrige und grausame Verfolgung, welcher die Mormonen in den Vereinigten Staaten ausgesetzt gewesen sind, hat wahrscheinlich der Secte mehr genutzt als geschadet, aber dennoch war zu ihrem Emporkommen der verfassungsmäßige Grundsatz der Religionsfreiheit nothwendig. Freilich wird diese mit Pomp verkündigte Freiheit häufig vom Volke verletzt, ohne daß die Regierungen den Willen oder die Kraft haben, dem vorzubeugen, oder wenigstens den Schaden, so weit möglich, zu ersetzen; solche Rechtsverletzungen pflegen aber erst einzutreten, wenn eine neue Secte allgemeinere Aufmerksamkeit auf sich zieht, also schon zu einiger Stärke gelangt ist. Da die Verfolgung ferner immer als illegal, als Gewaltthätigkeit eines Theiles des Volkes erscheint, so erweckt sie bei denjenigen, welche nicht mit den Sectirern in Berührung gekommen und kein Aergerniß an ihren Neuerungen und Schroffheiten genommen haben, eher Mitleid mit den Verfolgten, als Beifall und Billigung der Handlungsweise der Verfolger. Dies hat sichtlich mächtig zu Gunsten des Mormonismus mitgewirkt, denn nach jeder großen Verfolgung wurden sie zahlreicher, bis sie sich völlig in der Wildniß isoliren mußten, was freilich die Ausbreitung der Secte beschränkt zu haben scheint.

Man hat den Mormonismus häufig mit dem Muhammedanismus verglichen. Die Aehnlichkeit ist unverkennbar. Dasselbe sinnliche Element, wovon die Polygamie der Typus ist, dieselbe Verbindung des Kirchlichen und Staatlichen, derselbe geistliche Hochmuth sind charakteristisch für beide Religionen. Doch sind auch große Unterschiede vorhanden. Der Mormonismus kennt wenig Formeldienst und vorgeschriebene Religionsübung und er beschränkt sich, bis jetzt wenigstens, auf friedliche Propaganda. Ob er sich, wenn er einst mächtig werden sollte, nicht auch zu einer Verbreitung durch Feuer und Schwert entschließen würde, ist freilich noch nicht zu bestimmen. Uebrigens ist auch die Polygamie in Utah wesentlich verschieden von der muhammedanischen und morgenländischen überhaupt, denn sie kennt keine Abschließung und sociale Erniedrigung des weiblichen Geschlechts, sondern weist demselben in allen Beziehungen des geselligen und staatlichen Lebens dieselbe Stellung an, wie die übrige christliche Welt.

Indessen kann sich der Mormonismus noch sehr umgestalten. Schon einmal hat er durch Einführung der Polygamie seine Physiognomie bedeutend verändert. Es ist seine Natur, stets nach Zeit und Umständen zu wechseln in Dogmen sowohl, wie in kirchlichen, staatlichen und socialen Institutionen. Als feststehend und bleibend im Mormonismus dürfte nur das hierarchische Princip oder das Prophetenthum und eben damit der Charakter des Wandelbaren, die fortgesetzte Offenbarung, zu betrachten sein. Grade wegen dieser Wandelbarkeit ist über die Zukunft der Secte kaum eine begründete Meinung möglich. Nur ist es schwer zu vermeiden, daß es nicht früher oder später zu einem neuen großen Conflict mit den „Heiden" kommen wird. Zuerst ist dieser Zusammenstoß zu erwarten, wenn die Mormonen in ihrem Hauptlande Utah die numerische Stärke erreicht haben werden, welche sie nach dem bisher vom Congreß aufgestellten Grundsatze berechtigt, einen eigenen Unionsstaat zu bilden. Nach der in den Vereinigten Staaten herrschenden Meinung ist zu erwarten, daß der Congreß nur unter solchen Bedingungen geneigt sein wird, Utah als selbstständigen Staat aufzunehmen, auf welche die Mormonen schwerlich eingehen werden (Aufhebung der Polygamie, Garantien gegen das Uebergreifen der geistlichen Autoritäten in die staatlichen Verhältnisse). Dann wird es sich fragen, ob die Union den Willen und die Kraft hat, zu verhindern, daß der Utah- oder Deseret-Staat sich eigenmächtig constituiret. Utah mit Waffengewalt zu unterjochen, wenn es von einem kräftigen Volke vertheidigt wird, ist nicht ganz leicht, denn das Land ist durch Wüsten und Gebirge natürlich geschützt, und obwohl ein Binnen-Land, wird es sehr bald im Stande sein, durch eigene Production alle seine Bedürfnisse zu befriedigen, so daß eine Absperrung den Bewohnern keinen sehr wesentlichen Schaden zufügen würde. Auch würde ein solcher Krieg ebensosehr den Grundsatz der Souverainetät der Bewohner eines geschlossenen Gebiets verletzen, als den der unbedingten religiösen Freiheit.

Eine vollständige Entwickelung der Lehren und eine genauer eingehende Schilderung aller eigenthümlichen Einrichtungen der Mormonen ist nicht die Aufgabe, welche sich diese Schrift gestellt hat. Ein Werk der Art existirt auch in der englischen Literatur nicht und wird wohl noch lange auf sich warten lassen. Die Mormonen selbst scheinen nicht geneigt, ihr ganzes System im Zusammenhange darzulegen, obgleich sie Männer unter sich haben, die einer solchen systematischen Bearbeitung wohl gewachsen wären. Es scheint, daß sie ihre Neubekehrten nur nach und nach in ihre Religion einweihen und immer noch Geheimlehren haben. Deßhalb ist auch jeder Nicht-Mormone höchst unvollkommen befähigt, eine solche Schrift zu entwerfen, wenn er auch längere Zeit unter Mormonen gelebt haben sollte; denn den ganzen innern Zusammenhang ihrer Lehren, ihrer Denkungsart und ihrer Bestrebungen erfährt er nicht und er urtheilt zu leicht nach dem äußern Scheine. Sehr viele Berichte über den Mormonismus sind durch Abtrünnige verbreitet worden. Von diesen sind Viele zu wenig eingeweiht gewesen, Andere zu wenig gebildet, um eine wahre und genaue Mittheilung über das ganze Wesen der Mormonen-Gesellschaft machen zu können; Einige waren tief eingeweiht und gebildet, aber es ist ihren Mittheilungen nicht zu trauen, weil sie ganz offenbar leidenschaftlich eingenommen sind gegen ihre ehemaligen Glaubensbrüder. Die Schriften der Mormonen allein reichen endlich schwerlich aus, um eine vollständige und richtige Darstellung zu entwerfen; denn alle ihre Lehren und Institutionen sind einem raschen Wechsel unterworfen, und selbst Sätze, welche in ihren ältern religiösen Schriften als Grundlehren auftreten, sind später theils durch Offenbarungen, theils auch durch bloße Doctrin beseitigt. — Wir haben jedoch in dieses Buch dasjenige mit aufgenommen, was über die Lehren, Institutionen und socialen Einrichtungen allgemeiner bekannt ist und als ziemlich unzweifelhaft betrachtet werden kann.

Der Hauptinhalt unserer Schrift ist die Geschichte der Mormonen in den Vereinigten Staaten von Amerika. Die Entstehung der Secte — die Streitigkeiten mit ihren Nachbaren und die Verfolgungen, die sie von diesen und von den Staatsregierungen, in deren Gebiet ihre Hauptansiedlungen sich befanden, zu bestehen hatten — endlich ihr Auszug in die Wildnisse jenseits des Felsengebirges und ihre Niederlassung am großen Salzsee in Utah. — Diese Abschnitte bilden die drei Hauptperioden ihrer Geschichte, von denen jede ihr eigenthümliches Interesse hat. In der ersten Periode erscheint der Stifter des Mormonismus, von einigen wenigen verschlagenen Genossen und einigen einfältigen

Menschen unterstützt, nicht viel besser, als wie ein abenteuerlicher Betrüger, der um jeden Preis sein Glück machen und Aufsehen in der Welt erregen will. Dabei fällt am meisten auf, wie ihm dies inmitten eines gebildeten Volks ohne äußere Mittel, ohne Bildung, von einer verachteten Stellung in der menschlichen Gesellschaft aus und im Grunde sogar ohne alle originelle Idee so überraschend schnell gelingen konnte. Die Periode der Verfolgungen, in welchen sich die Ungerechtigkeit, Gemeinheit und Rohheit eines Theils des Volkes, welches sich rühmt, das freieste und gebildetste auf dem Erdboden zu sein, zeigt, nimmt eher für den Propheten und seine Anhänger ein; denn ihre Fehler und ihre Thorheiten, ihre Ueberhebung und ihr Uebermuth, die doch mit anerkennungswerthen Bestrebungen verknüpft waren, werden durch die Bosheit, die Selbstsucht und die Verblendung ihrer Feinde in den Schatten gestellt. Der Prophet selbst wird endlich auf niederträchtige Weise vom Pöbel ermordet und seine Anhänger werden aus dem cultivirten Theil der Vereinigten Staaten gewaltsam vertrieben. Die dritte Periode stellt die schwierige aber glücklich ausgeführte Uebersiedelung eines kleinen Völkchens von den Ufern des Mississippi nach einer vollkommenen Wüste jenseits des Felsengebirges dar. Es ist dies das einzige Beispiel von einer organisirten Auswanderung in Masse die eine aus vielen Tausenden bestehende Gesellschaft mit europäischer Cultur im Innern von Nordamerika unternommen hat. Die von ihnen eingenommene Wüste wird durch ihren Fleiß und ihre klugen Maßregeln in kurzer Zeit in ein wohlangebautes Land umgeschaffen.

Wie unbedeutend daher die Mormonen auch noch ihrer Zahl nach sind, so haben sie doch schon eine Geschichte, die wohl der Beachtung werth ist. Zugleich wirft diese Geschichte auf die öffentlichen Zustände in den Vereinigten Staaten, wie sie wenigstens noch vor Kurzem waren, ein helles, aber freilich wenig vortheilhaftes Licht. Sie zeigt, wie weit die praktische Ausführung hinter den in der Verfassung ausgesprochenen Grundsätzen zurückbleibt; sie lehrt, wie zerrüttend das Partheiwesen wirken kann, wenn es, statt auf Principien, auf den Vortheil der Partheien oder vielmehr ihrer Führer gebaut ist und jedes Mittel für erlaubt gilt, sobald es nur dem augenblicklichen Zwecke dienlich zu sein scheint. Recht und Gerechtigkeit müssen dabei nothwendig zu Grunde gehen.

Capitel I.

Joseph Smith's Jugend, seine ersten Visionen und seine Heirath.

Zu Anfang dieses Jahrhunderts lebte in dem Dorfe Sharon im Staate Vermont in Neu=England eine Familie Smith. Sie befand sich in sehr ärmlichen Umständen. Die Eheleute Smith übernahmen zwar mitunter ländliche und andere anständige Arbeiten für ihre wohlhabenderen Nachbarn, aber an einem regelmäßigen ordentlichen Erwerbszweige fehlte es ihnen gänzlich. Sie verfielen deshalb auf den Gedanken, sich die Leichtgläubigkeit vieler Leute in ihrer Umgegend zu Nutze zu machen und sich auf das Schatzgraben zu legen. Gegen gute Bezahlung versprachen sie mit Hülfe von Wünschelruthen, Sieben und sonstigen Zauber=Geräthschaften Goldadern oder vergrabene Schätze aufzufinden und denen, die sie bezahlten, anzuzeigen. Konnten sie Niemand finden, der sich betrügen lassen wollte, so durchwühlten sie auch wohl auf eigene Rechnung die Indianer=Grabhügel der Gegend; es scheint aber nicht, daß sie jemals sehr werthvolle Gegenstände gefunden haben. Bei dieser Beschäftigung mußten ihnen ihre beiden ältesten Söhne Hiram und Joseph (oder abgekürzt: Joe) hülfreiche Hand leisten. Joe, der jüngere von beiden, war am 25. Decbr. 1805 zu Sharon geboren. Diesen Ort verließen die Eltern jedoch schon 1815 und zogen in die Nähe des Oertchens Palmyra, in Wayne=County im Staate New=York, wo sie ihre alte Beschäftigung fortsetzten.

Joe zeigte schon als Knabe viel natürlichen Verstand und Witz, aber auch viel Ehrgeiz und ein großes Selbstvertrauen, welches ab und zu in Uebermuth, Frechheit und Eigensinn ausartete. Obgleich seine Familie sehr geringe Achtung genoß, so wußte er sich doch unter seinen Jugendgenossen Ansehen zu verschaffen, denn er war gewöhnlich zuvorkommend und von einnehmendem Wesen, konnte aber auch, wenn sein leidenschaftlicher Charakter ihn fortriß oder wenn er imponiren wollte, streitsüchtig und grob sein, wodurch er sich oft Respect verschaffte, oft aber auch, in seiner Jugend, wie späterhin, Einzelne, die ihm zugethan waren, von sich stieß und zu entschiedenen Feinden machte. Seine Erziehung wurde sehr vernachlässigt; er besuchte die Schule wenig. Seine eigenen Anhänger sagen: "er hatte wenig Gelegenheit sich auszubilden, konnte jedoch in seinem 16ten Jahre ohne viel Schwierigkeit lesen und ziemlich schlecht schreiben, war aber im Rechnen sehr schwach." Seine sonstigen Kenntnisse beschränkten sich auf das, was er aus dem Umgange mit älteren, meistens wenig gebildeten Personen und aus der Lectüre einiger weniger Bücher lernte. Dagegen besaß er eine natürliche Beredtsamkeit, die ihm leicht die Herzen solcher einfältiger Leute gewann, welche das Excentrische seiner Ideen nicht zu erkennen und seine oft listig versteckten, selbstsüchtigen Absichten nicht zu durchschauen vermochten. In reiferen Jahren hat er vieles von seiner vernachlässigten Schulerziehung eingeholt und sich mancherlei verschiedenartige Kenntnisse angeeignet, doch hat er es nie dahin gebracht, sich in seiner englischen Muttersprache vollkommen grammatikalisch richtig mündlich oder schriftlich ausdrücken zu können.

Im Alter von 16 Jahren war Joe's Körper vollkommen ausgebildet; er war ein kräftiger Mann von mittlerer Größe, bei körperlichen Arbeiten gewandt und ausdauernd. Er blieb nun zwar im Hause seiner Eltern wohnen, suchte sich aber selbstständig landwirthschaftliche Arbeit bei seinen begüterten Nachbaren und betrieb nebenbei das Schatzgraben und Goldsuchen. Seine Gegner behaupten, er habe wenig gearbeitet, sondern hauptsächlich davon gelebt, daß er die Leute beim Goldsuchen betrogen habe. Er machte noch viel mehr Hocuspocus dabei, als seine Eltern. Gewöhnlich ließ er sich ein schwarzes Schaf liefern, welches er dann unter Beschwörungsformeln schlachtete, das Fleisch und Fell aber für sich behielt. Spötter sagten deshalb, sein Schatzgraben habe freilich wenig Gold und Silber, aber desto mehr Schaffleisch gebracht. Im Ganzen wurde seine Thätigkeit indessen wenig beachtet, bis es ruchbar wurde, daß Joe Smith Geistererscheinungen habe. Er vertraute dies geheimnißvoll diesem und jenem Freund an, sorgte aber dafür, daß die Sache möglichst bekannt wurde. Es gab manche, die ihm glaubten, doch fiel es schon jetzt auf, daß er die Geschichte von seinen Visionen sehr verschieden erzählte. Ohne Zweifel richtete er seine Erzählung etwas danach ein, wie er glaubte, daß er diesem oder jenem, der ihn anhörte, viel oder weniger des Abenteuerlichen bieten könne. Er hatte nun eine gewisse Celebrität in Palmyra, doch erstreckte sich sein Ruf noch nicht weit über die Gemarkung dieser Ortschaft hinaus.

Die Geschichte seiner ersten Visionen hat sich bei seinen Anhängern nach und nach zu einer festen Tradition ausgebildet, die im Wesentlichen folgendermaßen lautet *):

Als Joseph Smith sein sechzehntes Jahr vollendet hatte, (1822), begann er an sein Seelenheil zu denken. Er ging häufig nach einem entlegenen Ort im Walde, kniete dort nieder und „rief nach dem Herrn". Nachdem er oft inbrünstig gebetet und dadurch die Mächte der Finsterniß, von denen er besessen war, besiegt hatte, sah er einmal „ein helles und glorreiches Licht" am Himmel, welches sich nach und nach auf die Erde herabsenkte, ab wo er kniete. Er fühlte eine Verzückung, sein Geist wurde entrückt und er sah zwei lichte Gestalten, die ihm verkündigten, seine Sünden seien ihm vergeben und ihm solle die wahre Religion offenbart werden, denn alle bestehenden Religionssecten wären in schwerem Irrthum befangen. Darauf verschwand die Erscheinung, seine Seele aber empfand ein unbeschreiblich schönes Gefühl der Ruhe und des Friedens. Dieser Seelenzustand hielt jedoch nicht lange an, im Taumel des Lebens verfiel er abermals der Eitelkeit der Welt. Darauf folgte jedoch wieder die tiefste und aufrichtigste Reue.

Am 23. Seplbr. 1823 hatte er eine zweite Vision. Als er einsam auf dem Felde war, erschien ihm nämlich — so ist die mormonische Tradition — eine „überaus liebliche, unschuldige und glorreiche Gestalt", welche ihm mittheilte, daß der Messias erscheinen werde und daß vor dessen Ankunft allen Völkern das vollständige Evangelium gepredigt werden müsse. Er, Joseph

---

*) Vergl. Joseph Smith's Selbstbiographie im Millennial Star, Vol. 3. Nr. 2 ff. und Orson Pratt's Remarkable Visions. Liverpool (without date).

Smith, sei dazu zum Werkzeuge ausersehen; er solle die Absichten Gottes in Ausführung bringen. Zunächst habe er gewisse alte Schriften der Propheten, die „zum Evangelium des Reiches Gottes gehörten", ans Licht zu bringen. Der Ort, wo diese alten Schriften seit 1400 Jahren verborgen lägen, wurde ihm dabei näher bezeichnet. Es war dies ein Hügel in Ontario=County im Staate New=York, welcher nahe an der Bohlenstraße zwischen Palmyra und Manchester liegt und damals Mount Comora oder Cumora hieß, jetzt aber gewöhnlich „Mormon Hill" genannt wird.

Am folgenden Tage ging Smith nach diesem Hügel und fing auf der höchsten Stelle desselben an zu graben. In der Tiefe von wenigen Fuß traf er auf ein steinernes Behältniß, von welchem er die Deckplatte abnahm und darin verschiedene metallene Platten erblickte, die „wie Gold aussahen" und die mit Schriftzeichen bedeckt waren, die für Smith vollkommen unverständlich waren*). Während er nun die Schrift betrachtete, kam der Engel, der ihm am Tage vorher erschienen war, und sagte: „Siehe da!" und als er aufblickte, sah er „den Fürsten der Finsterniß umgeben von seinen unzähligen Gesellen." Die Stimme des Engels befahl ihm nun, noch vier Jahre zu warten, bis er den himmlischen Schatz höbe. Während dieser Zeit solle er sich fleißig mit dem Studium „des Koptischen" beschäftigen, um sich auf die Uebersetzung der Platten=Schrift vorzubereiten.

So lautet die Tradition der Mormonen, von der man schwer begreift, wie sie nicht nur bei den sectensüchtigen und zur Religions=Schwärmerei geneigten Amerikanern, sondern auch in England und sogar in Skandinavien bei so vielen hat Glauben finden können.

Uebrigens war natürlich bei Joe Smith an Koptisch=Lernen im Ernste gar nicht zu denken; abgesehen von allem übrigen

---

*) Nach einem anderen auch von Joseph Smith ausgehenden Berichte will er diesmal die sog. Goldplatten noch nicht gesehen haben, sondern bei dem Versuche, die Deckplatte zu heben, durch einen unsichtbaren Stoß zurückgeworfen sein. Vergl. The Mormons or Latter-Day-Saints in the Valley of the Great Salt Lake. By Lieut. J. W. Gunnison, of the topographical engineers. Philad. 1852. p. 27. Ueberhaupt laufen mehrere, in Einzelheiten von einander abweichende Traditionen neben einander her, in der Hauptsache stimmen jedoch alle überein.

hatte er dazu nicht die entfernteste Gelegenheit. Seine Unbekanntschaft mit den alten Sprachen war auch nach Ablauf der vier Jahre noch so groß, daß er einst, als ein klassisch gebildeter Mann ihn um den Sinn eines griechischen Satzes befragte, frech antwortete: es sei das Alt-Egyptisch und könne von Niemand übersetzt werden, als von ihm allein. Die Uebersetzung mitzutheilen, darauf ließ er sich natürlich nicht ein.

In die Zeit seiner angeblichen Vorbereitung auf die Entzifferung der heiligen Goldplatten-Schrift fällt auch Joseph's Heirath. Seine früheren Jugendbekannten und späteren Gegner erzählen seine Heirathsgeschichte ungefähr folgendermaßen *):

Er verliebte sich in ein junges Mädchen, welches in der Nachbarschaft seines Wohnorts lebte, Namens Emma Hale. Seine Zuneigung wurde erwiedert und er hielt förmlich um ihre Hand an. Der Vater des Mädchens betrachtete Joe aber als einen jungen Taugenichts und verbot ihm das Haus. Auch zog die Hale'sche Familie bald darauf nach Pennsylvanien. Smith war indessen weit entfernt, seine Liebe zu dem Mädchen so leichthin aufzugeben. Er beschloß zu Hales nach Pennsylvanien zu reisen und sich seine Geliebte mit oder ohne Einwilligung der Eltern zu holen. Um diesen Plan in Ausführung zu bringen, fehlte es ihm an zwei Dingen, nämlich an den nöthigen Geldmitteln, um diese weitere Reise zu unternehmen und an der Empfehlung einer geachteten Person, durch die er wieder in Hale's Haus eingeführt würde. Um beiden Mängeln abzuhelfen, beredete er einen leichtgläubigen Nachbaren Namens Lawrence, der mit Hale gut bekannt war, mit ihm zu diesem letzteren zu reisen, unter dem Vorgeben, daß er, J. Smith, in der Nähe von Hale's Wohnort eine Silbermine entdeckt habe, die sie gemeinschaftlich ausbeuten wollten. Lawrence ließ sich bethören, streckte die Reisekosten vor und empfahl Joe Smith dem alten Hale als einen gescheidten und vielversprechenden jungen Mann. Hale, der, ohne Joe selbst zu kennen, nur nach seinem Ruf über ihn geurtheilt hatte, ließ sich verleiten, ihn in seinem Hause aufzunehmen. Als nun Smith erst in Hale's Hause festen Fuß gefaßt hatte, war von der Silbermine nicht viel mehr die Rede und Lawrence sah sich genöthigt, mit leeren Händen und ohne

---

*) American Whig-Review. New-York. June 1851. p. 554 ff.

eine Silbermine gesehen zu haben, wieder zu Haus zu reisen. Bald darauf entführte Smith seine Geliebte und kehrte mit ihr nach Palmyra zurück, wo es ihm auch glückte, sich eine Wohnung zu verschaffen. Da es ihm aber noch an allem Hausgeräth fehlte, so mußte er auf neue Auswege denken, Geld zu machen. Zu dem Ende machte er sich an einen gutmüthigen alten Deutschen, der in der Gegend wohnte und Stowell hieß, und redete ihm viel von einer Goldader vor, die er entdeckt habe, und ihm überlassen wolle, wenn er ihm das nöthige Geld gäbe, um Mobilien für seine Wohnung anzuschaffen. Der Alte ließ sich in der That auf diese Art betrügen, obwohl er schon früher einmal Smith gegen Bezahlung hatte Schätze für sich suchen lassen, ohne irgend was an Werth dabei zu gewinnen.

Diese Erzählung stammt freilich von den Feinden der Mormonen her und ist in den Einzelheiten nicht immer wahrscheinlich, aber das Schweigen, welches die Mormonen selbst über die ganze Lebensgeschichte Joe Smith's von 1824 bis 1827 und namentlich auch über seine Heirath beobachten, läßt darauf schließen, daß jenen Berichten Wahres zum Grunde liegt, und daß dem nachmaligen Propheten die Art, wie er seine Frau bekam, nicht grade zur Ehre gereicht.

So dürftig diese Nachrichten über das frühere Leben Joe Smith's sind, so geht doch mit großer Wahrscheinlichkeit daraus hervor, daß er, wenigstens damals, kein Fanatiker war, der sich selbst täuschte, sondern ein gemeiner Betrüger, der sich vollkommen bewußt war, daß er die Menschen betrog, um sie zu seinen egoistischen Zwecken zu benützen.

Capitel II.

Die angebliche Auffindung der Goldplatten und die Herausgabe des Buches Mormon.

„Am 27. Septbr. 1827 überlieferte der Engel des Herrn die heiligen Schriften den Händen des Propheten" (d. i. Joe Smith's) — lautet die Tradition der Mormonen weiter. Smith gibt darüber folgende nähere Umstände an. Dem Befehle des Engels gemäß habe er sich vier Jahre nach seiner letzten Vision wieder nach dem Berge Comora begeben und an derselben Stelle wie früher die Erde weggeräumt, bis er auf das steinerne Behältniß gestoßen sei. Als er dasselbe aufgedeckt, habe er die Platten erblickt, die wie Gold aussahen. Es seien ihrer viele gewesen, die 8 Zoll lang und 7 Zoll breit, so dick wie eine Blechplatte und mit drei Ringen wie ein Buch an einander geheftet gewesen wären. Nachdem er die Platten herausgenommen, hätte er in das Behältniß gesehen und darin eine Kröte wahrgenommen, die alsbald herausgesprungen und die Gestalt des Fürsten der Finsterniß angenommen hätte. Dieser habe ihn eine Zeitlang starr angesehen, sei dann plötzlich auf ihn zugesprungen, habe ihm einen fürchterlichen Schlag gegeben und die heiligen Platten entrissen. Beherzt und durch übernatürliche Kraft gestärkt habe er nun lange mit dem Fürsten der Finsterniß gerungen, endlich glücklich den Schatz wieder errungen und sich dann schnell entfernt. Der böse Feind habe ihn noch eine Strecke verfolgt und ihm dann einen Stoß gegeben, daß er hoch in die Höhe geflogen. Endlich sei er glücklich damit in seiner Wohnung angelangt.

Zu gleicher Zeit will Smith in der Steinkiste auch ein Instrument gefunden haben[*]), welches er „Urim und Thummin" nennt und dem er die Kraft beilegt, durch dasselbe entfernte und vergangene oder zukünftige Dinge sehen zu können. Mit Hülfe dieses Instruments will er auch die Schriftzüge auf den Goldplatten enträthselt und übersetzt haben. Es bestand dasselbe nach ihm aus zwei Edelsteinen, die nach Art einer Brille durch ein metallenes Gestell mit einander verbunden waren. Daß ein derartiges Instrument wirklich in seinem Besitze war, ist erwiesen; er zeigte es u. A. seinem Bekannten Martin Harris, welcher behauptet, die beiden Steine seien vollkommen undurchsichtig gewesen[**]).

---

[*]) Nach einem andern Berichte fand er auch noch das „Schwert Labans" und einen Brustharnisch; vergl. Gunnison's The Mormons. p. 27. Doch spielen diese Sachen jedenfalls im Mormonismus keine große Rolle.

[**]) Nach der Erzählung eines darüber vernommenen Zeugen fand schon mehrere Jahre früher nicht Smith, sondern einer seiner Nachbaren, Willard Chase, als sie gemeinschaftlich einen Brunnen gruben, diese Steine, die Smith von ihm lieh, um sie näher zu untersuchen. Einige Tage darauf sagte er Chase, diese Steine hätten die Eigenschaft, daß man mit denselben Alles sehen

Wie der Prophet zu dem Betrug mit den Goldplatten kam, wird durch die folgende Aussage eines seiner Nachbaren, Peter Ingersol, erklärt*). Dieser erzählt nämlich, daß er Smith in einem vertraulichen Gespräch gefragt habe, wie er auf die Geschichte mit den Goldplatten verfallen sei? Darauf habe er ihm gestanden, daß die Sache allerdings nichts als eine Speculation von ihm sei, worauf er durch folgenden Vorfall gekommen sei. Im Herbst 1827 sei er einmal in den Wald gegangen und habe dort einen schönen weißen Sand gesehen, von dem er eine Quantität in seinen leinenen Kittel gethan, denselben zusammengebunden und so mit nach Hause genommen habe. Als er dort angekommen, habe er die Familie, bei der er gewohnt, beim Mittagsessen getroffen. Alle wären neugierig gewesen zu erfahren, was er in dem Kittel eingewickelt habe und hätten ihn mit Fragen bestürmt. Darauf hätte er ganz ernsthaft geantwortet, es wäre die goldene Bibel darin, wovon er schon früher zu ihnen gesprochen. Zu seinem eigenen Erstaunen hätten ihm Alle geglaubt. Er hätte darauf hinzugefügt: niemand außer ihm selbst, der sie sähe, könne am Leben bleiben, aber wenn sie es wollten, so wolle er sie gern herausnehmen und sie ihnen zeigen. Darauf seien Alle aus dem Zimmer hinausgelaufen. »Nun«, habe Smith geschlossen, »habe ich dies verdammte dumme Volk fest und will meinen Spaß durchführen!« Ingersol wird als ein wahrhafter Mann geschildert.

Fand nun auch Joe Smith mit der Auffindung der »goldenen Bibel« bei den Ungebildeten seiner Umgebung hin und wieder einigen Glauben, so setzte ihn doch andererseits das Bekanntwerden des angeblichen Fundes großen Anfeindungen aus. Sein Haus wurde oft von Volkshaufen belagert und mehrmals in dasselbe hineingeschossen, so daß er mit genauer Noth dem Tode

---

könne, was über und unter der Erde sei; man könne deshalb Schätze damit entdecken. Chase forderte nun die Steine zurück, Smith war aber nicht zu bewegen, sie wieder herauszugeben. Sie sollen übrigens aus gemeiner Hornblende bestanden haben. Vergl. American Whig Review. New-York 1851. und Turner's History of Philip and Gosham's Purchase.

*) Uebrigens ging auch damals ein Gerücht im nördlichen Theile des Staats New-York, daß in Canada eine goldene Bibel gefunden sei, welches Smith jenen Gedanken eingegeben haben mag. Gunnison The Mormons. p. 91.

entging. Daß diese persönliche Verfolgung allein in religiösem Fanatismus der protestantischen Secten seinen Grund hatte, ist wohl nicht in Zweifel zu ziehen. Orson Prath stellt die Sache so dar, als ob es vorzugsweise darauf abgesehen gewesen sei, Smith die sog. "goldenen Platten" zu rauben. Er fügt dieser Behauptung dann hinzu: "Da er nun immer in Gefahr war, von einer Bande verworfenen Lumpengesindels ermordet zu werden, so entschloß er sich endlich, den Ort (Palmyra) zu verlassen und nach Pennsylvanien zu ziehen. Er packte also seine Sachen auf, versteckte die Platten in einem Faß mit Bohnen und trat seine Reise an. Er war noch nicht weit gekommen, als ihn ein Gerichtsbeamter mit einem Befehl, seine Sachen zu durchsuchen und die Platten in Beschlag zu nehmen, einholte. Aber wie sorgfältig auch die Untersuchung angestellt wurde, die Platten waren nicht zu finden. Smith setzte nun seine Reise fort, aber ehe er noch seinen Bestimmungsort erreichte, hielt ihn ein zweiter Beamter mit einem ähnlichen Auftrag an, war aber eben so wenig im Stande, das Gesuchte zu finden. Endlich kam er glücklich in Nord-Pennsylvanien am Susquehanna-Fluß an, wo sein Schwiegervater wohnte" *). Auf welchen Grund hin die Befehle, die angeblichen Goldplatten mit Beschlag zu belegen, ergehen konnten, finden wir nirgends erwähnt.

Das Schwerste war nun noch übrig, nämlich ein Buch zu machen, was den Erwartungen des Volks einigermaßen entsprach und worauf der "Prophet" seine ferneren Pläne stützen konnte. Es fehlte ihm dazu vielleicht an Talent, gewiß aber an allen materiellen Mitteln; denn er mußte lange Zeit daran arbeiten, ohne auf sonstige Weise einen Verdienst zu haben, und das Buch mußte nachher gedruckt werden, was nicht unbedeutende Kosten verursachte. Aber für Geldmittel wußte er schon zu sorgen. Er wandte sich zunächst an den schon erwähnten Martin Harris in Palmyra, einen ehrlichen Mann und ehrenwerthen Bürger, der aber religiöser Schwärmer war, schon Quäker, Methodist, Baptist und Presbyterianer gewesen und neuen Glaubenslehren beizutreten um so geneigter war, je extravaganter sie waren. Er

---

*) Utah and the Mormons, by Benjamin G. Ferris. New-York 1854. p. 60 f.

hatte eine schöne Landstelle und lebte in recht wohlhäbigen Verhältnissen. Die Sache wurde ihm bei diesem sehr leicht. Peter Ingersol erzählt, daß Smith selbst ihm dies auf folgende Weise mitgetheilt habe: "Ich ging zu dem verdammten Narren und erzählte ihm, daß eine Offenbarung vom Himmel mir gesagt habe, er, Harris, solle mir 50 Dollar zur Herausgabe der goldenen Bibel geben." Nebenbei setzte er dem Harris jedoch auch auseinander, welche weltliche Vortheile die Herausgabe dieses heiligen Buches für sie Beide haben könnte; doch scheint dieser Harris mehr ein Betrogener als ein Theilnehmer am Betruge des Propheten gewesen zu sein. So leicht Harris für die Sache gewonnen wurde und die ersten 50 Thaler zu dem Unternehmen hergab, so wenig konnte Smith doch Harris Frau zu seinem Glauben oder zu dem Glauben an ihn bekehren. Sie widersetzte sich fortwährend der Theilnahme ihres Mannes an dem Bibelwerk und legte ihm, als er dennoch darauf einging, alle möglichen Hindernisse in den Weg. Harris ging jedoch mit Smith nach der Stadt Harmony in Pennsylvanien, um hier mit der Bearbeitung der angeblichen Goldplatten zu beginnen. Da aber Smith sich nicht durch seine schlechte Schreiberei compromittiren wollte und Harris ein noch schlechterer Scribent war, auch, wie sie wohl einsahen, das von ihnen flüssig gemachte Geld lange nicht ausreichte, so mußten sie noch einige Personen mehr in das Geheimniß ziehen. Smith wählte hierzu Oliver Cowdery, einen wenig gebildeten Schullehrer aus der Nähe von Smith's Heimath, und einen gewissen David Whitmer, der vorzüglich des Geldes wegen, welches er vorschießen konnte, gewählt zu sein scheint. Diese vier Personen machten sich nun auf folgende Weise an die Arbeit. Um die angeblichen Goldplatten auch seine Genossen nicht sehen zu lassen, setzte sich Joe Smith mit seinen "Urim und Thummin", die ihm die Augen öffnen sollten, hinter einen Vorhang und dictirte einem seiner drei auf der andern Seite des Vorhangs sitzenden Gehülfen; gewöhnlich schrieb natürlich der Schulmeister. Die Gehülfen verlangten mehrmals die Goldtafeln selbst zu sehen, aber Smith verweigerte dies aus guten Gründen hartnäckig, indem er sich darauf berief, daß seine Offenbarung ihm ausdrücklich verboten habe, die Platten irgend Jemand zu zeigen. Demungeachtet verstanden sie sich später dazu, eine Bescheinigung zu unterschreiben, daß sie die von J. Smith aufgefunbenen Platten selbst gesehen hätten *). — Die Arbeit währte über ein Jahr und ging im Ganzen ohne Unterbrechung von statten. Nur einmal traf es sich, daß der Frau Harris etwa hundert Seiten der angeblichen Uebersetzung in die Hände fielen, welche sie gottloser Weise verbrannte oder versteckte; ja sie weigerte sich sogar zu sagen, ob sie sie vernichtet hätte oder nicht. Es entstand nun die Frage, ob die Uebersetzung dieser 100 Seiten noch einmal gemacht werden sollte; einige der Gehülfen waren dafür, aber Joe's klügerer Rath, dies Stück Offenbarung lieber ganz wegzulassen, ging doch durch. Wahrscheinlich traute er seinen Urim und Thummin nicht die Kraft zu, gerade dieselbe Uebersetzung zu liefern, wie zum ersten Male, und wenn dann die erste Uebersetzung noch existirte, hätten höchst unangenehme Varianten ans Licht treten können.

Harris mußte die meisten Auslagen für die Herausgabe des Werkes bestreiten, dessen Kosten sich auf 2,500 Dollar belaufen haben sollen. Die Arbeit wurde am 15. Mai 1829 begonnen und das Werk gegen Mitte des Jahrs 1830, das erste Mal in einer Auflage von 5000 Exemplaren, herausgegeben.

Von den angeblichen Schriftzügen der sog. Goldenen Bibel haben einige NichtMormonen eine Abschrift, die mehrere Blätter

---

*) Indessen giebt es hierüber doch verschiedene Berichte und es bleibt etwas zweifelhaft, ob Smith's Genossen Mitbetrüger oder blos Betrogene waren. So hat z. B. Gouverneur Ford von Illinois von Männern, »die einst im Vertrauen von Joe Smith waren«, Folgendes selbst erzählen gehört. »Einige seiner Anhänger hatten den Propheten so dringend gebeten, ihnen die goldenen Platten zu zeigen, daß er nicht mehr ausweichen konnte, obgleich er ihnen schon früher gesagt hatte, die Platten wären nicht für das leibliche, sondern nur für das geistige Auge sichtbar. Er versammelte nun eine Anzahl seiner Anhänger in einem Zimmer, ließ sie lange beten und zeigte ihnen zuletzt ein Kästchen, welches den himmlischen Schatz enthalten sollte. Der Deckel wurde geöffnet, die Zeugen sahen hinein, konnten aber nichts erspähen, denn der Kasten war leer. Sie sagten daher: »Bruder Joseph, wir sehen die Platten nicht.« Der Prophet antwortete: »O ihr Kleingläubigen! wie lange wird Gott mit diesem gottlosen und verderbten Geschlechte Geduld haben? Sinket nieder auf die Knie, Brüder, allesammt und betet zu Gott, daß er euch eure Sünden vergebe und einen heiligen und lebendigen Glauben schenke, denn aller Glaube kommt von oben.« Seine Jünger folgten ihm, beteten über zwei Stunden aufs Inbrünstigste und sahen darauf wieder in das Kästchen. Jetzt waren sie überzeugt, daß sie die Platten sähen.« Vergl. Ford's History of Illinois. Chicago 1854. p. 257.

füllte, zu Gesicht bekommen. Diese wurden auch einem bekannten Philologen in New-York, dem Dr. Anthon, von Martin Harris gezeigt, um sein Urtheil darüber zu hören. Er erklärte ohne Anstand die ganze Sache für einen Betrug und die Schriftzüge für gar keine Buchstaben. "Das Papier", sagt er, "war mit allerlei krausen Charakteren bedeckt, welche in Columnen aufgestellt waren, und das Ganze endigte in einem wohlgeründeten Cirkel, der in mehrere Abtheilungen getheilt und mit verschiedenen sonderbaren Zeichen bedeckt war."

Indessen ist doch dieser Erklärung nicht unbedingtes Vertrauen zu schenken, denn es bleibt immer möglich, daß Smith Platten der Art, wie er sie beschreibt, wirklich gefunden hat. Denn daß es in der That solche Schriftmonumente aus einer früheren Indianer-Periode giebt, ist nach der Herausgabe der Mormonen-Bibel allgemein bekannt geworden. Professor Rafinesque beschrieb nämlich in seinem Asiatic Journal für 1832 bei Otolum in Mexico aufgefundene metallene Platten, die der Beschreibung der angeblich von Smith gefundenen sehr ähnlich sind. "Sie sind", sagt er, "mit Schriftzeichen versehen, die von oben nach unten laufen, wie das Chinesische, oder auch ohne sonstigen Unterschied in Querzeilen, wie das Egyptische und das Demotisch-Lybische"*). Ferner sind im J. 1843 in der Nähe von Kinderhook, Pike County in Illinois, sechs messingene Platten mit Schriftzeichen aufgefunden worden, die der dem Professor Anthon mitgetheilten Abschrift sehr ähnlich zu sein scheinen**). Die Thatsache des Fundes wird von neun Bürgern von Kinderhook bezeugt und darf wohl nicht bezweifelt werden, obwohl unter den Zeugen einige Mormonen zu sein scheinen und das Factum zuerst in der mormonischen Zeitschrift „Times and Seasons" mitgetheilt wurde***). Eben so wenig scheint hier ein Betrug in der Art möglich, daß die Mormonen etwa selbst, um ihre heilige Geschichte glaubwürdiger zu machen, die Platten angefertigt und vergraben hätten; denn dieselben mußten bei ihrer Auffindung

---

*) Utah and the Mormons by Benj. G. Ferris. New-York 1854. p. 54 f.

**) Der angefügte Steindruck ist eine Copie der Schrift auf einer der 6 Platten. Vergl. The Mormons. London 1852.

***) S. die Certificate im Anhange Nr. 1.

ihrer Beschaffenheit nach schon sehr viele Jahre in der Erde gelegen haben. Wenn nun Smith wirklich solche Platten gefunden haben sollte, so ist es schwer zu erklären, warum er dieselben nicht Personen zeigte, die ein ganz unpartheiisches Zeugniß von deren Existenz ablegen konnten, es sei denn, daß er fürchtete, man möchte ihm daraus nachweisen können, seine „goldene Bibel" könne unmöglich eine Uebersetzung jener Plattenschrift sein. Hat aber Smith nie solche Platten gefunden, wie uns noch immer das Wahrscheinlichste ist, so bleibt es höchst sonderbar, daß er eine Beschreibung erdichten konnte, die den erst später gefundenen Platten so nahe kommt, da doch, wie ich meine, vor 1827 von Metallplatten mit Schriftzügen, die in Nordamerika gefunden wären, nicht einmal in irgend einem gelehrten Werke die Rede ist. Und wäre dies auch der Fall, so wäre doch schwer zu begreifen, wie der von allen Gebildeten und von allen Büchern abgeschnittene, auf dem Lande lebende, selbst ganz ungebildete junge Mann sich eine so genaue Kenntniß von diesen Alterthümern verschafft haben sollte.

Capitel III.

Inhalt des Buches Mormons.

Das Buch Mormon's, oder die sog. Goldene Bibel, besteht aus einem Duodez-Bande, welcher in der ersten Auflage 571 Seiten enthält *). Es ist eingetheilt in folgende 13 Bücher: Das erste und zweite Buch Nephi, das Buch Jacob, Enos, Jarom, Omni, Mosiah, Alma, Helamon, Nephi des jüngeren, Mormon, Ether und Maroni. Der Inhalt soll die Geschichte

---

*) Eine spätere Auflage führt den Titel: The Book of Mormon, translated by Joseph Smith jun. Third edition, carefully revised by the Translator. Nauvoo, Ill., 1840. — Die erste europäische Ausgabe ist betitelt: The Book of Mormon: an account written by the hand of Mormon upon plates taken from the plates of Nephi. Translated by Joseph Smith jun. First European from the second American Edition. Liverpool, England, printed by Tompkins for Brigham Young, Heber C. Kimball and Parley P. Pratt. By order of the Translator. 1841.

der verlorenen Stämme Israels vom Thurmbau zu Babel bis zu Ende des vierten Jahrhunderts nach Christo enthalten, ist aber nicht nur von aller historischen Wahrheit, sondern selbst von aller Wahrscheinlichkeit entblößt, dabei großentheils schlecht den biblischen Stil nachahmend geschrieben und für jeden Nicht-Mormonen langweilig und fast ungenießbar. Wir beschränken uns deshalb hier darauf, den Inhalt dieser Dichtung in gedrängter Kürze anzugeben:

Nach der Sprachverwirrung des Tempels zu Babel führte der Herr den jüdischen Stamm der Jarediten (nach ihrem Anführer Jared so genannt) nach dem östlichen Asien, wo sie endlich ans stille Meer gelangten. Hier befahl ihnen der Herr, Archen von genau angegebener Construction zu bauen, allerlei Thiere und Sämereien vieler Gewächse in dieselben aufzunehmen und darin weiter nach Osten zu fahren. Sie erreichten glücklich die Küste von Nordamerika, welches damals noch eine unbewohnte Wildniß war. Sie cultivirten das Land, erbauten mächtige Städte und wuchsen zu einer großen und aufgeklärten Nation heran. Da sie aber immer mehr von Gott abfielen und alle Warnungen des Herrn vergeblich waren, wurde endlich nach langen Kämpfen unter den Fürsten, die sich um den Thron stritten, das ganze Volk der Jarediten vernichtet. Nur ihr letzter Prophet, Ether, rettete sich, schrieb die heiligen Urkunden auf goldene Platten und legte sie an einen bestimmten Platz nieder, wo sie von späteren jüdischen Einwanderern gefunden wurden. Das ganze Continent wurde nun wieder eine unbewohnte Wüstenei. Eine zweite jüdische Einwanderung bevölkerte sie wieder. Unter König Zedekiah's Regierung nämlich wanderten die letzten vom Stamme Joseph, Lehi mit seiner Frau Sariah und seinen vier Söhnen Laman, Lemuel, Sam und Nephi von Jerusalem aus, um nach dem Befehle des Herrn dem Strafgerichte Gottes zu entgehen. Sie zogen zuerst an die Ostküste des rothen Meeres, wanderten dann acht Jahre in Asien umher und kamen endlich an die See »Irreantum«, von wo sie auf ähnliche Art wie Jared nach Amerika überschifften, aber nicht in Nordamerika, sondern in Südamerika landeten. Zehn Jahre nach dem Auszuge Lehi's, als die Juden in die babylonische Gefangenschaft geführt wurden, brach noch ein anderer Zug Auswanderer, größtentheils vom Stamme Juda und zahlreicher als die früheren Züge, von

Jerusalem auf, schiffte gleichfalls über das stille Meer und landete an der Westküste von Nordamerika. Die Nachkommen Lehi's blieben ihnen lange Zeit unbekannt, später aber schlossen sie sich ihnen an, die sich inzwischen in zwei Völker getrennt hatten, die Nephiten, die gerechten, welche sich in Central-Amerika niederließen, und die Lamaniten, die bösen, zum Götzendienst abgefallenen, welche einen großen Theil von Südamerika in Besitz hatten. Beide Völker machten große Wanderungen und bemühten sich, von den später Eingewanderten Viele an sich zu ziehen; unter sich lebten die Nephiten und Lamaniten in tödtlicher Feindschaft.

Schon lange vor Christi Geburt wurden die von Ether verborgenen Platten von Lehi's Nachkommen aufgefunden und mit Hülfe der räthselhaften Steine »Urim und Thummin« in das Nephitische übersetzt. Christi Geburt wurde den amerikanischen Völkern durch Zeichen am Himmel kund gethan; die Sonne ging unter, aber es wurde nicht Nacht. Beim Tode Christi deckte dicke Finsterniß und es wütheten fürchterliche Erdbeben, die einen Theil der Nephiten und die Mehrzahl der gottlosen Lamaniten vernichteten. Den übrig gebliebenen erschien der leibhafte Jesus Christus; er bekehrte viele, sowohl Lamaniten als Nephiten, und sandte Apostel in alle amerikanischen Länder. Aber wie in der alten Welt wurde auch in der neuen das Christenthum wieder verderbt, und Nephiten und Lamaniten befriegten sich unaufhörlich. Endlich entstand im vierten Jahrhundert n. Chr. ein entscheidender Kampf zwischen beiden Völkern, in welchem die Nephiten bis nach dem Hügel Cumorah (wo Smith die Platten gefunden haben will) zurückgedrängt wurden. Hier kam es im Jahre 384 n. Chr. zu einer Hauptschlacht. Die Nephiten unterlagen und wurden, mit Weibern und Kindern 230,00 an der Zahl, mit Ausnahme einiger weniger Personen, von ihren wüthenden Feinden niedergemetzelt. Unter den Geretteten befand sich der Prophet Mormon und sein Sohn Maroni. Mormon machte einen Auszug aus den heiligen Ueberlieferungen seiner Vorväter, die auf den Goldplatten Ether's enthalten waren, und gravirte sie auf neue Metallplatten; Maroni führte die Berichte noch um einige Jahrzehnten weiter fort und vergrub sie dann im Jahr 424 im heiligen Berge Cumorah, — wo Smith sie 1827 fand.

Dieser lang ausgesponnene historische Stoff ist mit religiösen und moralischen Lehren und Betrachtungen verbrämt, die durch den affectirten Bibelstil oft mehr verlieren als gewinnen und sich jedenfalls sehr selten über das Gewöhnliche erheben. In demselben Buche ist oft die Schreibart sehr verschieden, so daß es schon aus diesem Grunde keinem Zweifel unterliegt, daß verschiedene Verfasser an der "Uebersetzung" gearbeitet haben. Auch ist das Buch voller grober Grammatikalfehler, worüber sich die Priester anderer Secten oft lustig machen, indem sie sagen: der heilige Geist habe also nicht einmal richtig englisch gekonnt! Darauf antworten die mormonischen Gelehrten ruhig: die Thatsache müßten sie zugeben, aber für die unerforschlichen Wege der Vorsehung sei grammatikalische Correctheit unnöthig gewesen; es komme nur auf die Verständlichkeit an. Einer dieser Gelehrten fragt, warum Gott mehr an die Grammatik als an die Logik gebunden sein solle, die doch jeder Offenbarungsglaube verletze? Und die Grammatik sei ja im Grunde nur angewandte Logik. Auch habe ja bekanntlich der Herr viele große und gottbegeisterte Männer auf die Welt gesandt, die nur sehr mäßige Grammatiker gewesen, und selbst in der alten hebräischen Bibel kämen einzelne grammatikalische Schnitzer vor, wofür man den heiligen Geist eben so gut verantwortlich machen könne, wie für die Fehler im Buche Mormons. Wir haben keine Antwort gelesen, die diese Argumentation widerlegte, überlassen aber billig unseren Theologen die Entscheidung.

Schließlich mag es noch bemerkt werden, daß dem Buche Mormons zwei Zeugnisse vorgedruckt sind, von welchen das erste, von den drei Mitarbeitern an der Uebersetzung, O. Cowdery, D. Whitmer und M. Harris unterschrieben, in schwülstiger Sprache versichert, "daß sie durch die Gnade Gottes die Platten gesehen hätten, welche diese Aufzeichnung (record) enthielten", ferner "daß sie auch wissen, daß sie durch die Gabe und die Kraft Gottes übersetzt sind, denn die Stimme Gottes habe ihnen dies erklärt", und endlich "daß ein Engel Gottes vom Himmel gekommen und ihnen die Platten vor Augen gelegt, so daß sie die Platten und die Charaktere darauf betrachtet hätten." Die zweite von acht andern Zeugen unterschriebene Bescheinigung sagt einfacher, daß Joseph Smith jun. ihnen die Platten gezeigt hätte, die wie Gold aussähen, und daß sie alle Blätter, die Smith übersetzt habe, in Händen gehabt und die Charaktere darauf gesehen hätten. Von diesen Zeugen gehören vier der Familie Whitmer an und drei der Familie Smith's (Vater und zwei Brüder des Propheten).

Capitel IV.
Der wahre Ursprung des Buches Mormon's. Spaulding.

Aber wie konnten so ungebildete Männer, wie Joe Smith wenigstens damals noch war, und wie Cowdery, David Whitmer und Martin Harris ohne Zweifel stets geblieben sind, ein solches Buch schreiben, dessen Abfassung trotz aller seiner Mängel doch einen nicht ganz geringen Grad von Bildung voraussetzt? So fragten gleich nach dem Erscheinen des Buchs Alle, die mit den Persönlichkeiten bekannt waren. Hin und wieder wurden auch Stimmen laut, die einen längst verstorbenen Mann Namens Spaulding als den Verfasser des größten Theils des Buches nannten. Dies veranlaßte die gleich Anfangs zahlreichen Feinde von Smith's Richtung, deren Ziel man freilich noch nicht kannte, eine sehr genaue Nachforschung über den Ursprung des Buches und beiläufig über Joe Smith's Persönlichkeit anzustellen. Es wurden 51 Zeugen aus Palmyra, 11 aus Manchester und noch einzelne aus anderen Orten eidlich vernommen. Das wesentliche Resultat dieser Vernehmungen ist folgendes:

In Neu-England, New-York und Pennsylvanien lebte zu Anfang dieses Jahrhunderts ein Mann Namens Salomon Spaulding, welcher in Ashford in Connecticut geboren war und im Dortmouth-College eine gelehrte Bildung erhalten hatte. Er wurde zuerst Prediger, blieb aber, wie das in Amerika häufig der Fall ist, nur wenige Jahre im geistlichen Stande. Er fing darauf in Cherry Valley, im Staate New-York, ein Handelsgeschäft an und ging darauf zu Conneaut, in Ohio, zu dem Betrieb eines Eisenwerks über, beendigte aber beide Geschäfte mit einem Fallissement. In der Zeit von 1809 bis 1812 schrieb dieser Mann, der sich in Allem versuchte, einen historischen Roman, der die damals viel verhandelte Frage über den Ursprung der Indianer zum Gegenstand hatte. In diesem Werke, welches er »das gefundene Manuscript« betitelte, ließ er den amerikanischen Continent von Lehi, dem Sohne Japhets, colonisirt werden; Lehi's Nachkommen, die er Jarediten nannte, ließ er dann, ganz so wie nachher die Mormonen-Bibel, sich über ganz Nordamerika ausbreiten. In Central-Amerika und weiter nördlich längs den Cordilleras legten sie dann — nach Spaulding — die Städte und Befestigungswerke an, deren Ruinen man dort noch findet. Auch führte Nephi nach diesem Roman lange nachher einen großen Theil der zehn Stämme, die Salmanassar wegführte und über die medischen Städte vertheilte, nach Amerika, und hieraus entstanden die beiden Nationen Nephiten und Lamaniten, die sich bekriegten, im J. 420 eine große Schlacht schlugen, in welcher von den Nephiten nur Maroni am Leben blieb. Dieser zeichnete die Geschichte seines Stammes auf und vergrub sie bei Conneaut in Ohio, wo sie nach Spaulding im 19ten Jahrhundert gefunden wurde. — Dies ist der Umriß von dem Inhalte des Spaulding'schen Romans nach Aussage derer, die ihn hatten vorlesen hören. Es mögen sich bei den vernommenen Zeugen freilich wohl die Ideen von dem Roman und von der später gelesenen Bibel etwas verwirrt haben; aber das kann wohl keinen Zweifel leiden, daß mit einigen Abweichungen der ganze Gang der Geschichte derselbe war, daß sehr viele Namen, Zeitbestimmungen u. s. w. in beiden Werken gleich sind; kurz daß die spätere Arbeit nicht ohne Kenntniß von der früheren, Spaulding'schen, geliefert werden konnte *).

---

*) Obgleich Einige die Thatsache, daß die goldene Bibel Spaulding's Roman zur Grundlage gehabt habe, noch abläugnen wollen, so sind doch die Anzeigen so evident, daß kein vernünftiger Zweifel übrig bleibt. Wir wollen statt aller hier nur Eine der schlagendsten beschwornen Zeugenaussagen aufführen. Henry Lake sagt eidlich aus: Ich ging im J. 1810 aus dem Staat New-York fort und kam im folgenden Januar in Conneaut an. Bald nach meiner Ankunft trat ich mit Salomon Spaulding in Compagnie. Er las mir oft aus einer Handschrift vor, welche er damals grade schrieb und die er »das gefundene Manuscript« nannte, weil er that, als sei sie in Conneaut gefunden. Ich habe ihn diese Schrift viele Stunden lang vorlesen hören und wurde mit ihrem Inhalte gut bekannt. Er wünschte, daß ich mit ihm in Gemeinschaft das Werk drucken lassen solle, denn er meinte, das Buch würde reißenden Ab-

Spaulding suchte nun sein Manuscript, dessen wirkliche Existenz und dessen allgemeiner Inhalt durch viele beschworene Zeugenaussagen völlig constatirt ist, in den Buchhandel zu bringen. Er ging deshalb im J. 1812 mit seinem Manuscripte nach Pittsburg und bot dasselbe der Buchhandlung Patterson u. Lambdin zum Verlage an. Diese Unterhandlungen führten indeß zu keinem Resultate, obwohl sie, wie es scheint, auch nicht völlig abgebrochen wurden, denn die Handschrift blieb bei den genannten Buchhändlern liegen. Der Verfasser lebte noch zwei Jahre in Philadelphia und zog dann nach Washington-County in Pennsylvanien, wo er 1816 starb.

Schwerlich würde von Spaulding's verunglücktem schriftstellerischen Versuche je wieder die Rede gewesen sein, wenn nicht 1830 das Buch Mormons erschienen wäre. Die verschiedenen Personen, denen Spaulding sein Buch vorgelesen hatte, waren bei der Ansicht des Mormonen-Buchs sogleich über die außerordentliche Aehnlichkeit betroffen, welche der historische Inhalt desselben mit Spaulding's "gefundenem Manuscripte" hatte. Sie fanden, daß wenn man die vielerlei Prophezeihungen, die sich gro-

---

gang finden. In dem Buche wurden die amerikanischen Indianer als die Abkömmlinge der verlorenen Stämme hingestellt. . . . . . Einmal als er mir die tragische Geschichte von Laban vorlas, wies ich ihm einen Punkt nach, wo er mit sich selbst in Widerspruch käme. Er versprach mir, dies abzuändern. Als ich nun im Buche Mormon's blätterte, fand ich zu meinem Erstaunen diese Stelle wieder, grade so wie Spaulding sie mir vorgelesen hatte. Einige Monate später lieh ich mir eine goldene Bibel und ich hatte noch nicht zwanzig Minuten darin gelesen, als ich zu meiner Ueberraschung dieselben Stellen fand, die Spaulding vor mehr als zwanzig Jahren mir aus seinem "gefundenen Manuscripte" vorgelesen hatte. Ich habe jetzt die sog. goldene Bibel genauer untersucht und nehme keinen Anstand, mich dahin auszusprechen, daß der historische Theil derselben hauptsächlich, wenn nicht ganz und gar, aus der Spaulding'schen Handschrift genommen ist. Ich erinnere noch, daß ich Spaulding sagte, der gar zu häufige Gebrauch der Ausdrücke "Nun geschah es" oder "Und es geschah, daß" machten diese Redensart lächerlich. Spaulding zog 1812 von hier (Conneqnt), um nach Pittsburgh zu gehen, wo er das Buch drucken lassen wollte. Ich hörte seitdem nichts mehr von ihm oder seiner Schrift, bis ich sie in dem Buche Mormon wieder fand." — Da Spaulding seine Schrift gern vorgelesen zu haben scheint, so sind mehrere Aussagen von Zeugen vorhanden, die über die Identität des Hauptinhalts von Spaulding's Roman und dem Mormonenbuche ganz sicher sind. —

sentheils auf Joe Smith selbst beziehen, sowie den übrigen religiösen Stoff, der in die Geschichtserzählung verflochten ist, aussonderte, Spaulding's Manuscript in abgekürzter Form fast ganz in der Mormonen-Bibel enthalten sei. Die Zeugenvernehmungen brachten nun Folgendes über die ferneren Schicksale des Spaulding'schen Manuscripts ans Tageslicht:

Von Patterson und Lambdin war der eine Compagnon gestorben und der andere, welcher an der laufenden Geschäftsführung wenig Antheil genommen hatte, wußte nicht, was aus dem „gefundenen Manuscript" geworden sei. Spaulding's Wittwe, die später wieder geheirathet hatte, wußte nur, daß sie 1817, als sie aus Washington County fortgezogen, einen Koffer mit Schriften ihres verstorbenen Mannes erst nach Onondaga-Hollow und später nach Hardwick mitgenommen, an welchem letzteren Ort sie bis 1827 nicht weit von dem Hause des schon früher genannten Stowell, des oft getäuschten Freundes von Joe Smith gewohnt habe. Als man nun 1832 den Inhalt des Koffers untersuchte, befand sich nur ein Bruchstück Manuscript von Spaulding darin, woraus nichts in das Mormonen-Buch übergegangen war, welches aber der Anfang von Spaulding's gefundenem Manuscript gewesen zu sein scheint. Wo das Uebrige dieses Manuscripts geblieben, ist durchaus nicht auszumitteln gewesen. Die damals freilich schon alte Frau sagte noch aus, sie erinnere sich wohl, daß während sie in Hardwick gewohnt, ein Mann Namens Smith auf verdächtige Weise um ihr Haus herumgeschlichen, auch ein- oder zweimal als Vagabund arretirt, jedoch jedesmal wieder aus der Haft entflohen sei. Aus dieser Aussage zu schließen, wie einige Mormonenfeinde wenigstens insinuirt haben, daß Joe Smith das fragliche Manuscript gradezu gestohlen habe, ist offenbar nicht gerechtfertigt. Dagegen hat der Verdacht weit mehr Begründung, daß Joe Smith durch einen gewissen Sidney Rigdon, der bald nach der Begründung der Mormonen-Kirche in dieselbe aufgenommen und der nächste im Rang nach dem Propheten wurde, in den Besitz jener Handschrift gelangt sei. Rigdon war nämlich ein genauer Bekannter von dem Buchhändler Lambdin und ging bei demselben ein und aus. Daß nun dieser das Spalding'sche Manuscript in Händen bekommen und dasselbe vollständig oder im Auszuge nebst seinen eigenen religiösen Ansichten Smith mitgetheilt habe, wird dadurch wahrscheinlich, daß dieser baptistische

Geistliche schon drei oder vier Jahre vor der Herausgabe des Mormonen-Buchs und dem öffentlichen Auftreten Smith's die Gemüther in seiner Umgebung auf den Mormonen-Glauben vorbereitete und die Hauptlehren des Mormonismus predigte. Daß zwischen Smith und Rigdon schon vor 1830 ein geheimes Einverständniß bestand, wird auch noch durch andere Umstände unterstützt, so wie auch Manche in andern Theilen des Mormonen-Buchs Rigdons Stil erkennen wollen.

Wie aber auch Smith von dem Inhalte von Spaulding's Handschrift Kenntniß erhalten haben mag, so kann vernünftiger Weise nicht bestritten werden, daß ihm bei dem Dictate seiner Bibel, wenn nicht jene Handschrift selbst, so doch wenigstens ein Auszug oder eine ausführliche Mittheilung darüber, die er ohne Zweifel Rigdon verdankte, vorgelegen habe*).

Demungeachtet bleibt es aber Joe Smith's eigenes Verdienst, wenn man es so nennen darf, das ganze Werk so geschickt angeordnet und durch die eingestreuten Prophezeihungen, religiösen und moralischen Lehren so anziehend für eine große Klasse von Lesern gemacht zu haben, daß Hunderttausende darin ein heiliges Buch erkennen. Daß diese Wirkung nicht durch die Auszüge aus dem „gefundenen Manuscript", sondern einzig durch den von dem Propheten hineingetragenen Geist erzeugt ist, leidet keinen Zweifel.

Capitel V.

Die Gründung der Mormonen-Kirche in Manchester, New-York. Ihr erstes Aufblühen bis zur Verlegung des Sitzes der Kirche nach Kirtland in Ohio.

Am 6. April 1830, als der Druck des Buches Mormon noch kaum vollendet war, stiftete Joseph Smith in Manchester, im

---

*) Der Bearbeitung des Vorstehenden liegen vorzüglich zum Grunde: Gunnison The Mormons, Philad. 1852. die Nachrichten eines kundigen Anonymus in der American Whig Review und die Mittheilungen des Mormonen-Apostaten, General John C. Bennet, in seiner History of the Saints, an Exposé of Joe Smith and Mormonism. Third Edition. Boston 1842. Die letzte Schrift ist jedoch mit großer Partheilichkeit gegen die Mormonen geschrieben und deshalb mit Vorsicht zu gebrauchen.

Staate New-York, seine Kirche. Sie bestand Anfangs nur aus sechs Mitgliedern, nämlich ihm selbst, seinem Vater, seinen beiden Brüdern Hiram und Samuel Smith, dem Schullehrer Oliver Cowdery und einem sechsten Mitgliede, als welches bald seine eigene Frau, bald Martin Harris genannt wird. Die Aufnahme in die Gemeinschaft geschah durch eine neue Taufe und zwar durch völliges Untertauchen im Wasser. Schon früher, am 15. Mai 1829, als die Uebersetzung der goldenen Bibel noch lange nicht vollendet war, hatte auf eines Engels Geheiß zuerst Joe Smith Cowdery und darauf Cowdery Joe Smith getauft*). Des letztern Taufzeugen waren nach dem Buche der Doctriners and Covenants die Engel oder Geister von Moses und Elias, und die angebliche erste Vorsteherschaft der christlichen Kirche, d. i. der heil. Petrus, Jakob und Johannes, und zwar diese nicht etwa als Engel oder Geister, sondern leibhaft, denn sie sind nach mormonischen Ansichten niemals gestorben. Nach seiner eigenen Taufe taufte Joe Cowdery und die übrigen vier Mitglieder. Joe Smith wurde nun der erste Aelteste und Cowdery der zweite. Hieraus haben sich später zwei Orden oder Ränge der Priesterschaft entwickelt, nämlich die **Melchisedek-Priesterschaft**, die ewige, welche zwei Abtheilungen hat, die Hohen-Priester und die Aeltesten, aus welchen die Apostel und der hohe Rath genommen werden; und die **Aaronische Priesterschaft**, welche Bischöfe, Priester, Diakonen, Lehrer und mehrere untergeordnete Kirchendiener begreift.

Der Prophet begann nun seine begeisterten Predigten in Manchester und der Umgegend, taufte und ordinirte Aelteste. Doch ging es mit der Bekehrung Anfangs natürlich langsam; in den ersten vier oder fünf Monaten wurden 40 neue Mitglieder aufgenommen. Als der eigentliche Sitz der Kirche wurde damals Fayette, ein kleiner Ort in Seneca-County, in New-York, angesehen. Die erste Bekehrung eines bedeutenden Mannes, die geschah, war die des Campbelliten-Predigers Parley P. Pratt, welche im August 1830 erfolgte. Pratt war ein Prediger von Ruf und Ansehn in Ohio, ein ausgezeichneter Redner, Dichter vieler frommer Kirchenlieder und ein enthusiastischer Verbreiter des

---

*) History of Joseph Smith, eine Autobiographie, abgedruckt im „Millennial Star", Vol. III. p. 148.

Evangeliums; dabei war er in der theologischen Gelehrsamkeit wohl bewandert. Auf einer Reise, die er durch den Staat New=York machte, kam ihm zufällig das Buch Mormons zu Gesichte, und er, der schon lange an das tausendjährige Reich glaubte, wurde schnell von der Göttlichkeit dieses Buches überzeugt. Der Mormonismus verdankt diesem Manne, dessen Ruf auch vollkommen fleckenlos war, außerordentlich viel, denn er war gleich eifrig und thätig als Apostel und als Schriftsteller. Von seinen Schriften ist die „Voice of Warning to all Nations", welche die Mormonen=Kirche als eine inspirirte, heilige Schrift ansieht, die ausgezeichnetste, welche wahrscheinlich mehr zur Ausbreitung des Mormonismus beigetragen hat, als alle übrigen Schriften dieser Secte zusammengenommen. Auf den Sandwich= und andern Inselgruppen des stillen Meeres hat Pratt den Grund gelegt für die Einführung des Mormonismus und dort viele Gemeinden (Stakes) errichtet.

Bald nach dem Beitritte Pratt's wurden vier Missionaire, worunter Oliver Cowdery, nach dem Westen gesandt, um dort das neue Evangelium zu predigen. Vorzüglich sollten sie auch die Indianer zu gewinnen suchen, auf welche die Mormonen mit Vorliebe blickten, weil Smith sie für Abkömmlinge der verlorenen Stämme Israels erklärt hatte. Pratt begleitete die Missionaire nach Kirtland in Ohio, wo sie eine außerordentlich günstige Aufnahme fanden und in weniger als vier Wochen 130 neue Glaubensbekenner tauften. Im Frühling 1831 hatte die Kirche von Kirtland schon 1000 Mitglieder. Diese rasche Zunahme wurde von Professor Turner*) folgendermaßen erklärt:

Im Jahre 1827 traten Alexander Campbell, Sidney Rigdon und William Scott aus der regelmäßigen (regular) Baptisten=Kirche aus und gründeten eine neue Secte, welche von ihnen selbst „die reformirte Baptisten=Kirche" genannt wurde, deren Anhänger aber gewöhnlich mit dem Namen „Campbelliten" bezeichnet werden. Bald aber trennte sich Rigdon auch wieder von dieser neuen Kirche und wurde der Leiter einer getrennten, für sich bestehenden Congregation. Er behauptete, daß die Prophezeihungen der Bibel buchstäblich erfüllt würden, und kam in

---

*) History of Philip and Gorham's Purchase, und Mormonism in all Ages etc. by Prof. J. B. Turner. New-York 1842.

vielen Lehren mit denen überein, welche später Joseph Smith als die seinigen aufstellte. Seine öffentliche Beredtsamkeit und seine Ueberredungsgabe im Zwiegespräch waren groß, seine Einbildungskraft üppig und sein Enthusiasmus so überwältigend, daß Viele, die ihm auch nicht unbedingt anhingen, überzeugt waren, er sei in der That inspirirt. Daß er schon einige Jahre mit Smith im Einverständniß gewesen, dafür spricht Vieles, es ist jedoch nicht erwiesen; gewiß ist aber, daß Rigdon den Propheten Smith in seinem Wohnorte besuchte, sobald das Buch Mormons erschienen war, daß er nach kurzen Verhandlungen mit dem Propheten in Begleitung desselben zu seiner Gemeinde in Kirtland zurückkehrte und ihr seine Bekehrung zum Mormonismus anzeigte. Sein Ansehen war so groß, daß fast die ganze Gemeinde dem Beispiele ihres Hirten folgte und sich mormonisch taufen ließ. Die Bekehrung Pratt's und Rigdons gab der Mormonen-Kirche erst eine sichere Grundlage. Rigdon erhielt sogleich einen entscheidenden Einfluß auf Alles, was die Kirchenlehre betraf; die „Offenbarungen", die der Prophet erhielt, nahmen eine bestimmte Form an und Rigdon wurde förmlich angestellt als der „Erklärer der Offenbarungen". So war er denn, obgleich Joseph Smith noch allein die sog. Präsidentschaft der Kirche inne hatte, der zweite im Kirchen-Regiment, in der That aber in Bezug auf die Feststellung der Dogmatik der erste. Von ihm sind die „Vorlesungen über den Glauben" verfaßt, welche als Einleitung zu dem Book of Doctrine and Covenants dienen, und zwar Joe Smith's Namen tragen, aber nicht von ihm geschrieben sind.

Der Prophet erkannte bald, daß es ihm weit leichter werden würde, in Ohio festen Fuß zu fassen, als im westlichen Theile des Staates New-York, wo auch sein früherer, wenigstens sehr zweifelhafter Ruf ihm im Wege stehen mußte. Er beschloß daher unter Anrathen von Rigdon und Pratt, den Sitz seiner Kirche dorthin zu verlegen. Im Januar 1831 wurde ihm eine „Offenbarung" zu Theil, welche befahl, daß alle Gläubigen in Osten (d. h. im Staate New-York) nach dem Orte ziehen sollten, von welchem Rigdon schon lange erklärt hatte, daß er an der Grenze des den Heiligen verheißenen Landes läge, welches sich von dort bis an den stillen Ocean erstrecke. Der Prophet und sein Volk wanderten demgemäß nach Kirtland, welches bis weiter der Hauptsitz der Kirche sein sollte. Der Name des Orts wurde aber in der Mormonen-Sprache in den biblischen "Shinahar" verwandelt, wie denn überhaupt der Gebrauch eingeführt wurde, allen Ortschaften, in welchen sich Mormonen-Gemeinden bildeten, hebräische Namen beizulegen. Gegen die Mitte des Jahres 1831, wo der Umzug vollendet war, wohnten in und um Kirtland schon ungefähr 2000 Mormonen, die für ihren neuen Glauben fanatisch begeistert waren.

Capitel VI.

Die Kirche in Kirtland. Verlegung des Hauptsitzes der Kirche nach Independence in Missouri.

So erfreulich diese Begeisterung für die neue Kirche Anfangs erschien, so gaben sich doch bald bedenkliche Zeichen kund, die auf einen nahen Verfall der neuen Secte hindeuteten. Aelteste und andere Mitglieder bildeten sich ein, wunderthätige Kräfte zu besitzen und in fremden Zungen reden zu können. Einige liefen wie wahnsinnig Tag und Nacht im Walde umher und gaben unverständliche Töne von sich, die sie für Indianisch ausgaben. Andere bekamen Convulsionen, wälzten sich auf dem Boden und fanden Steine mit Schriftzügen, die ihrer Meinung nach durch ein Wunder entstanden und dann plötzlich wieder verschwanden. Noch andere fanden kleine Pergamentrollen, von welchen sie behaupteten, daß sie mit dem Siegel Christi besiegelt und beschrieben wären; sobald sie aber die Schrift abgeschrieben, verschwanden die Schriftzeichen. Diese ganze wilde und wahnsinnige Aufregung wurde von der Menge der Ausgießung des heiligen Geistes zugeschrieben; aber Mehrere verloren in der That bleibend den Verstand. Smith sah ein, daß diese Uebertreibungen seine Kirche in üblen Ruf bringen und ihr im höchsten Grade nachtheilig werden müßten. Auch erkannte er, daß diese Zügellosigkeit ihm seine Auctorität rauben müsse, denn wenn jedes Mitglied behaupten dürfte, in unmittelbarem Verkehr mit dem Himmel zu stehen, so war seine eigene Prophetengabe nichts Außerordentliches mehr. Er predigte daher zuerst Mäßigung und beredete Rigdon, dessen excentrische Reden die Aufregung größtentheils

3

veranlaßt hatten, ihm hierin beizustehen. Darauf ließ er eine Proclamation ergehen, worin er, sich auf eine Offenbarung berufend, jene Inspirationen für das Werk des Teufels erklärte. Dieses einfache Mittel half und nach und nach hörte diese Art von Inspirationen auf. Die Mormonen, die während dieser wilden Zeit alle Arbeiten hatten liegen lassen, widmeten sich wieder mit Eifer und Fleiß den bürgerlichen oder landwirthschaftlichen Arbeiten.

Bald darauf machte Smith eine zweite Offenbarung bekannt, durch die ihm eröffnet sei, daß die geistlichen Pflichten des Propheten so schwer seien und so sehr seine ganze Kraft in Anspruch nähmen, daß er nicht arbeiten dürfe, sondern „von der Kirche leben" solle, so wie ferner, daß von ihm allein alle Weissagung und alle Erleuchtung kommen solle, denn nur er dürfe mit den Engeln unmittelbar verkehren. Alle hätten ihm, als der Stimme, durch die der Herr seinen Willen kund thue, zu gehorchen bei Strafe des göttlichen Zornes*).

Die Stimmung der Gemeinde war jetzt so günstig und die Aussichten in die Zukunft schienen Allen so glänzend, daß der Prophet es wagen konnte, eine neue Offenbarung zu verkünden, die ohne Zweifel von Anfang an in seinem Plane gelegen hatte, die er aber aus Politik bis jetzt zurückgehalten. Diese Offenbarung befahl allen Mitgliedern, der Kirche einen bedeutenden Theil ihres Vermögens in einen gemeinschaftlichen Schatz zu legen. Auch diesem Befehle wurde ohne Widerspruch Folge geleistet. Hierdurch trat ein Clement in die Kirchengemeinschaft, welches zu der gemeinen Meinung Veranlassung gab, daß der Mormonismus eine communistische Gesellschaft sei, welches, wie wir unten näher zeigen werden, doch nur in sehr uneigentlichem und beschränktem Sinne der Fall ist.

Obgleich es der Gemeinde in Kirtland, in Lake=County, anscheinend so wohl ging, so hielt der Prophet doch diesen Ort nicht zum bleibenden Hauptsitz seiner Kirche geeignet. Er bestimmte daher zuerst einen Theil des benachbarten Geauga=County, in Ohio, zum Gelobten Lande. Aber hier stieß er auf eine unerwartete Schwierigkeit. Funfzig angesehene Männer dieses County, welchen Smith's Plan bekannt geworden war, ließen eine öffent-

---

*) Gunnison The Mormons, p. 102 ff.

liche Erklärung ausgehen, worin sie Smith einen Betrüger und den ganzen Mormonismus einen „Humbug" nannten. Dieser Erklärung gegenüber die Durchführung seines Planes dennoch zu versuchen, hielt der Prophet für zu gefährlich und er gab diesen Gedanken ganz auf.

Inzwischen liefen von den nach dem Westen gesandten Missionairen so glänzende Schilderungen von dem schönen Lande längs der Westgrenze des Staats Missouri ein, daß die Häupter der Secte beschlossen, dort ihre Hauptansiedelung zu gründen. Im Juni 1831 wurde die ganze Priesterschaft nach Kirtland zusammenberufen, um die sog. „Begabung" (the endowment) zu empfangen, welche darin bestand, daß der Prophet durch Handauflegen den Priestern den heiligen Geist mittheilte. Nach dieser Ceremonie wurde ein großer Theil der Priesterschaft, 300 an der Zahl, nach dem Westen gesandt, um dort den wahren Glauben zu predigen und sich an einem bestimmten Tage im Juli sämmtlich in Independence in Jackson=County, Missouri, zu treffen. An diesem Tage fanden sich auch der Prophet und Rigdon daselbst ein; der Ort gefiel ihnen, sie nannten ihn „Berg Zion", prophezeihten ihm eine große Zukunft und suchten schon einen Platz aus, auf dem der große Tempel gebaut werden sollte. Auch machte der Prophet eine Offenbarung bekannt, die sich auf diese wichtige Bestimmung bezog. Wir theilen dieselbe als eine Probe, wie solche Offenbarungen abgefaßt waren, hier mit:

„Eine Offenbarung gegeben in Zion, Juli 1831."

1. Höret Ihr Aeltesten meiner Kirche, sagt der Herr Euer Gott, die Ihr Euch versammelt habt nach meinen Geboten in dem Lande, welches ist das Land von Missouri, welches ist das Land, welches ich verordnet und geweihet habe zum Sammelplatz der Heiligen; weshalb es ist das Land der Verheißung und die Stätte für die Stadt Zion. Und so spricht der Herr Euer Gott: wollt Ihr Weisheit annehmen, hier ist Weisheit! Schauet, der Platz, welcher jetzt genannt wird Independence, ist der Mittelpunkt, und die Stelle für den Tempel liegt westlich auf einem Bauplatze nicht fern vom Gerichtshause; deshalb ist es Weisheit, daß das Land gekauft werde von den Heiligen und auch der ganze Landstrich westwärts bis an die Grenze, welche Juden

und Heiden scheidet *); und auch der ganze Landstrich, der begrenzt wird von den Prairien, insoweit meine Jünger (disciples) vermögend sind, Land zu kaufen. Schauet, das ist Weisheit, auf daß sie es behalten als ein ewiges Erbe!

2. Und laßt meinen Knecht Sidney Gilbert in dem Amte bleiben, über welches ich ihn gesetzt habe, Geld zu empfangen, Verwalter für die Kirche zu sein, Land in allen Gegenden rings umher zu kaufen, soviel es geschehen kann in Rechtschaffenheit und soweit als Weisheit leitet.

3. Und laßt meinen Knecht Edward Partridge in dem Amte bleiben, über welches ich ihn gesetzt habe, unter den Heiligen ihr Erbe zu vertheilen, wie ich befohlen habe, und auch die, welche er gesetzt hat, ihm beizustehen.

4. Und wiederum, wahrlich ich sage Euch, laßt meinen Knecht Sidney Gilbert sich an diesem Orte setzen und ein Waarenhaus gründen, auf daß er Waaren verkaufe ohne Betrug, damit er Geld bekomme, Land zu kaufen für die Waaren der Heiligen, und damit er alles bekomme, was die Jünger nöthig haben zu pflanzen auf ihrem Erbe. Und ferner laßt meinen Knecht Sidney Gilbert eine Licenz nehmen (?), damit er auch Waaren versenden könne unter das Volk, wohin er will, und Handlungsdiener anstellen und dergestalt für meine Heiligen sorgen, auf daß sie mein Evangelium predigen denen, die in der Finsterniß sitzen und in dem Lande und dem Schatten des Todes.

5. Und wiederum, wahrlich ich sage Euch, laßt meinen Knecht William W. Phelps an diesen Ort verpflanzt werden, und als einen Buchdrucker der Kirche sich niederlassen, und wenn die Welt seine Schriften erhält, so laßt ihn bekommen, was er in Rechtschaffenheit bekommen kann für das Vermögen der Heiligen. U. s. w. u. s. w."

Man sieht hieraus, wie genau Gott der Herr bei den Mormonen Alles selbst bestimmt, so daß für die weltliche Regierung nur wenig zu thun übrig bleibt.

Nachdem Alles so vorbereitet war, kehrte der Prophet mit

---

*) Das heißt ohne Zweifel: bis an die Grenze zwischen Indianern (die nach der goldenen Bibel von den Juden abstammen) und den weißen Nicht-Mormonen (Heiden).

Rigdon nach Kirtland zurück, wo er fürs Erste noch seine Residenz behielt.

Capitel VII.

Aufenthalt der Mormonen in Independence und ihre Vertreibung von dort.

Joe Smith scheint gehofft zu haben, daß er in Independence an der äußersten Grenze des von Weißen bewohnten Landes seine Kirche und sein Volk durch Nachsendung der Neubekehrten unbelästigt verstärken und wohl auch die angränzenden Indianer in Masse bekehren könne. Aber in beiden Beziehungen täuschte er sich sehr.

Die obere Leitung der Angelegenheiten in Mount Zion (d. h. Independence) hatte der Prophet bei seiner Rückkehr nach Kirtland dem Bischof Partridge übergeben, welcher bis zu Ende des folgenden Jahres 1832 eine Gemeinde von 1200 Mitgliedern zusammenbrachte. Auch wurden kleine Neben-Gemeinden an der Westgrenze von Missouri errichtet. Zu diesen gehörte wahrscheinlich schon der später bekannter gewordene Ort „Far West" in Caldwell-County, sowie ein anderer Ort im westlichen Missouri, den Smith „Adam=ondi=ahmon" nannte *), dessen Spur aber völlig wieder verschwunden ist, so daß man die Stelle nicht angeben kann, wo er gelegen hat. Vorzüglich suchten die Mormonen mit ihren indianischen Nachbarn, den Sauks und Fores, den Pattowatomies, Kickapoos, Kausas, Delawares und Shawnees, welche alle hart an der Grenze von Missouri wohnten, Freundschaft zu schließen. Dies gelang ihnen auch insofern, als sie in engen freundschaftlichen Verkehr traten, aber nur wenige einzelne Indianer bekehrten sich zum Mormonen-Glauben. Indessen machte der Beistand, den die Mormonen im Nothfall von den Indianerstämmen erwarten zu dürfen glaubten, die Heiligen anmaßend und übermüthig gegen die benachbarten amerikanischen

---

*) Oder Adam=men=diamon, wie Andere schreiben. Der Name soll bedeuten: „Der Ort, wo Adam seine Kinder segnete."

Ansiedler, welche nicht zu ihrer Secte gehörten. In der von ihnen zu Independence herausgegebenen Zeitung „The Mormon-Star" sprachen sie es laut aus, daß sie jene Gegend bald ausschließlich in Besitz haben und alle »Heiden« (d. h. nicht=mormonische Weiße) verdrängen würden. Dieser Uebermuth hat wohl zuerst die große Erbitterung gegen die ganze Secte hervorgerufen, die sich bald zeigte. Zwistigkeiten mit einzelnen Mormonen kamen hin und wieder hinzu, und was die Einzelnen etwa versahen, ward stets auf die ganze Secte übertragen. Ja, die Leidenschaft der amerikanischen Grenzbewohner ging so weit, daß sie die Mormonen für ein Volk von Dieben ausgaben, die ihr Eigenthum unsicher machten. Unpartheiische Schriftsteller, wie Gunnison und Andere, erklären diese Beschuldigung, die auf keinen constatirten Thatsachen beruht, für völlig unwahr und ungerecht. Nur in wenigen Berichten haben wir hervorgehoben gefunden, daß der Umstand, daß die Mormonen sich viel mit den Negersklaven abgegeben, bei den Sklavenhaltern die Furcht hervorgerufen, sie möchten diese zur Widersetzlichkeit oder zum Entfliehen verführen. Es ist übrigens ausgemacht, daß dieser faule Fleck des amerikanischen Staatslebens auch hier von Einfluß, ja vielleicht der Haupthebel in der ganzen Agitation gegen die Mormonen in Missouri, möglicherweise auch später in Illinois gewesen ist *). Thatsache ist es, daß am 20. Juli 1833 eine Versammlung der nicht=mormonischen Bevölkerung von Jackson=County zusammentrat, um zu berathen, wie man die Mormonen am besten aus der Nachbarschaft entfernte. In den hier gehaltenen Reden wurde vorgestellt, wie die Mormonen Leute von schlechtem Rufe wären, die fortwährend prophezeihten, daß sie alle Nicht=Mormonen aus der Gegend verdrängen würden; wie sie daher nicht mehr sicher leben könnten und wie es bei der schon sehr vermehrten Anzahl dieser Sectirer nothwendig bald zu bedeutenden und gefährlichen Streitigkeiten in ihrem County kommen müsse, wenn nicht die Mormonen veranlaßt würden, das County zu verlassen. Da dies die allgemeine Ansicht der Versammlung war, wurden folgende Beschlüsse angenommen:

---

*) Ein Artikel im Mormon Star, überschrieben »die freien Farbigen«, rief vorzüglich viel Unwillen gegen die Mormonen unter den Sklavenhaltern hervor. The Mormons or Latter-day-Saints. London 1852. p 62.

„Keinem Mormonen soll es in Zukunft gestattet sein, sich in Jackson=County niederzulassen."

„Den schon ansässigen Mormonen soll bedeutet werden, daß sie das County zu verlassen hätten."

„Die Buchdruckerei, in welcher der »Mormon Star« gedruckt wird, soll geschlossen werden."

„Die Mormonen=Aeltesten sollen aufgefordert werden, zur Ausführung dieser Maßregel mitzuwirken."

„Endlich sollen die Mormonen, welche sich weigern, diesen Beschlüssen nachzukommen, an diejenigen ihrer Freunde verwiesen werden, welche Prophetengabe besitzen, um von ihnen zu erfahren, welches Schicksal ihnen bevorstehe."

Dieser letzte spöttische Beschluß war in einem Lande, wo der »Mob« damals noch über den Gesetzen stand, eine hinreichend verständliche Drohung.

Während die Versammlung noch beisammen blieb, wurde eine Committe von Zwölfen ernannt, um dem Bischof Partridge diese Forderungen mitzutheilen. Er verlangte Aufschub, um die Sache zu erwägen und mit seinen Freunden in Ohio zu berathen. Die Committe berichtete diese Antwort an die Versammlung, die aber jeden Aufschub abschlug, sich sofort vertagte, die Druckerei des Mormon Star demolirte, den Bischof ergriff und theerte und federte, und endlich von den Mormonen das Versprechen erzwang, vor dem Frühling 1834 das County zu verlassen.

Daß diese Gewaltschritte nicht zu rechtfertigen und verwerflich seien, wurde von allen Unbetheiligten zugegeben, aber die große Mehrheit der Bürger von Missouri und selbst die Regierung und die Gerichtshöfe waren innerlich mit diesem Vorgange sehr zufrieden, und niemand wollte ernstlich den solchergestalt Geächteten Beistand leisten. Die Mormonen zogen sich zehn Meilen westlich von der Stadt zurück und wandten sich von hier aus um Schutz an den Gouverneur Dunklin; dieser gab freilich ausdrücklich zu, daß ihnen Unrecht geschehen sei, verwies sie aber an die Gerichte und blieb selbst unthätig. Hierin sah man eine Erlaubniß, mit den Gewaltthätigkeiten weiter zu gehen. Die Häuser der Mormonen in Independence und der Umgegend wurden niedergerissen und viele der Bewohner selbst ergriffen und getheert und gefedert. Zum Theil widersetzten sich die Mormonen und am 4. November kam es zu einem Kampfe, in welchem drei oder vier Mormonen und auch einige Anti=Mormonen getödtet wurden, ohne daß sich eine obrigkeitliche Person darum kümmerte. Am 12. November wurde ein feuriges Meteor am Himmel gesehen, von dem viel geredet wurde und welches großen Eindruck auf die niederen Volksklassen machte. "Die Sterne fielen", heißt es, "wie ein Hagelschauer vom Himmel herunter." Manche der Anti=Mormonen wurden zweifelhaft, ob sie nicht doch den Mormonen Unrecht gethan und ob nicht dieses Zeichen am Himmel gleichsam ein Protest gegen die verübte Gewaltthat sei *).

Was blieb den Mormonen in dieser Lage zu thun übrig? Daß die Hülfe der Gerichte, wenn diese auch solche möchten gewähren wollen, was doch bei der herrschenden Stimmung sehr zweifelhaft war, jedenfalls zu spät kommen würde, war klar. Sie entschlossen sich daher mit schwerem Herzen, Jackson=County zu verlassen, welches auch in wenigen Wochen völlig geräumt ward. Der Verlust an Eigenthum, welchen sie in Jackson=County durch die Unruhen, durch das Zurücklassen ihres Grundbesitzes und den eiligen Umzug erlitten, wird von ihnen auf 120,000 Dollar berechnet. Im Frühling 1834 machte zwar der Gouverneur einen Versuch, eine gerichtliche Entscheidung in der Sache hervorzurufen, aber die Aufregung war auf beiden Seiten so groß und auf eine unpartheiische Entscheidung der competenten Gerichte war, wie es heißt, so wenig zu hoffen, daß er, um nicht neue Unruhen hervorzurufen, diesen Versuch aufgab.

Die Mormonen begaben sich zunächst nach Clay=County, nördlich vom Missouri=Fluß, wo sie von den Einwohnern freundlich aufgenommen wurden und Schutz und Unterstützung während des Winters erhielten.

Inzwischen hatte der Prophet Smith in Kirtland Berichte über diese Vorgänge erhalten. Das erste, was er that, war, daß er eine Proclamation erließ, in welcher er die Mormonen=Kirche in Missouri wegen ihrer Mißhelligkeiten stark tadelte und erklärte, daß ihr Unglück eine Strafe des Herrn sei **). Zugleich

---

*) Vergl. J. Gregg's Commerce of the Prairies. New-York 1818. Vol. I p. 316 ff. Um diese Zeit des Jahres ist bekanntlich der regelmäßige große Sternschnuppen=Fall.

**) Es hatten sich auch in Independence Anzeichen zu erkennen gegeben, daß einzelne Führer der dortigen Mormonen, wie der Redacteur des "Star",

befahl er aber auch seinen vertriebenen Anhängern, wieder nach Independence zurückzukehren und ihr Eigenthum wieder in Besitz zu nehmen, denn dort solle nach dem göttlichen Gebote der Tempel des Herrn erbaut werden. Um diese Bewegung zu unterstützen, zog er ihnen selbst im Frühling 1834 mit 250 bewaffneten Männern aus Ohio zu Hülfe. Mit diesem "Heere Zions", wie er es nannte, kam der Prophet Anfangs Juni bei seinen Freunden in Clay-County an, wie jeder glaubte, um Independence mit Gewalt wieder in Besitz zu nehmen. Als die Einwohner von Jackson-County aber einen bewaffneten Volkshaufen, den sie die Miliz des County nannten, gegen ihn aufstellten, schickte er Parlamentaire und trug auf einen Vergleichsversuch an. Dies Anerbieten wurde angenommen und Abgeordnete beider Partheien traten am 18. Juni in Liberty, dem Hauptorte von Clay-County, zusammen und unterhandelten. Da aber die Mormonen auf ihr Recht bestanden, nach Mount Zion zurückzukehren, die Bürger von Jackson-County dagegen ihren festen Entschluß erklärten, alle Ansiedelungs-Versuche der Mormonen in ihrem County mit Gewalt abzuwehren, so kam es zu keiner Einigung und die Partheien trennten sich in der größten Erbitterung. Clay-County und Jackson-County sind nur durch den Missouri-Fluß von einander getrennt; diesen mußten die Abgesandten von Jackson-County auf dem Rückwege passiren. Sie bestiegen ein anscheinend gutes und starkes Boot, welches ans Land gezogen war, um darauf überzusetzen. Sie hatten aber kaum die Mitte des Stromes erreicht, als das Fahrzeug plötzlich sank und mehrere der Abgesandten ertranken. Die Jacksoner beschuldigten nun Smith und seine Genossen, sie hätten das Boot heimlich leck gemacht. Allem Anschein nach war diese Beschuldigung völlig aus der Luft gegriffen, denn

---

William W. Phelps, Lust hatten, sich vom Propheten mehr unabhängig zu stellen. In Folge dieses aufkeimenden Widerstandes hatte es der Prophet im März 1833 für klug gehalten, den Schein der Alleinherrschaft von sich zu entfernen und Rigdon und einen gewissen Williams neben sich in die Präsidentschaft aufzunehmen. Er verkündigte dies in einer "Offenbarung", die in abscheulichem Stil wörtlich folgendermaßen lautet:

"Und wiederum, wahrlich ich sage euch, deine Brüder Sidney Rigdon und Frederick G. Williams ihre Sünden sind ihnen auch vergeben, und sie sind dir gleichgeachtet, die Schlüssel dieses jüngsten Reiches zu bewahren."
Vergl. Utah and the Mormons, by Ferris. New-York 1854. p. 76 f.

man wußte sie durch nichts zu begründen, aber sie wurde in Jackson=County allgemein geglaubt und die Wuth gegen Smith und alle Mormonen wurde nun auf dem rechten Missouri=Ufer so groß, daß der Prophet einsah, er könne mit der Waffenmacht, die ihm zu Gebote stand, einen Angriff nicht unternehmen. Er löste daher seine Armee auf, deren Mitglieder theils bei den Mormonen in Missouri blieben, theils nach Ohio zurückkehrten. Der Prophet war also genöthigt, seinen Plan, Independence zum Hauptsitz seines Reiches zu machen, nicht aufzugeben, aber wohl auf unbestimmte Zeit auszusetzen, bis er durch Vermehrung seiner Secte eine hinreichende Macht erlangen würde, um einen erfolgreichen Angriff machen zu können. Auch nach Smith's Tode ist dieser Plan nicht aufgegeben und noch immer sollen die Mormonen an die Verheißung glauben, die ihnen Independence als den Mittelpunkt ihrer Macht anwies.

Bald nachdem Smith wieder nach Kirtland zurückgekehrt war, erhielten die Mormonen vom Gouverneur von Missouri den Befehl, den ganzen Staat zu räumen. Sie protestirten aber gegen denselben und blieben noch mehrere Jahre, Anfangs wenig belästigt, in West=Missouri.

Capitel VIII.

Joe Smith gelyncht. — Fernere Geschichte der Kirche in Kirtland. — Des Propheten Flucht nach Missouri.

Während die so eben erzählte Verfolgung der Mormonen in Missouri sich vorbereitete, bereiste Joe Smith fleißig die Umgegend von Kirtland und war eifrig beschäftigt, Proselyten zu machen. Dies war nicht ohne Erfolg, aber er hatte auch bittere Prüfungen zu bestehen. Als er sich im Januar 1832 eine Zeitlang in dem Dorfe Hiram in Portage=County bei einem Landmanne aufhielt, wurde er, sowie auch Sidney Rigdon, der in der Nähe wohnte, eines Nachts von einem Volkshaufen, welcher von einigen abtrünnigen Mormonen geführt wurde, aus dem Bette geholt, eine Strecke weit fortgeschleppt und dort unter Mißhandlungen aller Art getheert und gefedert. Ein besonderer gewichtiger Grund zu dieser barbarischen Behandlung schien gar nicht vorzuliegen. Sie kamen beide nur mit genauer Noth mit dem Leben davon und machten sich so schleunig wie möglich aus dieser gefährlichen Gegend fort *).

Darauf wandte der Prophet seine Thätigkeit hauptsächlich auf die innere Verbesserung des Zustandes der Kirche in Kirtland, wobei er auch die weltlichen Verhältnisse nicht außer Acht ließ. Schon im Jahre 1832 wurde hier eine Firma etablirt, welche alle Geschäfte besorgen sollte, die das gemeinschaftliche Eigenthum beträfen. Smith selbst stand an der Spitze derselben. Es wurden öffentliche Waarenhäuser errichtet, und durch die Zehnten, welche alle Gemeindeglieder von allen ihren Ernbten und sonstigem Erwerbe an die Kirche geben mußten, sowie durch Geschenke gefüllt; dies verschaffte der Firma einen recht guten Credit. Um aber mehr Mittel zur Verfügung zu erhalten, erließ der Prophet im Juni 1832 eine Offenbarung, worin der Herr befahl, daß die Ortschaft Kirtland in Bauloose eingetheilt und diese zum Vortheil der Kirche verkauft werden sollten, um aus dem Erlöse den Tempel in Kirtland zu bauen. Diese Speculation schlug auch glücklich aus; die verkauften Bauplätze brachten bedeutende Summen, so daß der Tempelbau ziemlich rasch vorwärts schreiten konnte. Auch die Handelsfirma dehnte ihre Geschäfte immer weiter aus; besonders warf sie sich auf städtisches und ländliches Grundeigenthum, so daß Smith und Rigdon selbst nach Buffalo und Cleveland reisten und dort Land und Bauplätze ankauften, Operationen, die freilich günstig schienen, aber doch auch die Firma mit bedeutenden Schulden belastete. Um auch der Kirche in Missouri dieselben Vortheile zuzuwenden, wurde die Firma 1834 in zwei verbundene Häuser getheilt, von welchen das eine in Kirtland blieb, das andere nach Missouri verlegt wurde, obgleich damals die Missouri-Kirche schon hart bedrängt wurde. Der Prophet war genöthigt, wie wir oben berichtet haben, selbst dahin zu reisen.

Vor seiner Abreise nach Missouri (Mai 1834) legte Smith der Kirche einen neuen Namen bei. Er nannte sie "Kirche der Jüngsten=Tags=Heiligen" (Church of Latter-day-Saints), und die Bekenner seiner Confession "Jüngsten=Tages=Heilige der

---

*) J. Smith's Autobiographie im Millennial Star.

Kirche Jesu Christi", weil er, wie er sagte, überzeugt war, "daß jetzt die Zeit gekommen sei, durch wunderbare Mittel die Gottlosigkeit aus der Welt zu vertreiben und das Herannahen des Reiches Gottes vorzubereiten." Dieser Name hat jedoch nie den alten verdrängen können, so daß die Bezeichnung Mormonen=Kirche noch immer neben dem neuen, auch bei der Secte selbst, in Gebrauch ist.

Als er von seiner unglücklichen Expedition zur Wiedereroberung von Independence nach Kirtland zurückkehrte, fand er, daß das Interesse für seine Kirche und der Eifer der Gläubigen eher dadurch gewonnen als verloren hatte. Die Zahl seiner Anhänger nahm fortwährend zu; ein großer Theil des Volks in den Vereinigten Staaten sprach sich mißbilligend über die Verfolgung seiner Secte in Missouri aus, die es als eine Religionsverfolgung betrachtete, was sie in der Hauptsache auch in der That war; der Stand der Finanzen endlich war anscheinend blühend. Dies alles verleitete Smith in seinen Verbesserungen immer weiter zu gehen und auch wohl nicht immer die nöthige Sparsamkeit in den öffentlichen und seinen eigenen, aus dem Schatz fließenden Ausgaben zu beobachten. Im J. 1835 berief er einen gelehrten Hebraisten, Namens Seixas, um 3 bis 400 Aeltesten, die sich in Kirtland versammelten, einen Cursus in der hebräischen Sprache geben zu lassen, was freilich schwerlich Früchte von Belang getragen haben wird. Jedoch schickte er im folgenden Jahre mehrere dieser neugebackenen Gelehrten nach Clay= und Caldwell= County in Missouri, wo sie durch ihren Uebermuth bei den ursprünglichen, nicht=mormonischen Einwohnern besonders großen Anstoß gegeben zu haben scheinen. In diesem Jahre (1836) hielt er auch in dem schon oberflächlich vollendeten Tempel zu Kirtland eine zweite Kirchenversammlung, um die "Begabung" (endowment) zu ertheilen. Bei dieser Gelegenheit soll es sehr confus und tumultuarisch hergegangen sein. Der Prophet gab nämlich eine große Quantität Wein und andere geistige Getränke zum Besten und erklärte, daß sie geweiht wären und deshalb nicht berauschten. Sie wurden reichlich genossen, aber die Weihe hatte diesmal keine Kraft, die natürlichen Wirkungen blieben nicht aus und es fielen viele Extravaganzen vor. Visionen, Prophezeihungen, Reden in fremden Zungen u. s. w. fingen wieder an und wechselten mit Verwünschungen gegen die Missourier und andere

Mormonen-Feinde ab. Solche Versammlungen bei geweihtem Wein wurden indessen nie wieder gehalten.

Inzwischen gerieth das Kirtlander Handlungshaus ab und zu in Geldverlegenheit. Es versuchte nach bestimmter Zeit zahlbare Noten auszugeben, aber diese Praktik wollte nicht gehen; es mußte deshalb eine neue große Maßregel ausgesonnen werden. Diese war die Errichtung der Kirtland-Safety-Bank im J. 1837. Sie war vom Staate nicht anerkannt, hatte fast gar keine baaren Fonds, sondern war größtentheils auf den Werth der noch unverkauften Stadt-Bauplätze basirt, welcher auf einen enorm hohen Preis geschätzt wurde. Dennoch wurden die Noten, die sie in Umlauf setzte, in Kirtland und der Umgegend Anfangs willig angenommen und die Gemeinde beeilte sich, ihre alten Schulden damit zu bezahlen. Aber die großen Handelsstädte in Osten wollten sie nicht nehmen, und da es der Anstalt an jeder gesunden Grundlage fehlte, so mußten sie bald ihre Zahlungen einstellen. Klagen gegen die Directoren wurden anhängig gemacht und diese fanden es am gerathensten, sich der gerichtlichen Verfolgung wegen Schwindelei und dem Hasse derer, die sie in zum Theil bedeutende Verluste gebracht, durch die Flucht zu entziehen. Smith, Rigdon und mehrere andere der Directoren brachen im Januar 1838 nach Missouri auf, verfolgt von dem Sheriff, der ihrer jedoch nicht mehr habhaft werden konnte. Auch der größte Theil der in Kirtland ansässigen Mormonen zog nun nach und nach fort und das Grundeigenthum der Gemeinde wurde verkauft. Ihr Tempel wurde später der Sitz einer Normalschule und ist es noch jetzt *).

Die Gesammtzahl der Mormonen wird um diese Zeit von Nicht-Mormonen auf 50,000, von Smith selbst auf mehr als 100,000 geschätzt. Ihr einziger Hauptsammelplatz war nun das westliche Missouri, aber die Geistlichen und Aeltesten bereisten fortwährend den größten Theil der Vereinigten Staaten und machten fast allenthalben Convertiten, die die Verpflichtung hatten, sich, sobald ihre Umstände es erlaubten, eine eigene Gemeinde, Stake genannt, zu bilden, oder, was für noch verdienst-

---

*) Das Gebäude ist 60 Fuß lang, 60 Fuß breit und 140 Fuß hoch. Der ganze Bau, welcher sehr solide und gut aufgeführt ist, soll 40,000 Dollar gekostet haben.

licher galt, sich dem Hauptvolke in dem jedesmaligen Zion anzuschließen.

Capitel IX.

Die Mormonen in Far West und der Umgegend. Ihre Vertreibung aus dem ganzen Staate Missouri.

Obwohl die Mormonen bei ihrer Vertreibung aus Independence, im Winter 1834, von den Bewohnern von Clay=County sehr gütig aufgenommen waren, so siedelten sich doch sehr wenige von ihnen in diesem County an. Die große Masse wanderte etwas weiter nördlich oder nahm ihren Wohnsitz in den County's Caldwell, Daviess und zu einem kleinen Theile auch im nördlichen Carroll-County. Zu ihrem Hauptorte machten sie Far West in Caldwell=County. Als sie sich ein wenig in ihren neuen Wohnsitzen eingerichtet und einige Jahre Ruhe genossen hatten, gelangten sie durch Fleiß und Ausdauer, die sie stets bewiesen, wenn sie nicht Kämpfe mit ihren Nachbarn zu bestehen hatten oder durch vorübergehende fanatische Aufregungen gestört wurden, schnell zu einem gewissen Grade von Wohlstand, der noch durch das Vermögen mancher später aus Ohio zugewanderter Mormonen und neuer Convertiten vermehrt wurde. Sie kauften immer mehr Land an und würden wahrscheinlich in wenig Jahren den größten Theil der genannten Counties erworben haben, wenn sie ihr Glück in Ruhe und Frieden hätten genießen können. Aber es war ihr Unglück, daß sie sich nicht wohl fühlen konnten, ohne auch sogleich übermüthig zu werden. Sie rühmten sich unverständiger Weise ihrer Macht, behaupteten, sie würden nie wieder der Gewalt eines Pöbelhaufens weichen, denn der Allmächtige sei mit ihnen und Einer von ihnen könne tausend Feinde in die Flucht jagen; und sprachen häufig den Satz aus: Missouri komme von Rechtswegen den Mormonen zu. Auch rühmten sie sich der Majorität bei den Wahlen in Caldwell=County. Alles dies erregte natürlich Erbitterung bei den alten Einwohnern, die ihrerseits alle Mormonen für Betrüger erklärten, denn wenn man ihnen Credit gegeben hätte und seine Forderungen einziehen wolle, so wären die Schuldner nirgends zu finden; sie nähmen erdichtete Namen an und schützten sich unter einander in ihrer betrügerischen Handlungsweise. Ferner, sagten sie, machten die Heiligen das Eigenthum der älteren Bewohner unsicher, indem sie behaupteten, daß ihnen eigentlich alles Land gehöre. Die erste Beschuldigung hatte insofern etwas Wahres, als sich viel schlechtes Gesindel an die Mormonen angeschlossen hatte; aber diese waren den Besseren unter den Mormonen eben so lästig, als den "Heiden", und jene nahmen jeden schicklichen Vorwand wahr, solche Leute aus ihrer Gemeinschaft auszustoßen. Auch fielen immer einige von den Neubekehrten nach einiger Zeit wieder von der Kirche ab und vermehrten dann die Zahl ihrer Feinde. Die Hauptfurcht der alten Missourier scheint jedoch die gewesen zu sein, daß sie selbst bei der fortwährenden Zunahme der Secte allen politischen Einfluß verlieren und ihre "eigenthümliche Institution", d. h. die Sklaverei, durch die keine Sklaven haltenden Mormonen, die sich in Independence scharf gegen dieselbe ausgesprochen hatten, gefährdet werden würde. Zu der ersten Befürchtung war allerdings Grund vorhanden, aber es ließ sich dies durch gesetzliche Mittel nicht hindern, denn nach den Staatsgesetzen hatten die neu einwandernden Bürger der Vereinigten Staaten in kurzer Zeit dieselben Rechte, wie die ältern Bewohner. Und damals waren noch mit Ausnahme einiger weniger alle Mormonen Vereinigte Staaten-Bürger. Auch die zweite Befürchtung mochte nicht ohne allen Grund sein. Das ist die Frucht jeder ungerechten Gewalt, daß ihr Inhaber in jedem Tadel, ja in jeder freiwilligen Enthaltung von der Theilnahme an seinem Unrecht einen feindlichen Angriff auf seinen Besitz sieht, den er mit List oder Gewalt und unter Hintansetzung alles Rechtes und aller Mäßigung abzuschlagen leidenschaftlich entschlossen ist.

Die gegenseitigen Beschuldigungen beider Partheien wurden immer häufiger und bitterer. Die alten Bewohner traten in einer Versammlung zusammen und faßten den Beschluß: "die Regierung der Counties soll niemals in die Gewalt von Joe Smith kommen," aber sie wagten es nicht, sofort praktische Maßregeln zu ergreifen, um dies zu verhindern. Dazu fühlten sie sich zu schwach. Die Mormonen hatten jedoch wider mehrere Feinde zu gleicher Zeit zu kämpfen, erstlich gegen die alten Einwohner, die sie Heiden (Gentiles) nannten, zweitens gegen die Abtrünnigen, von denen sie, wie gewöhnlich von Abtrünnigen geschieht, angeschwärzt und verläumdet wurden. Diesen gesellten sich auch wohl noch einzelne treulose Mitglieder der Kirche zu, die sich als Spione gebrauchen ließen. Um allen diesen Feinden zu begegnen, griffen die Leiter der Mormonen zu einem mehr als bedenklichen Mittel. Sie stifteten nämlich eine geheime Gesellschaft „The Big Fan" (der große Fächer) genannt, deren Mitglieder später den Namen „Daniten" erhielten. Die Brüder dieses Ordens hatten ihre Erkennungszeichen und Stichworte und mußten einen Eid schwören, der dahin ging, der Präsidentschaft der Kirche in allen Dingen, die Ordensbrüder selbst möchten sie für recht oder unrecht ansehen, zu gehorchen, ferner alle der Kirche schädliche Personen zu vertreiben oder ohne Aufsehen aus dem Wege zu räumen und verdächtige Personen von Far West zu entfernen. Es versteht sich von selbst, daß der Inhalt dieses Eides nicht streng bewiesen ist und ebensowenig ist es recht aufgeklärt, wie das „aus dem Wege räumen" (to put out of sight) zu verstehen sei, und wie es geschah, weiß man nicht, aber Mormonen haben es oft selbst zugegeben, daß Personen durch den Big Fan plötzlich verschwunden seien, oder, wie sie es mit einem Kunstausdrucke bezeichneten, „slipped their breath" oder „their wind", aber sie sagten, es wäre dies nur Pferdedieben und ähnlichem schlechten Gesindel widerfahren*). Die Aufregung wurde auch durch die in Far West herausgegebene mormonische Zeitung „Elders Journal" sehr vermehrt, welche, besonders etwas später, als Rigdon viele Artikel in derselben schrieb (August 1838), mit der äußersten Heftigkeit gegen die Abtrünnigen und alle Missourier loszog.

So standen die Sachen, als Smith, Rigdon und andere Koryphäen auf ihrer Flucht von Kirtland im Frühling 1838 in Far West anlangten. Wir finden nicht darüber berichtet, welche Richtung Smith persönlich bei seinem Benehmen gegen die ältern Einwohner eingeschlagen, aber nach seinem in entschieden schwierigen Lagen zur Vorsicht geneigten Charakter wird man annehmen dürfen, daß er Gewaltmaßregeln und drohende Demonstrationen eher zurückgehalten, als dazu aufgemuntert hat, wenn auch freilich die geheime Gesellschaft, deren Wesen auch seinem eignen

---

*) Gunnison The Mormons. p. 108 f. Westminster Review. January 1853. p. 196 ff.

Charakter mehr zugesagt haben mag, nicht ohne sein Mitwissen entstanden sein und fortgedauert haben kann. Wünschte er aber selbst eine Fehde, so hielt er sich wenigstens aus Klugheitsgründen mehr zurück und schob Andere in den Vordergrund. Der leidenschaftliche Rigdon war dagegen Feuer und Flamme. In öffentlichen Reden, in Zeitungen und in Zwiegesprächen forderte er fast zum offenen Kriege auf; er meinte, die »Verräther«, worunter er alle Abtrünnige verstand, müßten nach dem Gesetze Gottes behandelt werden, wie Judas, auf dessen Eingeweide, wie er sagte, die Apostel mit Füßen getreten hätten, oder wie Ananias und Sapphira, die von Petrus getödtet wären. In einer Festrede am 4. Juli (dem Tage der amerikanischen Unabhängigkeits-Erklärung) warf er dem Staate Missouri und allen Gegnern geradezu den Fehdehandschuh hin und rief sein »Wehe über sie, im Namen Jesu Christi!« *) Die Ungerechtigkeiten, die sie in Independence erduldet, die Beschimpfungen, die ihnen in Missouri zu Theil geworden, hatten viele Mormonen fast zur Raserei getrieben. Sie drohten damit, in die Hauptstadt (Jefferson City) zu ziehen, und wenn der Pöbel sie zum Kampfe zwinge, nicht eher zu ruhen, als bis St. Louis in ihrer Gewalt wäre.

Zu der ersten Gewaltthat kam es bei den County-Wahlen im August 1838, und zwar waren es die Mormonen, die in **Gallatin**, dem Hauptort von Davies-County, zuerst zu gröberen Verletzungen schritten. Sie vertrieben ihre Gegner vom Wahlplatz, sandten dann Streifparthien durchs Land, beraubten und plünderten manche Einwohner und brachten den Raub in das sog. Vorrathshaus des Herrn, sie zündeten mehrere Häuser an und jagten Weiber und Kinder in die Wälder, wo sie Noth litten und was u. A. zwei Fehlgeburten zur Folge hatte. Dieser arge Exceß verdiente mit Recht eine ernstliche Zurückweisung und Bestrafung der Schuldigen. Es wurde in der Eile eine Compagnie Miliz zusammenberufen, die sich unter Anführung des Major **Bogart** an einem kleinem Bache aufstellte. Hier wurde sie von einem Haufen bewaffneter Mormonen überfallen und ihr mehrere Mann getödtet, doch schrieb sich die Miliz in dem kleinen Gefecht den Sieg zu. Die Mormonen entschuldigten diesen Angriff da-

---

*) Diese Rede wurde damals von den Mormonen „the Salt Sermon", die gesalzene und gepfefferte Rede genannt.

mit, daß sie behaupteten, sie hätten die Truppen für einen Mob gehalten, der ihr Eigenthum zerstören wollte.

Die bedrängten alten Einwohner, die sich mit ihrer County-Miliz nicht stark genug fühlten, wandten sich nun um Hülfe an den Gouverneur Lilburn Boggs, dem Nachfolger Dunklin's, welcher auch augenblicklich eine starke Macht Milizen aufbot, um gegen alle Bürger Ordnung zu erzwingen, und — setzte er in der von ihm ausgegebenen Ordre hinzu — wenn es nothwendig gefunden würde, sogar die verderblichen Mormonen auszurotten oder aus dem Staate zu vertreiben. So wenig auch die Mormonen in diesem Falle zu rechtfertigen sind, so vergißt man doch fast ihr Unrecht über der später an ihnen begangenen Barbarei, welche zum Theil eine Folge von den ungerechten und grausamen Instructionen des Gouverneurs war. Dieser erste Beamte des Staats hatte sich über die Partheien zu stellen und er besaß nicht im Entferntesten das Recht, einen großen Theil der Einwohnerschaft des Landes zu verbannen oder gar mit Gewalt aus dem Lande schaffen zu lassen. Ein Umstand, der die Grausamkeit in der Ausführung noch etwas milderte, war es, daß der später im mexikanischen Kriege bekannter gewordene Brigade-General Doniphan zu einem der Oberbefehlshaber der Executions-Armee ernannt wurde, denn dieser tapfere Krieger war ein gerechter und humaner Mann, über den persönlich die Mormonen sich auch nie beschwert haben. Aber neben Doniphan kommandirten die General-Majors Lucas und Clark, und Lucas war von allen der erste im Range. Diese waren mehr für die ungemilderte Ausführung der Befehle des Gouverneurs, wenn sie auch die Gräuel unmöglich billigen konnten, die von einzelnen Truppenabtheilungen verübt wurden. Leider besaßen alle Officiere von höherem Range wenig Macht über die niederen Officiere und die Milizmannschaft, welche eine undisciplinirte, großentheils rohe und zum Theil dem Trunk ergebene Horde bildete. — Das Heer, welches als zahlreich geschildert wird, ohne daß wir dessen Mannszahl irgendwo angegeben finden, sammelte sich nicht sehr rasch, so daß es sich bis Ende October hinzögerte, bis es den Mormonen, die sich auch so gut sie konnten bewaffnet hatten, entgegenrückte.

General Doniphan wußte durch bloße kriegerische Demonstrationen dem eigentlichen Kampfe zuvorzukommen, denn ehe die

Mormonen daran dachten, war ihr Hauptcorps in Far West von einer so überlegenen Macht umzingelt, daß sie sich gezwungen sahen sich zu ergeben. Es kam, wie es scheint blos mündlich, eine Art Capitulation zu Stande, die General Lucas für die Regierung abschloß und deren Hauptbedingungen folgende waren: 1) Auslieferung einer Anzahl namentlich aufgeführter Rädelsführer. 2) Auslieferung der Waffen. 3) Uebertragung ihres Eigenthums (worunter wohl nur Grundeigenthum verstanden wurde) um dadurch die Kriegskosten zu decken. 4) Räumung des Staats von allen Mormonen ohne Ausnahme *). Für diese Räumung war freilich kein ganz bestimmter Termin festgestellt, es scheint aber verstanden zu sein, daß sie jedenfalls vor dem nächsten Frühjahr ausgeführt sein solle. Die auszuliefernden Personen waren: Joseph und Hiram Smith, Sidney Rigdon und der Apostel Pratt als Häupter und drei oder vier Andere, welche besonderer Verbrechen beschuldigt waren. Alle, hieß es, sollten wegen der ihnen zur Last gelegten Verbrechen, als Hochverraths, Mordes, Raubes, Brandstiftung und Diebstahls „Rechenschaft geben." Nachdem sich nun alle verlangte Personen selbst überliefert hatten, wollte der Kriegsrath sie anfangs vor ein Kriegsgericht stellen, welches sie ohne allen Zweifel auf der Stelle zum Tode verurtheilt haben würde. Dem widersetzte sich jedoch Gen. Doniphan, der selbst Jurist war, als ungesetzlich und verfassungswidrig. Er setzte den Beschluß durch, daß die sämmtlichen Gefangenen dem Kreisgerichte (Circuit-Court) übergeben werden sollten. Dies rettete das Leben der sieben oder acht Gefangenen.

Der Feldzug hatte nun eigentlich sein Ende, denn die Miliz war vollkommen Meister, kein Mormon wollte sich noch wehren und alle waren bereit ihre Waffen abzugeben, wenn man dann nur ihr Leben schonen und sie in Ruhe abziehen lassen wollte. Aber die Miliz nahm gar keine Vernunft an. Die Horden der Milizmänner zerstreuten sich über die Mormonen-Ansiedlungen, mißhandelten die Wehrlosen und Gefangenen und begingen so wilde Grausamkeiten und Brutalitäten, wie sie nur bei den rohesten Indianern vorkommen können. Der Apostel Pratt, der wahrheitsliebendste unter den Führern der Mormonen, dem man

---

*) The Mormons. London 1852 p. 79. vergl. mit Ford History of Illinois. p. 260.

hier um so mehr Glauben schenken darf, als ihm von den Mormonen-Feinden nie bestimmt widersprochen ist, hat über die verübten Gräuel einige Einzelheiten geschildert, die an Barbarei ihres Gleichen suchen. Er, der selbst gefangen gehaltene Pratt bezeugt u. A., daß den Gefangenen in ihren Gefängnissen das gekochte Fleisch ihrer erschlagenen Kameraden von den Henkern zur Speise vorgesetzt sei. Er erzählt ferner — und das Hauptfactum ist durch viele andere unwidersprochene Aussagen bestätigt — daß in How's Mills (oder Haun's Mill) zwanzig seiner Glaubensbrüder, nachdem sie durch Freundschaftsversicherungen in Sicherheit gewiegt ihre Waffen gutwillig abgegeben hatten, für die Nacht in ein altes Blockhaus eingesperrt seien und hier sämmtlich kaltblütig erschossen wurden, indem die Soldaten durch die Spalten zwischen den Balken so lange in das Haus hineinschossen, als noch ein einziger übrig war. Nach dieser Metzelei fanden die Milizmänner noch einen neunjährigen Knaben, der sich unter eine Schmiede verkrochen hatte. Sie zogen ihn aus seinem Versteck hervor und eins der Scheusale schlug ihm ohne Erbarmen die obere Hälfte des Kopfes ab. Dabei rühmte sich der Unhold seiner Heldenthat und seine Genossen tanzten wie eingefleischte Teufel um diese empörende Scene umher*). Kann es Kannibalen geben, die an Rohheit und Grausamkeit mehr zu leisten vermögen, als diese Missourier vor kaum 18 Jahren? — Der unmittelbare Befehlshaber über diese Rotte war ein Capitain Compstok, welcher diese Schandthat durch die Instruktion des Gouverneurs, "die ganze Secte auszurotten," rechtfertigen wollte. Den Oberbefehl der Abtheilung hatte General Clark, dessen leidenschaftlicher Haß gegen die Mormonen die Ruchlosigkeit seiner Truppen nur noch vermehrt zu haben scheint.

---

*) Gunnison The Mormons. p. 109. The Mormons or Latter-Day-Saints. London, 1852. p. 76. f.

Capitel X.

Der Auszug aus Missouri. Befreiung der gefangenen Mormonen-Führer.

Die große Masse der Mormonen durfte es nicht wagen, auch nur noch kurze Zeit im Lande zu bleiben, um ihre häuslichen Angelegenheiten einigermaßen zu ordnen, oder sich für die kalte Winterreise auszurüsten *). Sie bewegte sich in einem langen Zuge nach Osten zu und hatte große Leiden zu erdulden, ehe sie das linke Mississippi-Ufer erreichte. Gunnison, der während seines längern Aufenthalts in Utah von den Mormonen selbst viele mündliche Erzählungen von ihren Schicksalen vernommen hat, schildert diesen Erodus aus Missouri folgendermaßen:

„Die Leiden dieser schutzlosen Menschenmenge, die ihre Waffen und ihr Eigenthum hatten ausliefern müssen, war sehr hart, als sie mitten im kalten November von Wind und Schneestürmen gepeitscht über öde Prärien durch den Staat Missouri nach Commerce (dem späteren Nauvoo) zog. Alt und Jung, Kranke und zarte Frauen, Kinder, von denen einige erst unterwegs geboren waren, alle ohne Schutz und ohne Obdach, sah man in diesem Haufen verlorener, verfolgter Verbannten, die nicht daran dachten, Widerstand zu leisten. Die Flüsse waren ohne Brücken, das Wasser trieb Eis, die Bäche waren von neu gefallenem Regen angeschwollen und mußten durchwatet oder durchschwommen werden, denn den Aufenthalt, den es verursacht haben würde, allenthalben Brücken zu schlagen, hätte Tod vor Hunger oder vor Kälte herbeigeführt. Dreißig Personen oder einige mehr wurden (auf dem Zuge) gemordet, andere brachen vor Mangel, Kälte, Anstrengung oder Kummer zusammen. War einer durch den Tod von seinen

---

*) Zwar stellte der Gouverneur fünf Commissaire an, um, wie es hieß, „der Mormonen Eigenthum zu verkaufen, ihre Schulden zu bezahlen und ihnen bei der Auswanderung beizustehen." Den Ueberschuß des Kaufgeldes haben aber die Mormonen nie erhalten; nur 2000 Dollars wurden unter die Aermsten vertheilt.

Leiden erlöst, so wurde er in einen Sarg von Baumrinde gelegt, eine Welle der Prairie=See ging über seine sterblichen Reste hin und der Trauerzug bewegte sich langsam weiter. Die Familien waren zerstreut; Wittwen mit hülflosen Kindern, die sich an sie anklammerten und bitterlich nach Brod schrien; Hunger, Mangel und Krankheit in allen Reihen — das war der Auszug eines Volkes, das seine Hütten, worin Fülle und Gemüthlichkeit herrschte, hinter sich lassen mußte und nun unter unbarmherzigem Himmel seines Weges zog. Die schreckliche Reise führte durch Gegenden, wo kaum so viel Feuerung zu finden war, um ihre ärmlichen Vorräthe zu kochen; wo das Vieh fast vor Mangel an Nahrung umkam, denn man konnte es nicht weit umherlaufen lassen und mußte es bei Nacht anbinden, am Tage aber war keine Zeit es grasen zu lassen, denn die selbst hungernden Pilger muß= ten eilen, um nur eine Zufluchtstätte zu finden *). Alles was brüderliche Liebe thun kann, geschah — die Brodkrume wurde ge= theilt, mit dem nächsten Nachbaren, dessen Vorrath ausgegangen war, der Starke munterte den Schwachen auf und die Herzen Aller waren in Mitgefühl vereinigt. Aber was haben nicht diese Verfolger zu verantworten!"

Zwölf tausend Mormonen langten im December 1838 und im Januar 1839 von Allem entblößt am linken Mississippi=Ufer an, wo sie sich von Quincy bis nördlich hinauf nach Commerce (Nauvoo) in Illinois vertheilten. Durch ihr Elend, durch die Schilderung der Gefahren, die sie bestanden, und der Verluste, die sie erlitten hatten, durch die allgemeine Meinung endlich, daß sie ausschließlich oder hauptsächlich ihrer Religion wegen verfolgt wären, flößten sie dem Volke von Illinois das größte Mitleiden ein und erfuhren die herzlichste Gastfreundschaft. Mundvorräthe und Kleidungsstücke wurden in der Eile gesammelt und reichlich vertheilt; aber als Wohnungen hatten die Ankömmlinge Anfangs nur Hütten, die aus Pfählen und wollenen Decken elend herge= richtet waren und in langen Reihen längs dem Ufer des Missis= sippi standen. Man suchte den Arbeitsfähigen unter ihnen auf Landstellen, in Werkstätten und in Familien Arbeit zu verschaffen

---

*) Die Entfernung von Far West nach Nauvoo oder Quincy beträgt auf einigermaßen gangbaren Wegen wenigstens 200 englische Meilen.

und alle bewährten sich während ihrer Dienstzeit als fleißige Leute, die auch sonst keinerlei Anstoß gaben. Die Counties und Ortschaften in ihrem Bereich wetteiferten daher in gastfreundschaftlichen Anerbietungen und Einladungen, sich in ihrer Mitte dauernd niederzulassen. Die Wahl ihres Haupt-Wohnsitzes setzten die Mormonen indessen aus, bis der Prophet selbst, auf dessen baldige Befreiung sie gewiß rechneten, sich darüber erklären konnte.

Joseph Smith war inzwischen mit seinem Bruder und drei anderen Leidensgefährten von Gefängniß zu Gefängniß geschleppt worden, während einige andere, wie Rigdon und Pratt, getrennt von ihm gefangen gehalten wurden. Der Proceß gegen alle wurde sehr langsam betrieben, doch gelang es Sidney Rigdon nach Verlauf von vier Monaten einen Habeas-Corpus-Befehl zu erlangen und darauf freigelassen zu werden. Er begab sich sogleich zu seinen Freunden in Illinois und arbeitete hier eine Denkschrift an die Legislatur seines Geburtslandes Pennsylvanien *) aus, um deren Unterstützung zur Erlangung von Schadenersatz für sich und seine Glaubensbrüder vom Staate Missouri zu erhalten; ein Schritt, der freilich ebenso ohne Erfolg blieb, wie ein späterer ähnlicher des Propheten selbst. Die übrigen Gefangenen, die noch zwei Monate länger gefangen herumgeschleppt wurden, machten einen Versuch aus einem ihrer Gefängnisse auszubrechen, aber durch eine kleine Unvorsichtigkeit und zu große Aengstlichkeit ihrer Freunde wurde ihr Plan entdeckt. Der Scheriff und der Gefangenwärter machten ihnen aus diesem Versuche keinen Vorwurf und der Prophet glaubte schon damals, daß die Behörden seine und seiner Genossen Flucht gar nicht so ganz ungern sähen. Bald darauf bot sich ihnen eine günstige Gelegenheit zur Flucht dar. Auf dem Transport von einem Gefängnisse zum andern, betranken sich nämlich ihre Wärter und die Gefangenen säumten nicht, ohne auf irgend eine Schwierigkeit zu stoßen, sich aus dem Gefängnisse zu begeben und davon zu machen. Daß die Behörden die Flucht, wenn nicht begünstigten, so doch gern sahen, ist wahrscheinlich, denn man hatte seinen Hauptzweck, die Sekte aus dem Staate zu vertreiben, erreicht und die Fort-

---

*) Memorial to the Honorable the Senate and House of Representatives of Pennsylvania, in legislative capacity assembled; abgedruckt in The Mormons or Latter-Day-Saints. London 1852. p. 93 ff.

setzung des eingeleiteten Processes mochte in vielfacher Beziehung gar nicht im Interesse der höchsten Staatsbeamten und derjenigen Anti = Mormonen liegen, die sich am thätigsten und eifrigsten bewiesen hatten. Gewiß ist es, daß man nicht sogleich ernsthafte Maßregeln traf, der Flüchtlinge wieder habhaft zu werden. Sie gelangten glücklich mitten durch Missouri nach Illinois.

So hatten auch die letzten gewaltsam zurückgehaltenen Mormonen den Boden des Staates Missouri verlassen. All' ihr Grundeigenthum war ihnen entrissen, der größte Theil ihrer beweglichen Habe geraubt, zerstört oder auf ihrem Auszuge zu Grunde gegangen. Auf Wiedererlangung ihres Grundbesitzes oder auf eine Entschädigung für ihre Verluste hatten sie sehr wenig Aussicht. Die Executiv = Beamten und Gerichte in Missouri ließen ihnen nicht einmal persönlichen Schutz angedeihen, wie war denn von ihnen zu erwarten, daß sie das zugefügte Unrecht wieder gut machen würden, so weit dies überhaupt möglich war? Dennoch hatte ein einzelner Mormon die Einfalt oder die Kühnheit von Illinois nach Jackson=County (Independence) zurück zu reisen, um dort einen gerichtlichen Befehl zu seiner Wiedereinsetzung in den Besitz der geraubten Grundstücke zu erwirken. Aber sobald seine Anwesenheit und der Zweck derselben bekannt wurde, versammelten sich die Bürger, bemächtigten sich seiner, schlugen ihn nieder, und traten mit Füßen auf ihn, bis die Gedärme heraustraten. Statt seines alten Wohnsitzes errang er sich nur ein Grab in seiner alten Heimath *).

An wen sollten sich nun die Mormonen um Hülfe wenden, wenn Missouri nicht gutwillig etwas für sie thun wollte? Eine Petition oder Denkschrift an andere Staaten, wie Rigdon sie an die Legislatur seines Geburts = Staates Pennsylvanien richtete, konnte nur dahin gehen, die Bundesregierung, den Congreß, zu bewegen, zu ihren Gunsten einzuschreiten. Deshalb lautete auch Rigdon's Hauptbitte dahin: "die pennsylvanischen Abgeordneten (Senatoren und Repräsentanten) auf dem Congreß dahin zu instruiren, alle gesetzlichen und constitutionellen Mittel in Anwendung zu bringen, um für die aus Missouri vertriebenen Mormonen einen Ersatz für das ihnen zugefügte Unrecht und für die ihnen verursachten Verlüste zu erlangen." Wie aber konnte der Con-

---

*) Gunnison The Mormons. p. 112.

greß dem souverainen Staate Missouri eine solche Schadensleistung anbefehlen? In dieser Beziehung mußte er sich nur auf den Artikel der Constitution der Vereinigten Staaten (Art. IV. Sect. 4.) zu berufen, welcher sagt: "die Vereinigten Staaten sollen jedem Staate in der Union eine republikanische Form der Regierung garantiren." Man argumentirte nun etwa so: eine Regierung, die nicht den Willen oder die Macht hat, ihre Bürger zu schützen, ja die sie selbst beraubt oder berauben läßt, die ihnen die Justiz verweigert und sie ohne allen Proceß, ja selbst ohne einen Act der gesetzgebenden Körper von Haus und Hof vertreibt und sie aus dem Staate verbannt, eine solche Regierung ist, wenn überhaupt eine Regierung, sicher keine republikanische, und die Bundesregierung hat in einem solchen Falle nicht blos das Recht, sondern die Pflicht, einzuschreiten und sich der Verletzten anzunehmen. Aber abgesehen von der Frage, ob es besser gewesen wäre, die Bundesverfassung in diesem Sinne abzufassen, entspricht diese Deduction sicher nicht dem positiven Inhalte der Constitution. Denn in demselben Artikel, in welchem den Staaten die republikanische Regierungsform im Allgemeinen garantirt wird, heißt es weiter: "Und sie (die Vereinigten Staaten) sollen jeden der einzelnen Staaten gegen Invasion und wenn die Legislatur oder die Executiv-Gewalt (des einzelnen Staats) darauf anträgt, gegen innere Gewaltthätigkeit (domestic violence) beschützen." Nun fällt die Mormonen-Vertreibung offenbar unter den Begriff der innern Gewaltthätigkeit, da aber keine der höchsten Staatsgewalten, sondern bloße Unterthanen die Intervention der Bundesgewalt in diesem Falle anriefen, so lag kein genügender Grund zur Bundes-Intervention vor. Wenn einzelne Bürger oder Einwohner des Staats, oder Gemeinden und andere Corporationen auch noch so unrechtlich, grausam und empörend behandelt werden, so hat sich nach der Verfassung der Vereinigten Staaten die Bundesregierung darin nicht zu mischen. Sie beschützt nur die bestehende Staatsgewalt, kümmert sich aber darum nicht, ob diese Staatsgewalt gegen die Staatsangehörigen ihre Pflicht erfüllt oder nicht, so lange nur diese Staatsgewalt die äußere Form der Republik beibehält.

Eine andere Frage war es, ob die Mormonen als Käufer von Congreßland nicht fordern konnten, daß der Congreß ihnen entweder den Besitz ihres Landes verschaffe, oder den Werth dafür zahle oder wenigstens das gezahlte Kaufgeld zurückerstatte, da es ihnen vorenthalten wurde, ohne daß es ihnen durch einen richterlichen Ausspruch aberkannt oder durch einen Act der Gesetzgebung genommen war. Aber obwohl diese Seite der Sache nicht ganz übersehen wurde, scheint es doch, daß eine solche rein privatrechtliche Forderung nie zum Gegenstande eigentlicher Verhandlung gemacht ist. Die moralische und politische Seite der Sache wurde dagegen mit großer Schärfe und Kraft in Rigdon's vortrefflicher Schrift behandelt. So sagt er hier u. A.:

»Schwach müssen in der That unsere republikanischen Institutionen sein und verächtlich unsere Fähigkeit als Nation, wenn es Thatsache ist, daß amerikanische Bürger, die von der Regierung Land gekauft und von ihr die Gewähr erhalten haben, in dem Genuß desselben geschützt zu werden, wider das Gesetz und ohne Grund mit gewaltthätiger Grausamkeit fortgetrieben werden können, und doch die Regierung nicht die Macht hat, sie zu schützen oder das zugefügte Unrecht wieder gut zu machen. Sagt dies nicht in Pennsylvanien, macht es nicht in den Straßen von Harrisburgh bekannt, denn wahrlich die Söhne des „Eckstein-Staates" (Pennsylvaniens) würden sich beschimpft fühlen. Wohl mögen die Nationen der alten Welt über die Schwäche und die Ohnmacht unserer freien Institutionen spotten — eine Regierung unfähig ihre eigenen Bürger zu beschützen! Eine Regierung — es steht in der That einzig da in den Annalen der Geschichte, als ein Muster für die Welt! — eine Regierung, so gestaltet daß sie die schlagendsten Mißbräuche, die die civilisirte Welt kennt, und die von Allen als solche anerkannt werden, geschehen läßt und nicht die Macht hat, ihnen abzuhelfen! Hört es, ihr Barbaren! Horcht, ihr Wilden! und eilt, ja, eilt alle nach Amerika; da könnt ihr eure Habsucht sättigen durch Raub und Plünderung, da könnt ihr das Blut der Unschuld trinken, bis euer Durst gestillt ist, denn die Regierung hat keine Macht, euch daran zu verhindern, keine Kraft euch zu strafen, so wenig wie sie die Fähigkeit besitzt, denjenigen, welche unter eurer Hand gelitten, wieder zu dem Ihrigen zu verhelfen!"

Nachdem Smith aus dem Gefängnisse befreit war, sandte die Präsidentschaft der Kirche Bitten um Hülfe gegen den Staat Missouri an den Präsidenten der Vereinigten Staaten und an den Congreß. Da die Mormonen sich stets zur demokratischen

Parthei gehalten hatten, so setzten sie einige Hoffnung auf das kräftige Einschreiten des damaligen demokratischen Präsidenten Van Buren, aber sie fanden sich sehr getäuscht. Er lehnte es ab, dem Congreß in dieser Angelegenheit irgend welche Schritte zu empfehlen, weil die Centralregierung nicht die constitutionelle Macht besäße, einen souverainen Staat (Missouri) zu zwingen, in ihren inneren Angelegenheiten Justiz zu administriren *). Zwar nahmen sich zwei Whig=Mitglieder des Congresses, Henry Clay im Senat und John T. Stuart im Repräsentantenhause, ihrer Sache insoweit an, daß sie ihre Denkschriften gegen Missouri in den beiden Häusern einführten, aber in keinem derselben hatte diese Maßregel irgend einen Erfolg. Die einzige Wirkung war nur die, daß sich die Mormonen anfangs von der demokratischen Parthei, die sie in Missouri verfolgt und nun auch im Congresse im Stich gelassen hatte, abwandten und sich mehr der Whigparthei zuneigten, ein Umstand, welcher für die Geschichte der Mormonen in Illinois von Wichtigkeit wird. Doch war Joseph Smith später namentlich mit Henry Clay's lauem Benehmen in dieser Angelegenheit höchst unzufrieden.

Capitel XI.

Niederlassung der Mormonen in Nauvoo und die Einrichtung ihres Stadt=Regiments.

Als Joe Smith im Frühling 1839 mit seinem Leidensgefährten Pratt bei seinen Anhängern in Illinois eingetroffen war, hielt er sogleich einige Meilen von Quincy eine große Volks=Versammlung auf offenem Felde (camp-meeting). Bei derselben waren außer der Mehrzahl der Mormonen auch sehr viele Nicht-Mormonen gegenwärtig, die sich aus Neugierde eingefunden hatten. Der Prophet hielt hier eine große Rede, in welcher er die Mormonen wegen der Vorgänge in Missouri und überhaupt gegen die Anschuldigungen ihrer Feinde vertheidigte und im Ganzen mit großem Geschicke vermied, den anwesenden "Heiden" Anstoß zu

---

*) Ford History of Illinois p. 262.

geben. Er sprach sehr populär und mit großer äußerer Demuth und Bescheidenheit, die jedoch seinen innerlichen Hochmuth seinen gebildeteren Zuhörern nur schlecht verdeckte. So erklärte er z. B. hinsichtlich der ihm von seinen Anhängern zugeschriebenen wunderthätigen Kraft, Kranke zu heilen, Blinde sehend zu machen u. s. w.: „Nein, wahrlich, ich mache keinen Anspruch darauf. Kein Mensch vermag das zu thun, Gott allein kann es. Wenn man mich auffordert, so etwas zu thun, so bete ich für die Kranken; ich bitte Gott, sie zu heilen. Will er sie heilen, so sind sie geheilt; will er es nicht, so kann ich nichts dabei thun." Aehnlich erklärte er über seine angebliche Gabe, fremde Sprachen zu verstehen: „Jede Gabe, die dem Menschen nöthig ist, empfängt er von Gott; bedarf jemand der Gabe der Zungen, um im Plane Gottes wirken zu können, so verleiht sie ihm Gott, sonst nicht." Wie sehr aus diesen hohlen Redensarten der Priesterstolz auch hervorguckt, so befriedigten sie doch nicht blos seine Anhänger, sondern auch einen großen Theil des „heidnischen Publicums", welchem man den Propheten als einen vollständigen Narren beschrieben hatte, das nun aber fand, daß er doch wenigstens nicht so abgeschmackt sei, wie er gewöhnlich geschildert wurde. Aber er konnte auch in dieser Rede mitunter einen Einfall nicht unterdrücken, in dem er sich selbst persifflirte, und der zeigt, wie frech er war, wenn er ein Publicum vor sich hatte, dem er glaubte etwas bieten zu können. So sagte er von einem seiner Anhänger in Springfield, welcher während des Propheten Gefangenschaft Offenbarungen erhalten haben wollte: „Ich weiß nichts von seinen Offenbarungen. Gott kann sich offenbaren wem er will. Es mag sein, daß er welche erhalten hat — oder auch nicht; ich weiß gar nichts davon. Ich kann nicht allenthalben zugleich sein; Gott der Allmächtige muß auf einige von diesen Sachen selbst achten."

Nach solchen Proben von Volksrednerei könnte man verleitet werden zu glauben, der Prophet habe nichts als die Schlauheit eines gemeinen Marktschreiers gehabt; dies ist aber nicht der Fall, denn er wußte, wenn es die Verhältnisse erforderten, mit eben so glücklichem Erfolg auf Gebildete wie auf Ungebildete einzuwirken; er hatte entschieden diplomatisches Talent. Dies hat er in hohem Grade bei der Gründung seines kleinen Staates in Nauvoo bewiesen.

Um einen passenden Ort für die neu zu erbauende heilige Stadt zu finden, bereiste der Prophet den größten Theil von Illinois, berathschlagte viel mit den Vornehmsten seiner Anhänger und entschied sich zuletzt für einen Platz am Anfange der untern Stromschwellen des Mississippi in dem County Hancock in Illinois. Der Platz war damals nur mit einigen wenigen Hütten bebaut, die den Namen „Venus" geführt hatten, war kürzlich aber von einigen Landspeculanten angekauft worden, die ihn zu einer Stadt ausgelegt hatten, ohne daß mit der wirklichen städtischen Bebauung schon angefangen war. Sie nannten den Platz jetzt City of Commerce. Smith kaufte diesen Platz mit einem ausgedehnten daran grenzenden Landstrich und gab der von ihm zu gründenden Stadt den Namen Nauvoo, welches, ich weiß nicht in welcher Sprache, so viel bedeuten soll, wie „die Schöne". Die Lage der Stadt verdient auch diese Bezeichnung einigermaßen. Das Hochufer des Mississippi senkt sich hier allmälig zu dem angeschwemmten Vorlande hinab, welches zwei Meilen lang und breit ist und von einer großen Biegung des Flusses umschlossen ist, die eine Länge von fünf bis sechs Meilen hat. Oben auf der Höhe hat man eine weite Aussicht über das Flußgebiet; hier wurde später der schöne Tempel erbaut, der noch als Ruine die Gegend ziert. Auf dem entgegengesetzten Ufer in Jowa liegt die Stadt Montrose von schönen Hügeln umschlossen. Nach Osten hin ist Nauvoo durch einen schmalen Waldrand von einer großen Prairie getrennt, die 18 Meilen breit ist und sich nach Norden und Süden in unabsehbare Ferne ausdehnt Für die Flußschifffahrt und den Verkehr liegt der Ort indessen nicht so günstig wie Montrose, weil das Fahrwasser an der Jowa-Seite hart an der letztgenannten Stadt vorüberfließt.

Während nun mit dem Bau der Stadt rasch vorgeschritten wurde, ließ der Prophet es seine angelegentlichste Sorge sein, derselben einen Charter zu erwerben, welcher möglichst viele Vorrechte auf dieselbe häufte. Er benutzte dazu mit großer Geschicklichkeit die Partheispaltung, welche in Illinois bestand. Wir haben schon oben erwähnt, aus welchen Gründen sich die Mormonen von der demokratischen Parthei abgewandt und sich mehr der Whig-Parthei zugeneigt hatten. Aber sie ergaben sich auf des Propheten Rath oder nach seiner Vorschrift auch nicht ganz den Whigs, sondern sie erklärten, sie würden sich von beiden

Partheien unabhängig erhalten und ließen deutlich genug durchblicken, daß sie sich jedesmal zu der Parthei schlagen würden, die ihnen die meisten Vortheile böte. Da ihre Zahl nicht unbedeutend war und immer mehr anwuchs, konnten sie leicht den Ausschlag bei den Wahlen geben und beide Theile bemühten sich deshalb um ihre Gunst. Bei den Wahlen im August 1840 stimmten alle Mormonen für die Whig-Candidaten für den Staats-Senat und das Staats-Repräsentantenhaus; im November desselben Jahrs stimmten sie für den Whig-Candidaten bei der Wahl des Präsidenten der Vereinigten Staaten. Aber demungeachtet gaben die Demokraten die Hoffnung noch nicht auf, sie für ihre Parthei wiederzugewinnen. Im Winter 1840—41 kam die Gesetzgebung von Illinois zusammen; bei ihr sollte der Stadt-Charter für Nauvoo nachgesucht werden. Smith ließ nun einen Entwurf zu dieser Urkunde ausarbeiten, worin der Stadt die ausgedehntesten, bisher noch nie einer Stadt gewährten Vorrechte zugesprochen wurden; ferner den Entwurf zu einem Charter für eine militairische Legion für Nauvoo, die gleichfalls bisher unerhörte Privilegien gab; und drittens den Entwurf zur Incorporation eines großen Hotel's in Nauvoo, "Nauvoo-House" genannt, in welchem Joe Smith und seinen Erben unentgeltlich eine schöne Wohnung eingeräumt werden sollte.

    Mit diesen Entwürfen wollte er eine geeignete Person nach der Hauptstadt des Staats senden, die mit den Abgeordneten der Legislatur privatim unterhandeln und die möglichst besten Bedingungen für die Mormonen zu erlangen suchen sollte. Der Prophet wählte zum Unterhändler den Dr. John C. Bennett, einen Mann, der schon an vielen Orten, in Ohio, Indiana und Illinois in verschiedenen Stellungen gelebt hatte, aber überall den Ruf eines unzuverlässigen, charakterlosen Wüstlings hinterließ *). Dennoch hatte der gegenwärtige Gouverneur von Illinois, Carlin, ihn zum General-Adjutanten der Staatsmiliz ernannt. Als die Mormonen nach Illinois kamen, und es schien, als würden sie eine Rolle spielen, war er zum Mormonismus übergetreten und hatte sich bei den Leitern desselben bald Einfluß zu

---

    *) Der spätere Gouverneur, Thomas Ford, sagt von ihm in seiner History of Illinois gradezu: "wahrscheinlich der größte Schuft (scamp) im ganzen Westen."

verschaffen gewußt. Einiges Talent ist ihm nicht abzusprechen, und er diente in diesem Falle seinen Auftraggebern sehr gut, d. h. wie diese es wünschten und seinem eigenen falschen Charakter gemäß. Er wandte sich zuerst an den Senator Little, einen Whig aus Haucock-County, den er bat, die Anträge zuerst einzubringen, wobei er geltend machte, daß die Mormonen noch immer für die Whigs gestimmt hätten. Dann ging er zu dem demokratischen Staatssecretair, Stephen A. Douglas, demselben, welcher sich durch die Aufhebung des Missouri-Compromisses und die Durchsetzung der Nebraska-Kausas-Bill im Congreß im Dienste der Sklavenhalter-Parthei einen so zweifelhaften Ruf erworben hat. Dieser, dem er den Einfluß der Mormonen, die keineswegs zur Whig-Parthei gehörten, sondern sich völlig unabhängig hielten, anschaulich machte, ging ganz auf die Ansichten und Projecte Joe Smith's ein und warb für dieselben in seiner Parthei. Im Senat wurden die Anträge an das Committe für das Gerichtswesen verwiesen, an welchem ein demokratischer Candidat für die nächste Gouverneursvacanz, ein Herr Snyder, Vorsitzender war. Dieser wollte sich auch gern den Mormonen gefällig erweisen, und wirkte dahin, daß die Annahme der gewünschten Charter empfohlen wurde. Im Senate wurde gar nicht besonders abgestimmt, weil niemand opponirte und viele geschäftig waren, die Bills rasch durchzubringen. Im Repräsentanten-Hause ging es noch leichter, es wurden nur die Titel der Bills vorgelesen und die ganzen Gesetze in Bausch und Bogen, wahrscheinlich von den meisten Mitgliedern ungelesen, angenommen. Dieser durch einzelne selbstsüchtige Männer hervorgerufene Leichtsinn der Legislatur hat den Grund zu den späteren tragischen Vorgängen gelegt, welche mit der Vertreibung der Mormonen aus Illinois endig⸺

Um dies begreiflich zu machen, müssen wir etwas näher auf den Inhalt des Stadt-Charters von Nauvoo eingehen. Er giebt das Stadt-Regiment in die Hände eines Mayors, vier Aldermen und neun Stadträthen (Counsellors), welche gemeinschaftlich das Recht haben sollen, alle beliebigen Ordinanzen zu erlassen, welche sie für den Frieden, den Nutzen, die gute Ordnung, die Bequemlichkeit der Stadt nöthig finden, wenn diese nur nicht „mit der Constitution der Vereinigten Staaten oder dieses Staates in Widerspruch treten." Dies ist die wichtigste Bestimmung im ganzen Charter; denn da nicht gesagt ist, daß die Ordinanzen nicht in Widerspruch mit den einfachen Gesetzen des Staates sein sollten, so folgerten die Mormonen hieraus, daß sie unter der Constitution vollständige gesetzgebende Gewalt hätten, und bildeten ein fast unabhängiges Regierungssystem, einen Staat im Staate. Ferner wurde der Stadt nicht nur ein Mayors=Gericht, welches ausschließliche Gerichtsbarkeit in allen Fällen, die aus den Stadt=Ordinanzen hervorgingen, haben sollte, sondern auch ein Municipal=Gerichtshof zugestanden, welcher aus dem Mayor als Oberrichter und den vier Aldermen als Beisitzer bestehen und Berufungsinstanz für das Mayors=Gericht sein sollte. Auch sollte das Municipalgericht Habeas=Corpus=Befehle in allen aus den Ordinanzen hervorgehenden Fällen ertheilen können. Zwar war bestimmt, daß vom Municipalgericht an das Kreisgericht des County solle appellirt werden können, aber der Instanzenzug war einestheils weitläuftig, anderentheils konnte er in den Fällen, wo Ordinanzen in Frage kamen, die die Mitglieder des Municipalgerichts beliebig machen konnten, nicht viel nützen, denn das Kreisgericht mußte nun auch nach diesen Ordinanzen erkennen; wenigstens nach der Rechtstheorie der Mormonen, welche später mehrfach durch Urtheile höherer Gerichte bestätigt worden ist. Und, wenn die Mormonen wollten, war in Nauvoo alles Ordinanz und das Staatsgesetz galt nicht. Der Stadtrath konnte ja, nach der oben hervorgehobenen unvernünftigen Bestimmung, die Staatsgesetze für seinen Jurisdictionsbezirk abändern.

Diese Unabhängigkeit noch mehr zu befestigen und ihr Kraft zu verleihen, räumte ein anderer Charter die Stiftung der "Nauvoo=Legion" ein, eines militairischen Corps, welches ganz unabhängig von der Militair=Organisation des Staats gestellt wurde. Es stand unter keinem Officier der Staats=Miliz und unter dem Gouverneur selbst, als Commandeur en Chef. Die Ausrollirung für dieses Corps war nicht auf den Stadtbezirk beschränkt, sondern erstreckte sich über ganz Haucock=County, eine Bestimmung, die freilich erst später als Amendement zu einem Landstraßen=Gesetz eingeschwärzt wurde *). Die Legion hatte ferner ein Kriegs=Gericht, welches aus allen Officieren bestand, und nicht blos Gerichtsbarkeit hatte, sondern auch Gewalt, Ordinanzen zu ma=

---

*) Ford, History of Illinois, p. 264.

chen, "die zum Nutzen, zur Regierung und zur Aufrechthaltung der Ordnung in der Legion nothwendig" wären, wobei sie jedoch nicht an die Gesetze des Staats, sondern nur an die Constitution gebunden waren. Endlich war bestimmt, daß die Legion dem Mayor bei der Execution in der Stadt und der Ordinanzen der Stadt zur Verfügung stehen solle. So erhielten die Mormonen neben ihrer eigenen Gesetzgebung und Justizverwaltung eine Militairmacht unter eigenem Commando und eigenen Gesetzen, die keiner anderen Staatsbehörde unterworfen war, als dem Gouverneur.

Joe Smith wurde bei der Organisation der Corporation im J. 1841 zum Mayor erwählt. Als solcher leitete er die Gesetzgebung und die Verwaltung (im Staatsrathe), bildete allein das Gericht der untern Instanz und präsidirte im Gericht zweiter Instanz. Ferner wurde er im Kriegsrath zum Chef der Nauvoo-Legion gewählt und ließ sich von dieser ganz von ihm abhängigen Behörde den Titel "General-Lieutenant" beilegen, ein höherer Militairrang als sonst im Staate gebräuchlich war. Die Legion bestand bald aus etwa 3000 Mann, die gut bewaffnet und einexercirt waren. Sie wurde in Divisionen, Brigaden, Cohorten, Regimentern, Bataillons und Compagnien eingetheilt, und jede Division, Brigade und Cohorte hatte ihren General. So ausgerüstet war der Prophet ohne allen Zweifel der mächtigste Mann im Staate neben dem Gouverneur; ja in Bezug auf die Gesetzgebung war er fast mächtiger als dieser erste Staatsbeamte selbst.

In legislativer Eigenschaft erließ der Stadtrath viele Strafgesetze. Die Strafen wichen gewöhnlich von den durch die Staatsgesetze be### ab und waren im Allgemeinen sehr viel strenger. Wi### blikanisch und unpolitisch es auch war, eine Gemein### großen Vorrechten zu begünstigen, so nahm doch Anfangs das Volk von Illinois wenig oder gar keinen Anstoß daran, denn theils war ihm der Inhalt der Gesetze nicht klar, theils war es allgemein für die Mormonen eingenommen, deren Fleiß und Energie in Verbesserung ihres Zustandes es sah, deren Herrschsucht und Ungefügigkeit in die bestehenden Verhältnisse ihm aber noch völlig unbekannt war. Die Folgezeit brachte bald einen ungeheuern Umschwung in der öffentlichen Meinung hervor.

Capitel XII.

Die Hierarchie unter den Jüngsten-Tags-Heiligen.
Ihr Glaubensbekenntniß.

Bevor wir den Gang der Begebenheiten weiter verfolgen, halten wir es für nöthig, eine Uebersicht der Hierarchie in der Kirche der Jüngsten-Tags-Heiligen einzuschalten. Wir können freilich in dieser Schrift auf die dogmatischen Lehren und die Kirchenordnung der Mormonen nicht näher eingehen, aber ihr Kirchen-Regiment ist für das Verständniß der äußern Geschichte zu wichtig, um nicht wenigstens eine Uebersicht desselben hier unerläßlich zu machen.

Die Mormonen unterwerfen sich den Staatseinrichtungen, unter welchen sie leben, nur in so weit als dies nothwendig ist, um nicht mit dem "heidnischen" Staate von vorn herein in einen unlöslichen Conflict zu gerathen. Nach ihrem eigenen System sind die geistlichen und weltlichen Dinge so eng mit einander verbunden, daß sie nicht getrennt werden dürfen. In einem ihrer Glaubensbekenntnisse hatten sie freilich folgenden Satz aufgestellt: "Wir halten es nicht für recht, religiösen Einfluß mit der Civil-Regierung zu vermischen, wodurch die eine religiöse Gesellschaft begünstigt, die andere in ihren geistlichen Rechten geächtet und ihren Mitgliedern als Bürgern die individuellen Rechte versagt werden." Aber diesen Grundsatz haben sie offenbar nur für die Außenwelt aufgestellt, denn in ihrer eigenen Gesellschaft ist die Civilregierung ganz in der kirchlichen aufgegangen. Es giebt in ihrem idealen Staate gar keine geschiedene staatli### kirchliche Regierung. Diese Idee ist erst dann vollstän### alifiren, wenn ihr Gemeinwesen einst als ein eigener selb### r Staat anerkannt sein wird; bis dahin suchen sie aber, ### der Idee so sehr wie möglich anzunähern. Gegen die Vereinigten Staaten-Regierung hin und für die wenigen Ungläubigen, die unter ihnen leben, gebrauchen sie, so lange sie dies für politisch halten werden, die in der Union hergebrachten Namen für ihre Gerichts- und gesetzgebenden Behörden, sie besetzen aber alle Aemter auf die in ihren Offenbarungen vorgeschriebene Weise, was ihnen leicht wird, da das Volk verfassungsmäßig die meisten Beamten wählt und die Mormonen die ganz überwiegende Mehrheit der Bevölkerung ausmachten, sowohl in Hancock-County in Illinois, wie jetzt in Utah. So ist z. B. nach ihrer Einrichtung in jedem kleineren District ("Ward", d. i. Quartier, in der Stadt, und Township oder Precinct, im County) ein Bischof Richter erster Instanz. Nun wählen sie diesen Bischof zum Friedensrichter. Wenn dann zwei Mormonen unter einander einen Proceß haben, so entscheidet der Bischof, wenn aber eine oder beide Partheien Nicht-Mormonen sind, so entscheidet auch der Bischof, aber unter dem Namen "Friedensrichter." In das Gericht zweiter Instanz in Nauvoo wählten sie, wie ihr kirchliches Gesetz für die Gerichte höherer Instanz verlangt, Hohe Priester, und diese entschieden bei Streitigkeiten von Mormonen unter einander in ihrer geistlichen Eigenschaft. Sie wechselten also nur mit dem Namen. Aehnlich verhielten sie es mit dem Municipalrath als localer gesetzgebender Behörde.

Die Jüngsten-Tags-Heiligen nennen ihr eigenthümliches Regierungssystem eine "Theo-Demokratie", aber das hierarchische Princip, d. h. die unter theils aristokratischen, theils demokratischen Formen versteckte Monarchie des Propheten hat die Volksherrschaft völlig verschlungen. Jede Offenbarung, die der Prophet erhalten zu haben vorgiebt, suspendirt in der That die ganze verfassungsmäßige Regierung, denn sie schneidet alle Debatten und alle Beschlüsse ab und zwingt jede Behörde des Staats oder der Kirche, sich der Offenbarung gemäß zu verhalten. Und ihr Gott verschmäht es nicht, sich oft über die, dem profanen Urtheile nach, kleinlichsten Dinge sehr ausführlich zu offenbaren.

Kurz nach der Stiftung der Kirche war die Hierarchie höchst einfach. Joe Smith stand als Prophet an der Spitze und hatte einige Priester unter sich, ohne alle Eintheilungen und Grade. Bei der Zunahme und größeren Ausbreitung der Secte reichte dies nicht mehr aus, wenn der Prophet alle Fäden in der Hand behalten wolle. Es wurde deshalb nach und nach — natürlich auf dem Wege von Offenbarungen — ein sehr künstliches Regierungssystem eingeführt, welches in ihrer heiligen Schrift: „Doctrine and Covenants" in einem besonderen Abschnitt betitelt „Doctrines and Commandments" zusammengestellt ist.

Hiernach zerfällt die Priesterschaft, welche zugleich der Beamtenstand ist, in zwei Ordnungen oder Grade, nämlich die Melchisedek-Priesterschaft und die Aaronische Priesterschaft, zu welcher letzteren auch die Levitische gehört. Die Melchisedek-Priesterschaft ist die höhere, sie hat „die Schlüssel aller Gnadenmittel (spiritual blessings) der Kirche und das Vorrecht, die Mysterien des Himmelreichs zu empfangen; ihnen ist der Himmel aufgethan und sie genießen die Gemeinschaft und die Gegenwart Gottes des Vaters und Jesu Christi, des Mittlers des neuen Bundes." Die Aaronische oder niedere Priesterschaft hat dagegen „die Schlüssel des Dienstes der Engel (the keys of the ministering of angels), die Ausführung des Evangeliums in seinen äußerlichen Anordnungen und die Buß-Taufe zur Vergebung der Sünden."

Die Melchisedek-Priester werden wieder unterschieden in **Aelteste oder Hohe Priester**. Beide Klassen haben das Recht auf die Präsidentschaft und Macht und Gewalt über alle Aemter in der Kirche. Die besondere Pflicht der Aeltesten im Allgemeinen ist, die gottesdienstlichen Versammlungen zu leiten, „wie der heilige Geist sie treibt." Zu den Aeltesten gehören auch die im höchsten Range stehenden zwölf Aposteln oder reisenden Räthe, welche als die obersten Missionaire und Visitatoren der Gemeinden (Stakes) ausgesandt werden, die aber auch vereinigt ein Collegium „the High Apostolic College" bilden, welches bei außerordentlichen Gelegenheiten versammelt wird. Unter den Aposteln stehen als Missionaire die Siebenzig, welche sich selbst noch siebenzig, und, je nach dem Bedürfniß der Missionen, bis siebenmal siebenzig beiordnen können. Es scheint, daß alle diese, möglicherweise 560 Siebenziger Melchisedek-Priester sein müssen. — Die Hohen Priester stehen in der Rangordnung wenigstens nicht unter den gewöhnlichen Aeltesten, jedoch unter den Aposteln. Sie sind die eigentlichen und regelmäßigen Verwalter der Sacramente, auch ordiniren sie alle Priester, die unter ihnen stehen. Wenn sie verhindert sind, können die Aeltesten für sie fungiren. Alle höheren Aemter werden mit Aeltesten und Hohen Priestern besetzt.

Ueber allen diesen Melchisedek-Priestern und damit über der ganzen Kirche (zugleich Staat) steht eine **Präsidentschaft der Kirche**, auch „erste Präsidentschaft" genannt (weil jeder Rang und Stand in der Hierarchie auch wieder seine besondere Präsidentschaft hat. Sie besteht aus drei Personen, nämlich aus dem

Präsidenten der Hohen Priester, welcher zugleich „Seher, Offenbarer, Uebersetzer (translator) und Prophet" ist (Joseph Smith), und zwei andern Mitgliedern (zuerst Aeltester Sidney Rigdon und Williams). Die Präsidentschaft wurde zuerst durch Offenbarung eingesetzt, soll aber nach den Commandments künftig von der ganzen Körperschaft (der Melchisedek-Priesterschaft) in der Generalconferenz, die halbjährlich statt findet, gewählt werden, aber es ist noch nie jemanden in den Sinn gekommen, auf andere Personen zu stimmen, als auf die, welche einmal die Gewalt in Händen hatten, außer etwa in der bewegten Zeit nach des Propheten Smith Tode. — Die Präsidentschaft bildet das höchste Regierungs-Amt und zwar in den geistlichen Angelegenheiten unbedingt und in allen, auch den ausländischen, Stakes; in der Haupt-Niederlassung aber auch in allen weltlichen Sachen. Eine seltsame Bestimmung ist es aber, daß trotzdem, daß die erste Präsidentschaft anerkannterweise die höchste Auctorität ist, das High Apostolic College, welches auch seinen eigenen Präsidenten hat, „in Ansehen und Macht mit den drei Präsidenten gleich sein soll"; daß ferner auch die „Siebenzig", welche, wie wir später sehen werden, ein höchst complicirtes Collegium bilden, „in Autorität mit den zwölf Aposteln gleich sein" sollen, also auch mit der Präsidentschaft. Praktisch konnte der Fall entgegengesetzter Entscheidung desselben Falles durch diese drei Collegien nur selten eintreten, weil sowohl die Apostel, als auch die Siebenzig in allen Ländern zerstreut waren und sehr selten die Majorität in „Zion" versammelt war. Daneben waren noch zwei wichtige beschränkende Bestimmungen gemacht, nämlich erstens, daß eine Entscheidung eines der beiden Collegien nur dann eine gleiche Gültigkeit unter sich und mit einem Präsidentschafts-Beschluß haben sollte, wenn die absolute Majorität der Mitglieder anwesend gewesen und den Beschluß einstimmig gefaßt hätten; und zweitens, daß, wenn eine solche Entscheidung „in Unrechtfertigkeit" gefaßt sei, dann an die Generalversammlung der verschiedenen Collegien, welche die geistlichen Behörden der Kirche bilden, ein Berufen soll stattfinden können. Wider den Willen des Propheten konnte daher so leicht kein Beschluß der Apostel oder der Siebenzig durchgehen; wohl aber mochte der Prophet das eine oder das andere Collegium in dem Falle gebrauchen können, daß seine beiden Collegen in der Präsidentschaft widerspänstig gegen ihn waren, er es aber doch nicht für rathsam hielt, eine Offenbarung zu Hülfe zu rufen.

Aber die anscheinende Verwirrung wird noch größer. Der Präsidentschaft der Kirche soll nämlich auch ein beständig anwesender "Hoher Rath in Zion" zur Seite stehen, der wieder in allen seinen Entscheidungen in Kirchensachen von gleicher Autorität sein soll mit dem "reisenden Hohen Rath", d. h. den zwölf Aposteln; und ein ähnlicher stehender Hoher Rath soll in jedem Stake (Bezirk von Gemeinden) sein, der ebenfalls in seinem Sprengel mit den Aposteln gleiche Auctorität haben soll. Man sollte denken, daß diese vielen gleichberechtigten Stellen die Ausführung aller Maßregeln außerordentlich erschwert und verzögert haben müßte. Dies scheint aber doch keineswegs der Fall gewesen zu sein, vielmehr zeichnete sich die Ausführung durch Raschheit und Uebereinstimmung aus. Da die Mormonen unter sich keineswegs sehr friedfertig waren, läßt sich dies wohl nur durch die Offenbarungen, oder doch durch "die Offenbarung im Hintergrunde" erklären, welche des Propheten bloße Ansicht schon zum Gesetze machte.

Der "Hohe Rath in Zion", welcher auch aus zwölf Mitgliedern (Aeltesten und Hohen Priestern) bestand, scheint nach und nach die Stelle des Cabinets des ersten Präsidenten vertreten zu haben. Dieser führt selbst den Vorsitz, legt die Gegenstände der Berathung vor und faßt die Abstimmungspuncte. Er entscheidet endlich selbst und zwar häufig gegen die Ansicht einer großen Majorität der Räthe, die sich aber jedesmal der Präsidial-Entscheidung unterwirft. Dann haben die Mitglieder des Hohen Rathes die Pflicht, über den Zustand der Kirche, der socialen Angelegenheiten und selbst über die häuslichen Verhältnisse einzelner Mitglieder der Kirche Nachrichten zu sammeln und sie dem Präsidenten vorzulegen. Dies scheint, wenigstens periodenweise eine sehr strenge geheime Polizei hervorgerufen zu haben.

Ein isolirtes Amt, welches zur Melchisedek-Priesterschaft gehört, ist noch das des Patriarchen, der in der Hauptstadt wohnen muß und keine anderen Amtsverrichtungen hat, als bestimmte Mitglieder der Kirche zu segnen, in der Art, wie Jakob seine Söhne segnete. Es ist aber ein hohes Ehrenamt, welches zuerst Hyram Smith bekleidete und welches noch immer in des Propheten Smith Familie geblieben ist.

Zu der Aaronischen oder niederen Priesterschaft gehören: die Priester, die Lehrer (teacher) und die Diaconen, sowie der Regel nach die Bischöfe, die die höchste Stufe in dieser Ordnung einnehmen sollen. Das Bischofsamt verleiht die Verwaltung über die weltlichen Güter der Kirche, das Richteramt und die Aufsicht über das Armenwesen. Es gehört also seinem Wesen nach ganz der Aaronischen Priesterschaft an, welche ihrer Begriffsbestimmung nach gerade die Ausführung der äußerlichen Angelegenheiten der Kirche besorgen soll. Dennoch ist festgesetzt, daß ein Bischof Mitglied der Hohen Priesterschaft sein müsse, wenn er nicht ein wirklicher Abkömmling von Aaron ist, der wohl selten zu finden sein wird. Der Bischof, wovon es anfänglich nur einen, jetzt aber eine größere Anzahl giebt, präsidirt zugleich über die Aaronischen Priester, die hauptsächlich das Predigtamt verwalten, die Mitglieder der Gemeinde in ihren Häusern besuchen sollen u. s. w., doch auch verpflichtet sind, den Aeltesten in ihren Geschäften Beistand zu leisten. Die Lehrer haben eine Aufsicht über die Kirchengebäude, darauf zu sehen, daß die Mitglieder die Kirche fleißig besuchen und einen untadelhaften Wandel führen, endlich auch gelegentlich den Priester zu vertreten; doch darf weder der Lehrer noch der Diacone die Sacramente verwalten. Die Diaconen sind nur Assistenten der Lehrer, haben aber doch, wie jene selbst, eine Ordination zu empfangen.

Alle diese Priester, die großentheils Beamte sind, werden entweder gewählt, theils in den einzelnen Gemeinden, theils von der ganzen Kirche; oder sie werden von dem Amte oder dem Orden selbst cooptirt (z. B. die Aeltesten können in ihren vierteljährlichen Conferenzen neue Mitglieder in ihren Orden hineinwählen); oder sie werden von einzelnen anderen Geistlichen, die aber wenigstens gleich hoch im Range stehen müssen, bestellt. Das letztere findet wohl hauptsächlich auf den zerstreuten Missionen statt, wo eine andere Art der Bestellung oft unausführbar wäre. Außer der Bestellung ist immer eine Ordination erforderlich.

Alle Wahlen — selbst die rein staatlichen, wie z. B. die eines Delegaten in den Congreß — sind rein nominell, sobald der Prophet es für passend erachtet, einen Candidaten zu nominiren oder in Vorschlag zu bringen, denn in einem solchen Falle wählt jeder Mormone ohne alle Rücksicht auf sein eigenes Urtheil oder seine Neigung den nominirten Candidaten, der also in der That vom Propheten zu dem Amte ernannt wird. "Gegen einen zu stimmen, der von der höchsten Gewalt vorgeschlagen ist", sagt Gunnison, "würde für die allergrößte Thorheit gelten, denn der Rath (der Hohe Rath) würde dann wissen, was er zu thun hätte und welche Personen die geeignetsten wären, das Werk auszuführen" *).

Hinsichtlich der Justiz bestimmen die Doctrines and Commandments, daß der oder die Bischöfe die ordentlichen Richter (common judges) sein sollen; daß aber, wenn man mit ihrer Entscheidung nicht zufrieden ist, "in den wichtigsten Sachen der Kirche und in den schwierigsten Fällen an den Hohen Rath unter Vorsitz der ersten Präsidenten appellirt werden könne. Der Präsident soll dann das Recht haben, außer den gewöhnlichen zwölf Räthen noch bis zu zwölf andere Hohe Priester, als Räthe in dem einzelnen vorliegenden Fall, hinzuzuziehen. Die hier gefällte Entscheidung giebt dann ausgehendes Recht "in allen geistlichen Sachen", und kein Mormone ist von der Gerichtsbarkeit dieses höchsten Tribunals ausgenommen.

Eigenthümlich ist es, daß jeder Stand der Priesterschaft, wie jedes Collegium einen oder mehrere Präsidenten haben muß. So ist ein Präsident über je 12 Diaconen, einer über je 24 Lehrer, und einer, welcher Bischof sein muß, über 48 Priester der Aaronischen Priesterschaft. Diesen Präsidenten wird vorgeschrieben, mit den ihnen untergebenen "in einem Rathe zu sitzen und sie ihre Pflichten zu lehren." Ferner haben die 96 Aeltesten, welche nicht reisen, sondern in Zion bleiben, ihren Präsidenten, die Apostel haben den ihrigen und die "Siebenzig", die eigentlichen Missionaire, haben gar je 10 einen Präsidenten, also 7 Präsidenten, welche wieder ein besonderes Collegium bilden, über welches einer der Sieben den Vorsitz führt. Diese 7 Präsidenten, haben außer den ersten Siebenzig, wozu sie selbst gehören, noch einmal 70 zu erwählen, worüber sie auch präsidiren, und noch einmal 70 bis zu 7mal 70, "wenn die Arbeit im Weingarten des Herrn solches nöthig macht." — Alle Präsidenten scheinen stets zur Melchisedek-Priesterschaft gehören zu müssen, mit einziger

---

*) Ob dies eine Anspielung auf die geheime Polizei der "Daniten" sein soll? Es scheint fast so.

Ausnahme des Bischofs, als Vorsitzenden der niedern Priesterschaft, in dem Falle, wenn er wirklich von Aaron abstammt.

Hinsichtlich der Kirchen-Mitglieder im Allgemeinen erinnern wir an die Verpflichtung aller in die Kirche Aufgenommenen, sobald wie möglich nach dem Hauptlande — nach Zion — auszuwandern und dort den bleibenden Aufenthalt zu nehmen. Aber dieses Gebot wird mit großer Rücksicht und Milde gehandhabt, denn es ist sehr leicht, von dieser Verpflichtung auf unbestimmte Zeit dispensirt zu werden. Die Südsee-Insulaner sind ein für allemal von dieser Verpflichtung befreit, weil die Kirche annimmt, daß diese Race das rauhere Klima der Vereinigten Staaten nicht ertragen könne. Statt dessen sind einige amerikanische Familien dorthin gesandt, um über die Neubekehrten eine Art Aufsicht zu führen. Aehnlich wird es wohl mit den Proselyten in Ostindien (wo wenigstens seit 1852 mormonische Missionaire sind) und vielleicht mit denen in China verhalten.

Noch ist sehr bemerkenswerth, daß nur wenige der höchsten Priester und Beamten Besoldungen erhalten, alle übrigen aber ihr priesterliches Geschäft und die etwa damit verbundenen weltlichen Amtsgeschäfte unentgeltlich versehen, also, wenn sie nicht als Missionaire reisen, in der Regel ein bürgerliches Geschäft nebenbei betreiben, welches sie ernährt.

Schließlich theilen wir hier noch das Verzeichniß der Schriften mit, welchen die „Jüngsten-Tags-Heiligen" kirchliche Auctorität beilegen (Authorative Books of the Church), und das Glaubensbekenntniß, wie es gegen Ende der dreißiger Jahre und vor Einführung der Polygamie aufgestellt wurde.

Die kirchlichen Schriften sind, außer der Bibel, welche die Mormonen aber vielfach in einem ganz anderen Sinne verstehen, wie alle übrigen christlichen Secten, und welche Joseph Smith umgearbeitet hat (Reformed Bible)*), folgende: 1. Das Buch Mormons. 2. Das Buch der Lehre und der Bündnisse, aus den Offenbarungen Gottes ausgewählt von Joseph Smith. 3. Die Stimme der Warnung an alle Nationen, von Parley P. Pratt. 4. Der Strahlenbrecher des Evangeliums (the Gospel-Reflector). 5. Die Zeiten und Jahreszeiten (the Times and

---

*) Dies Werk ist, soviel wir wissen, noch nicht in Druck erschienen, obgleich die Herausgabe längst versprochen ist.

Seasons) unter den Augen des Propheten herausgegeben. 6. Der tausendjährige Stern (the Millennial Star). 7. Die Schriften von Joseph dem Propheten und von Parley P. Pratt, wo sie sich auch finden mögen. (Dazu sind später noch gekommen: 8. Die allgemeinen Episteln der Präsidentschaft in Deseret).

Das Glaubensbekenntniß lautet so:

"Wir glauben an Gott, den ewigen Vater, an seinen Sohn Jesus Christus und an den heiligen Geist.

Wir glauben, daß die Menschen bestraft werden für ihre eigenen Sünden und nicht für Adams Uebertretungen.

Wir glauben, daß durch die Versöhnung Christi die ganze Menschheit erlöst wird durch den Gehorsam gegen die Gesetze und die Vorschriften des Evangeliums.

Wir glauben, daß diese Vorschriften sind: 1) Der Glaube an Jesum Christum unseren Herrn. 2) Die Buße. 3) Die Taufe durch Untertauchen zur Vergebung der Sünden. 4) Das Handauflegen durch die Gnade des heiligen Geistes. 5) Das Abendmahl.

Wir glauben, daß die Menschen von Gott berufen werden durch Inspiration und durch das Handauflegen von solchen, welche gehörig beauftragt sind (duely commissioned), das Evangelium zu predigen.

Wir glauben an dieselbe Einrichtung in der Kirche, wie sie in der ursprünglichen Kirche bestand, nämlich Apostel, Propheten, Pastoren, Lehrer, Evangelisten u. s. w.

Wir glauben an die Kraft und an die Gaben des ewigen Evangeliums, an die Gabe des Glaubens, der Erkennung (discerning) der Geister, der Prophezeihung, der Offenbarung, der Erscheinungen (visions), der Heilkraft, der Zungen und des Verständnisses der Zungen, der Weisheit, der Barmherzigkeit, der brüderlichen Liebe u. s. w.

Wir glauben, daß das Wort Gottes in der Bibel enthalten ist, wir glauben auch, daß das Wort Gottes in dem Buche Mormons enthalten ist und in allen anderen guten Büchern.

Wir glauben Alles, was Gott geoffenbart hat, Alles, was er gegenwärtig offenbart, und wir glauben, daß er noch viel mehr große und wichtige Dinge offenbaren wird, die das Reich Gottes und das zweite Erscheinen des Messias angehen.

Wir glauben buchstäblich an das Versammeltwerden Israels und an die Wiedererscheinung der zehn Stämme; daß Zion auf dem westlichen Continent aufgerichtet werden wird; daß Christus in Person tausend Jahr auf der Erde regieren wird und daß die Erde wiedergeboren werden und ihre paradisische Glorie wiedererhalten wird.

Wir glauben buchstäblich an die Wiedererstehung der Leiber und daß die Ueberreste der Todten nicht eher wieder auferstehen, als bis die tausend Jahre abgelaufen sind.

Wir nehmen das Recht in Anspruch, den allmächtigen Gott nach den Vorschriften unseres Gewissens zu verehren, ungestört, und wir gestehen allen Menschen dasselbe Recht zu, sie mögen ihn verehren, wo und wie sie wollen.

Wir glauben, daß wir den Königen, Königinnen, Präsidenten, Regenten und Obrigkeiten unterworfen sind und dem Gesetze gehorchen, dasselbe achten und aufrecht erhalten müssen.

Wir glauben, daß wir rechtschaffen, treu, keusch, mäßig, wohlwollend, tugendhaft und aufrichtig sein und allen Menschen Gutes thun sollen. Wir sagen in der That, wir sollen der Ermahnung Pauli folgen, wenn er sagt: »wir glauben Alles, wir hoffen Alles, wir haben sehr Vieles erduldet und hoffen im Stande zu sein, Alles zu erdulden.« Alles was lieblich, tugendhaft, preiswürdig und von gutem Rufe ist, danach trachten wir und erwarten dafür Vergeltung. Aber ein träger und fauler Mensch kann kein Christ sein und nicht selig werden; er ist eine Drohne und bestimmt getödtet und hinausgeworfen zu werden aus dem Bienenstocke.«

Capitel XIII.

Die Friedensperiode in Nauvoo.

In den ersten Jahren nach der begonnenen Ansiedelung ging in Nauvoo alles vortrefflich, außer daß die Colonie vom Klima stark zu leiden hatte. Obgleich der größte Theil von Nauvoo auf und an den Uferhügeln liegt und selbst der am Fuß derselben liegende untere Stadttheil wenigstens eine trockne Lage hat, so

strömte doch von der unmittelbar am Mississippi gelegenen Fluß=
marsch eine Ausdünstung aus, die verderbliche Fieber erzeugte.
Zwar begannen die Mormonen sogleich, diese ganze Marsch zu
entwässern und trocken zu legen, aber diese große Arbeit, die auch
den gewünschten Erfolg auf den Gesundheitszustand hatte, wurde
erst im vierten Jahre vollendet. Bis dahin soll ein Drittel aller
Mormonen der Seuche erlegen sein*), eine Angabe, die uns fast
übertrieben scheint. Sicher war die Sterblichkeit in der ersten
Zeit sehr groß und die Abtrünnigen und die Mormonen=Feinde
haben daraus später eine schwere Beschuldigung gegen den Pro=
pheten und die übrigen Mormonen=Häupter hergenommen, indem
die ersten behaupten, sie seien gezwungen worden, an einem Orte
ihren Wohnsitz zu nehmen, wo niemand habe leben können. Aber
dieser Vorwurf scheint ungerecht, denn erstens ist zu berücksichti=
gen, daß die Mormonen bei ihrer Ankunft aus Missouri durch
die Strapazen der Winterreise geschwächt und die Gesundheit vie=
ler tödtlich angegriffen war; zweitens sind in dem ganzen Land=
striche, wo die Mormonen sich passend niederlassen konnten, die
meisten fruchtbaren Gegenden, wenn sie zuerst der Cultur unter=
worfen werden, von klimatischen Fiebern heimgesucht; drittens
hatte Smith diesen Umstand in so hohem Grade, wie er hervor=
trat, zum Voraus nicht gekannt, und es konnte, da das Land
noch fast unbewohnt war, kaum irgend jemand wissen; viertens
endlich ergriff er sogleich die kräftigsten Mittel, dem Uebelstand
abzuhelfen, und daß seine Mittel die richtigen waren, hat die
Zeit gelehrt, wenn auch einige Jahre vergingen, bis die volle
Wirkung eintrat.

Aber trotz dieser Plage verwandelten die fleißigen Ansiedler
bald eine Einöde in ein wohlbebautes, reiches Land. In der
Stadt wurden breite Straßen ausgelegt und eingezäunt, Häuser
gebaut und Gärten angelegt, die bald mit Blumen aus der alten
und der neuen Welt geschmückt waren. Handel und Handwerk
fingen an, die neue Stadt zu beleben, und Dampfschiffe legten
an, um den Verkehr mit anderen Plätzen zu unterhalten. In
der Umgegend bildete sich eine große Zahl von Farmen, deren
Felder reichliche Erndten trugen und deren Viehheerden die hüge=
lige Prairie belebten. Viele in der Union zerstreut lebende Mor=

---

*) Gunnison The Mormons, p. 117.

monen und manche Neubekehrte strömten herbei und vermehrten die Bevölkerung der heiligen Stadt und ihrer Umgebung. Mit ihren heidnischen Nachbaren vertrugen sich die Colonisten aufs Beste; wer kam, um die neue Ansiedlung zu sehen, wurde freundlich aufgenommen, und es geschah Alles, um eine günstige öffentliche Meinung hervorzurufen, was auch in nicht geringem Grade gelang.

Das erste größere Project, welches in Angriff genommen wurde, war der Tempel, dessen Bau-Ausführung jedoch erst 1842 ihren Anfang nahm. Der Plan zu dem Gebäude ging von dem Propheten selbst aus, „dem Gott durch seinen Engel alle Details des Bauplans mündlich hatte erklären lassen." Er zog freilich einen heidnischen Architecten hinzu, der den Riß nach seinen Angaben anfertigen mußte; obwohl aber dieser den Bauplan zu complicirt und den Regeln der Kunst zuwider fand, so bestand doch Smith darauf, daß der Plan in allem Wesentlichen richtig sein müsse, denn es wäre „Gottes Plan." Und in der That fand sich bei der Ausführung, daß das Gebäude nach diesem Riß nicht nur sehr wohl ausführbar war, sondern auch ein symmetrisches, seinem Zweck entsprechendes und wohlgefälliges Ganze bilde. Um die Mittel für diesen kostbaren Bau zusammenzubringen, wurden nicht nur die Zehnten streng beigetrieben, sondern es mußten auch die der Kirche neu Beitretenden eine nicht unbedeutende außerordentliche Beisteuer zahlen. Die Mehrzahl that dies willig und gern, nur einige wohlhabendere Leute, die in die Kirche eingetreten waren und Bauplätze auf Speculation aufgekauft hatten, um sie bei dem voraussichtlichen Wachsen der Stadt mit großem Vortheil wieder zu verkaufen, zahlten die Abgaben mit Murren oder gar nicht und wurden deshalb von den echten Mormonen verächtlich behandelt. Diese suchten sie wieder los zu werden und boten ihnen billige Summen für ihren Grundbesitz, wenn sie wieder abziehen wollten. Wer sich weigerte, hierauf einzugehen, wurde auf allerlei Weise chikanirt und verhöhnt. Eine solche Art, sich der Mißliebigen zu entledigen, war das sog. „Fort-Schnitzeln" (whittling off), welches in folgendem Verfahren bestand. Es wurden drei Männer angestellt und für ihre Zeit bezahlt, die die Aufgabe hatten, sich vor die Thür desjenigen, der verdrängt werden sollte, zu setzen und mit ihrem Taschenmesser an einem Stocke zu schnitzeln (to whittle). Kam dann der Mann aus dem Hause heraus, so sahen sie ihn groß an, aber sagten kein Wort und schnitzelten an ihrem Stocke fort. Ging er aus, so folgten sie ihm, wohin er auch ging; trat er in ein Haus, so blieben sie vor der Thür stehen, bis er wieder herauskam. Was er nun auch thun und sagen mochte, wie sehr er schelten und schimpfen mochte, die drei Männer sprachen kein Wort, lachten auch nicht, sondern starrten ihn an und schnitzelten. Die Straßenbuben sammelten sich um die Gruppe und diese schweigende Begleitung wurde dem Verfolgten nach und nach unerträglich. Die Schnitzler ließen sich nicht das Mindeste zu Schulden kommen, nur folgten sie ihrem Opfer vom frühen Morgen bis in den späten Abend. Drei Tage soll die längste Zeit gewesen sein, die jemand diese Verfolgung hat ertragen können. Dann ließ er sich auf Unterhandlungen ein, verkaufte sein Eigenthum um jeden Preis und zog ab.

Schwerer wurde es den Mormonen sich des Gesindels zu erwehren, welches sich hier, wie schon in Missouri, um sie sammelte, um auf ihre Rechnung Verbrechen zu begehen, oft auch wirklich den Mormonismus annahm, obwohl ihm natürlich die Religion ganz gleichgültig war. Es bestand aus Pferdedieben, Räubern, Betrügern und Falschmünzern, welche die Gegend unsicher machten und die Mormonen in bösen Ruf brachten. Mit diesen Leuten, die zu der späteren Mormonen-Verfolgung nicht wenig beitrugen, hatten sie zu kämpfen, so lange sie in Illinois waren.

Zur Ordnung der kirchlichen Verhältnisse und zur Ausbreitung der Secte wurden halbjährlich General-Conferenzen abgehalten, auf welchen die Missionaire ernannt wurden, die überallhin ausgesandt wurden, außerhalb Amerika's besonders nach Großbritannien und dem nördlichen Europa, nach Palästina und Afrika, später auch nach den Südsee-Inseln und dem östlichen Asien. Diese Mission scheint noch den Nebenzweck gehabt zu haben, Ehrgeizige, unruhige Köpfe und solche, die in Glaubenssachen zu selbstständig waren, auf ehrenvolle Weise von dem Orte zu entfernen, wo sie leicht gefährlich werden konnten. Wurden solche Männer auf Missionen gesandt — ein Ruf, den niemand ablehnen durfte — so wurden sie häufig die eifrigsten Bekehrer. Jeder, der mit einer Mission betraut war, mußte innerhalb drei Tagen ohne Reisegeld und Gepäck abreisen; für seine Familie wurde von der Präsidentschaft und von den Bischöfen gesorgt. Auf jeder Conferenz wurden 300 Missionaire ernannt, die vor ihrer Abreise vom Propheten die Priesterweihe erhielten. Bei dieser Gelegenheit pflegte Smith sehr begeistert zu predigen und den Ehrgeiz der Sendlinge anzustacheln, damit sie recht viele bekehrten. Auch legte er den Missionairen damals noch häufig ans Herz, daß sie darüber zu wachen hätten, daß der Gläubige seinem Weibe treu sei, denn nur Ein Weib sei einem Letzten=Tages=Heiligen erlaubt. Im Widerspruch mit dieser öffentlichen Lehre, die auch im Buche Mormon an vielen Stellen enthalten ist, hatte sich, wie es scheint schon damals und ehe der Prophet ihr beitrat (vor 1842), bei einem Theile der mormonischen Geistlichkeit die Geheim=Lehre der sog. geistlichen Ehe (spiritual wifery) gebildet, welche darin bestand, daß es ausgezeichneten Heiligen auf dem Wege der Dispensation gestattet wurde, neben ihrer Ehefrau, die stets die erste im Rang blieb, noch mehrere Weiber (spiritual wives) zu nehmen. Unter den ersten Anhängern dieser Lehre wird namentlich der Apostel Lyman genannt, der diese Ehe in New=York in Anwendung brachte. Erst in Winter 1841 auf 42, wird berichtet, zeigte sich auch Smith dieser Lehre günstig und erst im Juli 1843 wurde ihm eine Offenbarung zu Theil, die ihm sagte, daß allen Hohenpriestern und den Obersten ihrer Hierarchie gestattet sei, so viele Weiber zu nehmen, wie sie unterhalten könnten, und daß jeder, der zur Priesterschaft wählbar sei, wenigstens Ein Weib nehmen müsse. Vergebens soll sich des Propheten Frau Emma, "die erwählte Frau" (the Elect Lady), wie sie die Kirche nennt, dieser Offenbarung widersetzt und damit gedroht haben, zur Vergeltung auch einen zweiten Mann zu nehmen. Joe blieb unerschütterlich, denn, behauptete er, er müsse der himmlischen Erscheinung gehorchen. Seit dieser Zeit kommt die Polygamie mehrfach, jedoch immer nur noch ausnahmsweise, unter den vornehmen Mormonen in Nauvoo vor und, wenigstens dem "heidnischen" Publicum gegenüber, im Geheimen. Diese Offenbarung Smith's ist bei seinen Lebzeiten nicht veröffentlicht worden, wie seine meisten übrigen Offenbarungen*). Es konnte dies nicht geschehen, weil sie zu viel Anstoß gegeben haben würde und weil in Illinois die Bigamie ein mit schwerer Strafe bedrohtes Verbrechen ist.

---

*) S. die Hauptstellen dieser später publicirten Offenbarung im Anhange Nr. 2.

In Beziehung auf die äußerliche Politik hielten sich die Mormonen noch zur Whig-Parthei. So stimmten sie im August 1841 für den Whig = Candidaten als Congreßmitglied. Doch machten sie den Demokraten fortwährend Hoffnung zu ihrer Parthei überzugehen, weshalb diese sie ebensosehr begünstigten, wie die Whig's. Dies zeigte sich bald auffallend. Im Herbst 1841 nämlich requirirte endlich der Gouverneur von Missouri bei dem Gouverneur von Illinois die Verhaftung und Auslieferung Joe Smith's und seiner Genossen, als in Missouri criminell Angeklagter, die aus dem Gefängnisse entflohen wären. Der Gouverneur Carlin gab auch den schriftlichen Haftbefehl ab und beauftragte einen Unterbeamten mit der Ausführung, aber der Befehl wurde aus einem unbekannten Grunde unausgeführt an den Gouverneur zurückgegeben. Bald darauf gab der Gouverneur denselben Haftbefehl nochmals zur Erecution ab und nun wurde Smith wirklich verhaftet. Kurz vorher war der schon erwähnte Stephan Douglas, welcher zur Durchsetzung des Charters von Nauvoo so wesentlich mitgewirkt hatte, zum Richter im höchsten Gericht ernannt und hatte als solcher gerade jetzt das Kreisgericht in Hancock-County zu halten. Dies gab der demokratischen Parthei Gelegenheit, sich die Wahlstimmen der Mormonen zu sichern. Douglas ernannte den Mormonen = General und Alderman von Nauvoo, Dr. Bennett zum Master in chancery und der verhaftete Joe Smith wurde nun auf einen Habeas=Corpus=Antrag vor den Richter Douglas geführt, welcher ihn auf den Grund hin, daß der Haftbefehl des Gouverneurs, durch die einmal geschehene Rückgabe erloschen sei, wieder in Freiheit setzte. Vielleicht beruhte dieses ganze Verfahren auf einem angelegten Plan, den der Gouverneur nicht durchschaute. Smith fühlte sich jedenfalls wegen dieser Freilassung Douglas und der ganzen demokratischen Parthei zu großem Danke verpflichtet.

Es war nun vorauszusehen, daß der Staat Missouri die Forderung, Smith zu verhaften, bald wiederholen und der Gouverneur von Illinois einen neuen Haftbefehl abgeben werde. Die Mormonen mußten sich deshalb um eine bleibende Schutzwehr umsehen, wozu sie eine um so größere Aufforderung hatten, weil sie, vielleicht nicht ohne Grund, glaubten, daß die Volksstimmung in Missouri der Art sei, daß dort an einen unpartheiischen Proceß gar nicht gedacht werden könne, und daß die Angeklagten, wenn sie selbst freigesprochen würden, durch einen Pöbelaufstand ermordet werden würden, ehe sie den Staat verlassen könnten. Sie dachten deshalb ein System aus, sich durch ihre eigenen Stadt-Ordinanzen und durch ihr eigenes Municipalgericht zu decken, wozu ihnen ihr ausgedehnter Stadt-Charter wenigstens ein scheinbares Recht gab. Der Stadtrath erließ nämlich eine Ordinanz, welche verordnete, daß das Municipalgericht in allen Verhaftungsfällen in der Stadt, sie möchten ausgehen, von wem sie wollten, Gerichtsbarkeit haben solle. Im Jahre 1842 erließ nun der Gouverneur wirklich einen neuen Haftbefehl, Joe Smith wurde wieder verhaftet, aber auch wieder auf einen Habeas-Corpus-Antrag vom Municipalgerichte in Freiheit gesetzt. So hatte er den Kopf zum zweiten Mal aus der Schlinge.

Im August 1842 sollte eine Gouverneurswahl stattfinden. Um für diese Wahl einen Candidaten aufzustellen, versammelten sich die Demokraten schon im December 1841 zu einer Convention in Springfield. Sie entschieden sich für Abam W. Snyder, der als Senator die Mormonen-Charter mit hatte durchbringen helfen. Die Whigs glaubten noch der Mormonenstimmen für ihren Candidaten sicher zu sein. Aber zu Anfang des Jahres 1842 erschien in den Zeitungen von Nauvoo eine Erklärung des Propheten, worin er dem Richter Douglas eine große Lobrede hielt und alle seine Gläubigen ermahnte, für den Demokraten Snyder als Gouverneur zu stimmen. Die Whigs sahen sich hierdurch fürchterlich getäuscht und verletzt und schlugen sich nun zu den Gegnern der Mormonen, die jetzt gerade aufzutauchen anfingen. Das Volk begann zu erkennen, daß die Mormonen durch ihre compacte Stimmenmasse einen gefährlichen Staatseinfluß bekommen müßten; es wurde ihm allmählig das Gefährliche ihrer ausgedehnten Privilegien klar; es hörte den Propheten Generallieutnant nennen, während die Oberanführer seiner eigenen Miliz nur Generalmajors waren; ja es ging das Gerücht, daß die Mormonen 30 Kanonen und 5 bis 6000 Flinten vom Staate bekommen hätten, so daß für die regulaire Miliz fast gar keine Waffen mehr übrig seien. Dieses Gerücht war sehr übertrieben, denn die Mormonen hatten in Wahrheit nicht mehr als 3 Kanonen und Waffen für 250 Mann vom Staate erhalten*); aber es

---

*) Ford History of Illinois. p. 269.

wurde geglaubt und war vielleicht von prahlerischen Mormonen selbst in Umlauf gesetzt. Ebenso glaubte man, daß die vielen Diebstähle und Betrügereien in Hancock=County von Mormonen verübt würden. Alle öffentlichen Aeußerungen solcher Mißstimmung gegen die Mormonen waren bisher unterdrückt worden, weil beide großen politischen Partheien noch glaubten, sich ihre Stimmen zu Nutze machen zu können. Sowie nun aber die Whigs diese Hoffnung meinten aufgeben zu müssen, waren plötzlich alle ihre Zeitungen voll von den schrecklichen Dingen in Nauvoo und von der Niederträchtigkeit der demokratischen Parthei, die von so ruchlosem Volke, wie die Mormonen, Unterstützung annähmen.

Nun starb zwar der demokratische Candidat Snyder vor der Gouverneurswahl, aber dies änderte nichts in der Lage der Dinge. Thomas Ford wurde statt seiner wieder zum demokratischen Candidaten nominirt und die Mormonen blieben der Demokratie treu. Ford erhielt alle Mormonenstimmen und wurde zum Gouverneur erwählt.

Während dieser friedlichen Zeit von drei Jahren war Nauvoo zu einer Stadt von etwa 12,000 Einwohnern angewachsen. In ganz Hancock=County, die Bevölkerung von Nauvoo eingeschlossen, lebten ungefähr 16,000 und im ganzen Staat Illinois reichlich 20,000 Mormonen. Die Gesammtzahl aller Mormonen gaben diese selbst zu jener Zeit auf mehr als 100,000 an, was wohl nicht sehr übertrieben ist, denn in Ohio wohnten noch viele Mormonen, fast in allen Unionsstaaten lebten Einzelne oder bestanden kleine Gemeinden und in England hatte der Mormonismus schon seit einigen Jahren festen Fuß gefaßt. Im Jahre 1837 war die erste Mission unter Leitung der Aeltesten O. Hyde und H. C. Kimball nach England unternommen. Diese beiden ersten Missionaire tauften 2,000 Personen, hauptsächlich in den Städten Manchester, Birmingham, Leeds, Liverpool, Glasgow und dem südlichen Wales. 1843 belief sie die Zahl der Mormonen in Großbritannien schon auf mehr als 10,000 und war im starken Zunehmen begriffen. — Das neue Zion, die Stadt Nauvoo, war über eine große Fläche ausgebreitet und enthielt innerhalb ihrer Gerichtsbarkeit bebaute Felder und vollständige Bauerwirthschaften. Auch waren die meisten Häuser ganz aus Holz oder aus Gebälk, welches mit Lehm ausgefüllt war, gebaut, nur wenige waren aus Bruchstein oder Ziegelsteinen. Das Nauvoo-

House, worin der Prophet wohnte, war ein großes solide und schön gebautes Gebäude von drei Stockwerk. Der Tempelbau war kürzlich begonnen (1842). Eine Universität war von der Legislatur incorporirt und wurde eingerichtet. Sie hatte fürs Erste nur vier Professuren (für Mathematik, englische Literatur, gelehrte Sprachen und Kirchengeschichte), sollte aber nach und nach erweitert werden. Alles dies war in drei Jahren hergestellt und ohne andere Mittel als solche, welche die Sekte selbst aufbrachte, nachdem die Hauptgemeinde in Missouri erst kürzlich fast all ihr Eigenthum eingebüßt hatte. Man begreift kaum, wie sich die Genossenschaft so schnell wieder zu dem Wohlstande hat erheben können, den jene Gebäude und Einrichtungen voraussetzen. Jedenfalls haben die Leiter des Mormonismus in Beziehung auf alles Socialöconomische Ausgezeichnetes geleistet, ein Ruhm, den ihnen auch ihre ärgsten Feinde nicht bestreiten können.

Capitel XIV.

Der Prophet des Mordversuchs an Ex-Gouverneur Boggs angeklagt. — Die öffentliche Meinung wendet sich gegen die Mormonen. — Joe Smith's Candidatur zur Präsidentschaft der Vereinigten Staaten.

Als Thomas Ford sein Amt als Gouverneur von Illinois antrat, fand er einen Haftbefehl gegen Joe Smith vor, welchen sein Vorweser Carlin auf die letzte Requisition des Staats Missouri wegen des Propheten Flucht aus dem Gefängnisse zwar ausgefertigt, aber noch nicht zur Execution abgegeben hatte. Es scheint, daß der neue Gouverneur es ungern gleich mit den Mormonen verderben wollte. Er ging daher auf den ihm von den Mormonen ausgesprochenen Wunsch ein, daß ein Vereinigten-Staaten-Gerichtshof über diese Arrestsache entscheiden möge, und ließ sich auf eine Art von Vergleich ein, wonach Smith im Winter 1842—43 nach der Hauptstadt Springfield kam, sich dort dem Sheriff als Gefangenen stellte und dem Richter des Vereinigten-Staaten-Districtsgerichts, Richter Pope, die Entscheidung über die Rechtsgültigkeit des Arrestes überlassen wurde. Das Resultat war, daß Pope einen Habeas=Corpus=Befehl abgab und Smith wieder freigegeben wurde. Da Richter Pope zur Whigparthei gehörte, stützten die Whigs auf diesen den Mormonen geleisteten »Dienst« wieder neue Hoffnungen und es hatte auch den Anschein, als wollten sich die Mormonen dieser Parthei wieder zuwenden. Die Whigblätter stellten ihre Angriffe auf den Mormonismus wieder ein und es blickte noch einmal ein Hoffnungsstrahl durch die drohenden Gewitterwolken, die sich über den Letzten=Tages=Heiligen zusammenzogen.

Indessen nahte sich von einer andern Seite her Gefahr. Bennett, der intrigante Mormonen=General, der so sehr das Vertrauen der Führer der Secte gehabt hatte, war mit diesen plötzlich verfeindet und wurde gegen Ende des Jahres 1842 aus der Kirche ausgestoßen. Er wurde der unversöhnlichste Feind der Mormonen und entwickelte eine außerordentliche Thätigkeit, ihnen zu schaden, wo er nur konnte. Er verfaßte Schriften gegen sie[*], er bereiste einen großen Theil der Vereinigten Staaten und hielt in den großen Städten öffentliche Vorlesungen gegen seine ehemaligen Freunde, denen er kein gutes Haar ließ. Am schädlichsten wurde er dem Propheten durch die Missourier. Geraume Zeit nach der Vertreibung der Mormonen aus Missouri, im Jahre 1842, war nämlich gegen den 1840 vom Amte abgetretenen Gouverneur Boggs ein Mordversuch verübt worden. Es wurde nämlich eines Abends, als Boggs in seinem Zimmer saß, durch das Fenster nach ihm geschossen und er durch mehrere Rehposten ziemlich beträchtlich, jedoch nicht lebensgefährlich verwundet. Man hatte keine irgend zuverlässige Spur auf den Thäter; das allgemeine Gerücht legte aber den Mormonen die That zur Last. Der Verdacht lag nahe, da es notorisch war, daß Boggs bei den Mormonen ganz besonders verhaßt sey, und sonst kein Motiv vorlag, weshalb jemand den Ex=Gouverneur sollte ermorden wollen. Indessen waren bisher keine amtlichen Schritte in dieser Sache geschehen. Als Bennett nun nach Missouri kam, suchte er die Sache wieder hervor, brachte vielleicht einige Verdachtsgründe bei und bewog wahrscheinlich den Ex=Gouverneur

---

[*] Seine Hauptschrift ist: The History of the Saints, an Exposé of Joe Smith and Mormonism by John C. Bennett. Boston 1842. 12mo. 344 P.

dazu, daß er beschwor, "nach seiner letzten Ueberzeugung halte er Joseph Smith für einen Theilnehmer an den gegen ihn begangenen Mordversuch." Hierauf hin wurde am 5. Juni 1843 von der großen Jury eine Anklagebill wegen Mordversuchs gegen Joe Smith und einen anderen Mormonen Orrin Rockwell abgegeben. Schon am 7. Juni traf ein vom Staate Missouri gesandter Agent mit einer Abschrift der Anklagebill und einem Requisitionsschreiben beim Gouv. Ford ein und verlangte die Verhaftung der beiden Personen. Ford gab die Befehle ab und beauftragte den Constabel von Hancock-County mit der Ausführung. Der Agent von Missouri begleitete diesen Beamten selbst nach Nauvoo. Smith befand sich auf einem Besuch am Rock-River — um Rockwell scheint man sich nicht sehr bemüht zu haben. — Dahin folgten dem Propheten die beiden Häscher nach und verhafteten ihn glücklich in Palastine Grove, in Lee-County. Der Constabel übergab nun den Gefangenen sofort dem Agenten von Missouri und brachte darauf den Haftbefehl als exequirt an den Gouverneur zurück. Der Agent war aber noch nicht weit mit seinem Gefangenen gekommen, als er von einem bewaffneten Haufen Mormonen umringt und beide nach Nauvoo zu geführt wurden. Ehe sie an die Stadt gelangten, kamen ihnen viele hundert Mormonen entgegen, die ihren Propheten im Triumph in seine Stadt führten. Hier ließ Smith sich nun vor Gericht stellen, um seine Freiheit nicht der Gewaltthätigkeit, sondern einem richterlichen Ausspruch zu verdanken. Der Whigcandidat für die im August 1843 bevorstehende Congreßwahl, Cyrus Walker übernahm gern seine Vertheidigung vor dem Municipalgericht und bewies in einer drei Stunden langen Rede, daß vermöge der Stadt-Ordinanz dieses Gericht die Competenz habe, über die Rechtmäßigkeit der Verhaftung zu entscheiden, eine Sache, von der das Gericht, welches aus lauter Werkzeugen Smith's bestand, ohnehin überzeugt war. Um seinem Concurrenten keinen Vortheil in der Erringung der Gunst der Mormonen zu lassen, hatte sich auch der demokratische Candidat für die Congreßwahl, ein Advocat Hoge in Nauvoo eingefunden und erklärte sich mit eben so großer Entschiedenheit für die Competenz des Municipalgerichts. So wurde Smith natürlich freigesprochen.

Nun wandte sich der Agent von Missouri wieder an den Gouverneur und verlangte das Aufgebot der Miliz, um die Verhaftung durchzusetzen; aber auch Walker begab sich als Anwald Smith's zum Gouverneur und widersetzte sich jeder solchen administrativen Maßregel, weil in der Sache gerichtlich entschieden sei. Der Gouverneur schwankte eine Zeitlang, was er thun sollte, entschied sich aber doch endlich dahin, den Antrag des Agenten abzuweisen, als Motiv anführend, daß, da der Befehl vollständig ausgeführt gewesen sei, den Staat Illinois die Sache nichts mehr angehe, sie schwebe jetzt einzig zwischen dem Staat Missouri und Smith. Uebrigens sei ja auch Smith nicht gewaltsam befreit, sondern unter rechtlichen Formen freigegeben. Auf den Werth oder Unwerth des freisprechenden Richterspruchs einzugehen, sei nicht Sache der Executiv-Behörde. Es scheint, daß der Staat Missouri jetzt alle Hoffnung aufgegeben habe, den Propheten jemals aus irgend einem Grunde ausgeliefert zu erhalten, wenigstens hat er keine officiellen Schritte wieder deshalb gethan.

Durch den Eifer, den Walker bewiesen, Smith zu befreien, hatte seine Candidatur, sowie die ganze Whigparthei sehr wieder bei den Mormonen gewonnen. Die Wahl stand nahe bevor. Die Demokraten boten daher Alles auf, die Mormonen bei ihrer Parthei zu erhalten. Sie drohten, wenn sie abfielen, die Miliz gegen sie aufbieten zu wollen, was bei der Volksstimmung, die schon sehr gegen die Heiligen war, keine große Schwierigkeit hatte. Auf der andern Seite sagten sie ihnen, wider Wissen und Wollen des Gouverneurs, die Unterstützung der Regierung zu, wenn sie für die demokratischen Candidaten stimmten. Bis zwei Tage vor der Wahl war die Masse der Mormonen geneigt, für Walker und die Whigs zu stimmen. Da trat in einer großen mormonischen Volksversammlung in Abwesenheit des Propheten dessen Bruder, der Patriarch Hiram Smith auf und verkündigte feierlich, Gott habe ihm offenbart, die Mormonen müßten den demokratischen Candidaten Hoge unterstützen. Andere angesehene Führer der Mormonen, namentlich William Law, stellten aber in Abrede, daß eine solche Offenbarung gegeben sein könne, beriefen sich auch darauf, daß der Prophet selbst für Walker sei. So blieb die Entscheidung zweifelhaft bis am Tage vor der Wahl. Da trat Joe Smith selbst auf und sprach in folgender Weise: Er selbst sei eigentlich für Walker und habe die Absicht gehabt, für ihn zu stimmen. Er möchte auf keinen Wähler Einfluß ausüben, denn es würde sowohl von ihm, wie von jedem anderen Menschen schlecht gehandelt sein, wenn er dem Volke vorschreiben wollte, auf wen es zu stimmen hätte. Nun höre er, daß sein Bruder Hiram vom Herrn eine Offenbarung über diese Angelegenheit erhalten habe; er glaube freilich nicht leicht an Offenbarungen in Bezug auf politische Wahlen, aber sein Bruder Hiram sei doch ein wahrhafter Mann, denn er kenne ihn von Kindheit her und er habe niemals eine Unwahrheit von ihm gehört. Wenn dieser Hiram daher sage, daß er eine solche Offenbarung erhalten habe, so habe er, Joe, keinen Zweifel an der Thatsache. Und „wenn der Herr spricht, so schweige alle Creatur!" — Diese Rede entschied die Wahl der Mormonen. Der Demokrat Hoge erhielt am folgenden Tage in Nauvoo 3000 Stimmen und wurde mit bedeutender Majorität erwählt. Dieser Ausfall der Wahl erfüllte die Whigs mit der größten Erbitterung. Sie predigten in ihren Blättern sofort wieder den Kreuzzug gegen Nauvoo, sie berichteten die größten Gräuel über die Verderbtheit der Mormonen und klagten den demokratischen Beamten der offenbaren Begünstigung dieser Secte an, die sie in ihrem Parthei=Interesse gebrauchen wolle. Von dieser Zeit an waren die Whigs und mit ihnen ein großer Theil der Demokraten entschlossen, die Mormonen aus dem Staate zu vertreiben, und diese Frage wurde die Hauptfrage in der inneren Politik des Staats. Man darf daher mit Recht behaupten, daß die wichtigste Triebfeder zu dem bald ausbrechenden Mormonenkriege in der Politik gelegen habe, wenn auch freilich manche andere Gründe mitwirkend waren.

Auffallend ist es übrigens, daß an demselben Wahltage in Quincy die Mormonen gegen den demokratischen Candidaten Douglas, den Smith früher in den Himmel erhoben hatte, und für den Whig=Candidaten stimmten. Möglich ist es, daß die Mormonenführer keine Parthei völlig erzürnen wollten und deshalb hier für, dort gegen ein und dieselbe Parthei stimmten. Wahrscheinlicher ist es aber wohl, daß die Führer sich selbst erst am Abend vor der Wahl bestimmt entschieden und nicht mehr Zeit hatten oder es versäumten, zu rechter Zeit abändernde Instructionen an ihre Anhänger in Quincy zu schicken. Gewiß aber handelten sie durch dies doppelsinnige Stimmen so verderblich für ihre eigene Sache wie nur möglich, denn sie machten sich dadurch die ganze Wig=Parthei, die sowohl in Nauvoo als in Quincy durchfiel, als auch einen großen Theil der demokratischen Parthei, mit ihrem Führer Douglas an der Spitze, zu entschiedenen Feinden.

Trotz dem neuen Haß, den Smith auf sich geladen hatte, wurde er täglich kühner und anmaßender. Er, oder seine Creatur, der Stadtrath, errichtete willkührlich das Amt eines Recorder (Urkundenbewahrers) für die Stadt Nauvoo, während die Staats-Gesetze nur einen solchen Beamten für das ganze County kannten; er verordnete ferner, daß in der Stadt Niemand auf einen Haftbefehl von einem anderen Orte her verhaftet werden dürfe, bevor nicht der Mayor den Befehl gebilligt und unterzeichnet habe; sollte aber dennoch ohne solche Zustimmung des Mayors eine Verhaftung auf einen auswärtigen Befehl versucht werden, so sollte eine solche Uebertretung der Stadt-Ordinanz mit Gefängnißstrafe auf Lebenszeit (!) bestraft werden, auch sollte der Gouverneur nicht das Recht haben, solche Verurtheilte ohne Zustimmung des Mayors zu begnadigen; endlich ließ er alle Personen mit Strafe bedrohen, "die von Joseph Smith respectwidrig sprächen", und wirklich wurde jemand auf Grund dieser Ordinanz zu 100 Dollar verurtheilt. Diese wahnsinnigen Verordnungen erregten allgemeines Erstaunen. Viele, die den Propheten bisher noch in Schutz genommen hatten, ließen ihn jetzt fallen und fingen an, es im Ernste für möglich zu halten, daß die Mormonen damit umgingen, sich ganz vom Staate abzulösen und, nöthigenfalls mit Gewalt eine eigene, völlig von Illinois unabhängige Regierung zu errichten. Dieser Verdacht wurde dadurch noch unterstützt, daß die Mormonen grade um diese Zeit beim Congreß petitionirten, eine eigene Territorial-Regierung in Nauvoo einrichten zu dürfen; eine ganz unvernünftige Bitte, da der Bundesregierung gar nicht das Recht zusteht, von einem Unions-Staate Theile abzureißen und zu selbstständigen Staaten oder Territorien zu machen *).

Ja, des Propheten unverständiger Ehrgeiz ging noch weiter; er strebte danach, Präsident der Vereinigten Staaten zu werden. Zu dem Ende schrieb er am Schluß des Jahres 1843 zuerst an zwei der bedeutendsten Präsidentschafts-Candidaten (Clay und Calhoun) und forderte sie auf, sich über ihre Grundsätze zu erklären und namentlich darüber, wie sie in Bezug auf die An-

---

*) Ford, History of Illinois, p. 320 ff.

sprüche der Mormonen an den Staat Missouri zu handeln gedächten, wenn sie gewählt werden sollten. Auf diese Anfragen erhielt er höfliche, aber keine Versprechungen machende Antworten. Smith erklärte nun diese Antworten für ungenügend und beantwortete die Briefe beider, vorzüglich den von Clay, auf eine sehr grobe und beleidigende, aber dem Inhalte nach zum Theil ausgezeichnete und treffende Weise *). Zu gleicher Zeit trat er mit einer Schrift hervor, die seine eigene Candidatur bevorwortete. Sie führt den Titel: "Ansichten über die Regierung und die Politik der Vereinigten Staaten" (Views on the Government etc.) und enthält neben manchem Wahren und Guten viele unreife und verschrobene Ansichten. Er spricht sich darin u. A. für eine Nationalbank aus; erklärt sich für die Abschaffung aller Strafen für Deserteure aus dem Heere und von der Flotte, denn der Ehre des Kriegers sei allein zu vertrauen; für die Begnadigung aller Verbrecher, die augenblicklich in Strafgefängnissen wären; für Verminderung der Zahl der Staatsämter und für Herabsetzung der Gehalte; für Verminderung der Zahl der Repräsentanten im Congreß und für die Verringerung ihrer Diäten; für eine größere Macht des Präsidenten, damit er Volksaufstände mit Waffengewalt unterdrücken könne, und endlich, was ihm im ganzen Süden vorzüglich als gleich unsinnig und verbrecherisch vorgeworfen wurde, für die allgemeine Abschaffung der Sklaverei unter Entschädigung der Sklavenbesitzer aus dem Ueberschuß der Einnahmen vom Verkauf der Congreßländereien und aus den Abzügen, welche die Congreß-Mitglieder von ihren Tagegeldern u. s. w. erleiden sollten **).

Smith wurde nun wirklich von seinen Anhängern als Präsidentschafts-Candidat nominirt ***), und die Mormonen glaubten in der That, er werde gewählt werden. Sie machten große Anstrengungen ihn durchzusetzen; sie sandten über 2000 Missionaire aus, um ihre Religion zu predigen, zugleich und vorzüg-

---

*) S. diese Correspondenz im Anhang Nr. 3.
**) Diese in affectirtem, die Eitelkeit des Mannes zur Schau tragenden Stil abgefaßte Schrift, ist so merkwürdig und für die Persönlichkeit Joseph Smith's so charakteristisch, daß wir sie ganz im Anhange Nr. 4. abgedruckt haben.
***) Die förmliche Ankündigung seiner Candidatur geschah in dem Journal "Times and Seasons."

lich aber, um für ihren Propheten als Präsidentschafts=Candidaten zu werben. Ehe aber die Wahl entschieden wurde, entschied sich sein eigenes Loos durch eine unerwartet rasche Wendung der Dinge.

Dieser falsche Schritt, nach der ersten Würde im Bundesstaate, wenigstens schon jetzt, zu trachten, hat Smith vielleicht mehr geschadet als alles Andere. So hoffnungslos dieses Bemühen war, so machte es ihn doch einer großen, mächtigen Parthei, nämlich der der Sklavenhalter, furchtbar, und zugleich der nicht weit sehenden Masse des Volks wegen der sich in dieser Bewerbung aussprechenden, unmotivirten Prätentionen lächerlich. Wie viel Selbstvertrauen das amerikanische Volk dem Einzelnen auch zuweilen nachsieht, so schien ihm doch Smith's Auftreten eine persönliche Unverschämtheit, die alles Maß überschreite. Wo man bisher von seinem Treiben noch wenig Kenntniß genommen hatte, spottete man jetzt über seine Thorheit und Aufgeblasenheit, und Alles, was man über seinen, mindestens höchst zweifelhaften Lebenswandel wußte, alle Verbrechen und Vergehen, die man den Mormonen zuschob oder andichtete, kamen in jedermanns Mund und wurden allgemein geglaubt. Diejenige Parthei aber, welche durch sein kühnes Auftreten sich in ihren Vermögensinteressen angegriffen fühlte, der Alles daran liegen mußte, seine immer weiter greifende Thätigkeit zu lähmen, ja ihn so rasch als möglich aus dem Wege zu räumen, hütete sich, offen hervorzutreten, und hielt es für klug, den Hauptgrund, weshalb sie ihn verfolgte, gar nicht zu nennen. Fast keine Schrift der Zeit hob es besonders hervor, daß Smith Abolitionist sei, nur obenhin wird es berührt, daß die Mormonen in Jackson=County, Missouri, auch die Sklaven belehrt, oder wie natürlich gesagt wurde, „aufsätzig gemacht und verführt" hätten.

Auch mit ihrer unmittelbaren Umgebung wurde die Spannung immer größer. Kam den Nicht=Mormonen etwas von ihrem Eigenthum abhanden, was allerdings sehr häufig der Fall war, so hatten die Mormonen es gestohlen; kamen falsche Banknoten oder falsche Münzen in Umlauf, so mußten die Mormonen sie gemacht und zuerst ausgegeben haben. Und doch bezeugen Ford und Andere, daß Haucock=County schon vor der Ansiedelung der Mormonen viel schlechtes Gesindel beherberge. Gerichtliche Beweise über die Schuld waren sehr selten vorhanden; das, sagte man, rührt daher, daß die Justiz in der Hand ihrer Glaubensbrüder ist, die ihnen unbedingten Schutz gewähren. In allen angrenzenden Counties hörte man sagen: die Mormonen in Nauvoo beschützen und unterstützen alle Diebe, Räuber und Falschmünzer, sie bestechen die Zeugen und glauben, daß ihnen gegen „Heiden" alles erlaubt ist; sie führen alle einen liederlichen Lebenswandel, haben Gemeinschaft der Weiber u. s. w. Das Meiste war ohne Zweifel Verläumbung, wenn sich auch hin und wieder ein Mormone vergehen mochte. Aber wahr oder nicht, das Gerede bewirkte, daß sich manche der rechtlichen alten Ansiedler, die bisher noch den Mormonen günstig gesinnt gewesen waren, von ihnen abwandten und die Zahl ihrer Feinde vermehrten. Viele Nicht=Mormonen blieben aber auch auf der Seite der Mormonen, einige, weil sie die Beschuldigungen gegen sie für unwahr hielten, andere, weil sie sich von dieser hier noch immer mächtigen Secte Vortheile für ihr bürgerliches Geschäft oder für ihre ehrgeizigen politischen Bestrebungen versprachen. Noch andere wagten nicht, sich gegen sie zu äußern, weil sie fürchteten, die Heiligen möchten ihnen aus Rache das Haus in Brand stecken. Man theilte die Bewohner von Haucock und den umliegenden Counties damals in drei Klassen: Mormonen, Anti=Mormonen und Jack=Mormonen. Unter den letztern verstand man solche, die zwar nicht den Glauben der Mormonen angenommen hatten, die aber offen oder heimlich zu ihnen hielten, sei es aus Liebe zur Gerechtigkeit, oder um Vortheile zu erschleichen, oder aus Furcht.

Capitel XV.

Streitigkeiten der Mormonen unter sich. Rüstung zum Kampfe.

Schon zu Anfang des Jahres 1844 war es dahin gelangt, daß jeder einsah, eine gewaltsame Krisis könne nicht ausbleiben. Die Anti=Mormonen warteten nur auf eine günstige Gelegenheit, über die Mormonen herzufallen; diese aber waren schon so gerüstet, daß sie sich zur Noth stark genug fühlten, jeden Angriff zurückzutreiben; indessen suchten sie sich noch fortwährend durch neue Proselyten und durch Mormonen, die sie aus entfernteren Gegenden an sich zogen, zu verstärken. Mit ihrer „Legion", die damals gegen 3000 Mann betrug, machten sie viel Gepränge, sei es, um ihre Feinde abzuschrecken oder um sich selbst zu ermuthigen.

Das Schlimmste für die Mormonen war, daß bei diesem ernsten Stande der Dinge Zwietracht unter ihnen selbst ausbrach. Die Schuld dieses Zerwürfnisses trägt fast allein Joe Smith, dessen herrisches Wesen in vollkommene Tyrannei ausartete und dessen böse Leidenschaften ihn alle Rücksichten der Klugheit bei Seite setzen ließen. Er maßte sich den Handel mit Land und Grundstücken in der Stadt ganz allein an und verbot ihn allen übrigen; er gab niemand eine Licenz zum Verkauf geistiger Getränke, als sich selbst, und monopolisirte so den Wein= und Branntwein=Handel; er verlangte endlich, daß zur Eingehung einer jeden Ehe eine Licenz von ihm eingeholt werden solle, durch deren Ertheilung oder Verweigerung oder wenigstens Zögerung in Abgebung derselben er sich eine große Macht über das Familienleben beilegte. Die neue Lehre von den „geistlichen Weibern" (spiritual wives) fing an weniger geheim gehalten zu werden und fand unter den Mormonen selbst heftige Bekämpfer. Smith schien selbst dieses Institut der geistlichen Ehe noch über seinen ursprünglichen Begriff praktisch ausdehnen zu wollen, indem er nicht blos unverheirathete Frauenzimmer, sondern auch Ehefrauen als spiritual wives begehrte. Wenigstens ist Ein solcher Fall ziemlich constatirt, welcher großes Aufsehen erregte. Er fand nämlich Gefallen an der Frau des schon oben erwähnten William Law, eines talentvollen und beredten Mormonen=Predigers, der ein gewissenhafter und redlicher Mann gewesen zu sein scheint. Smith machte dieser Frau Anträge, seine geistliche Frau zu werden, wurde aber mit Entrüstung zurückgewiesen. Der Prophet nahm nun zwar die Miene an, als habe er nur ihre Tugend prüfen wollen, allein er konnte dadurch niemand täuschen. Ein ähnlicher Fall soll sich mit eines Dr. Foster's Frau ereignet haben, doch scheint derselbe weniger ausgemacht zu sein. William Law, dem schon längere Zeit der Uebermuth und die Herrschsucht des Propheten zuwider gewesen war, beschloß nun die ihm angethane Beleidigung zu rächen und das unerträgliche Joch, unter welches Alle gebeugt waren, zu brechen. Er verband sich zu diesem Zwecke mit seinem Bruder **Wilson Law**, der Generalmajor in der Legion war, mit Dr. **Foster**, mit einem gewissen, schon früher aus der Kirche ausgestoßenen Manne Namens **Higbee**, der sich in Verfolgung des Propheten schon sehr thätig bewiesen hatte, und mit zwei oder drei anderen Mormonen in mehr oder weniger einflußreicher Stellung. Sie kamen überein, der Auctorität des Propheten offen entgegenzutreten und dem Mormonismus eine ganz neue Richtung zu geben. Zunächst wollten sie mehr Anhänger durch die Presse gewinnen. Sie schafften sich eine Buchdruckerei an und begannen die Herausgabe einer Zeitung, die sie „The Expositor" nannten. Es sollte dieselbe dem öffentlichen Organ des Propheten, welches damals „The Wesp" war und vorzüglich gegen die Dissenters kämpfte, heftig opponiren, und die Heuchelei, Gewaltthätigkeit und Ausschweifung Joe Smith's und seiner näheren Freunde schonungslos aufdecken. Dies that auch gleich die erste Nummer, welche vom Expositor erschien. Solche rücksichtslose Kritik von Männern, die in das geheime Getriebe des „Hohen Rathes" eingeweiht waren, konnte der Prophet nicht ertragen. Er berief als Mayor den Stadtrath und berieth mit ihm, was in dieser entscheidenden Krisis zu thun sei. Ein verzweifeltes Mittel schien nothwendig und der Stadtrath scheute sich nicht es anzuwenden. Es wurde ein Verfahren gegen den Expositor und seine Herausgeber eingeschlagen, welches weder ein rein bürgerliches noch ein rein kirchliches, weder ein gerichtliches noch ein gewöhnliches administratives war. Im Stadtrath stand einer der Räthe nach dem andern auf und berichtete, was er über die Zeitung und ihre Theilhaber zu wissen behauptete. Hiernach war die Zeitung ein Gräuel und die Herausgeber Sünder, liederliche Leute, Diebe, Schwindler und Fälscher. Keine Vertheidigung wurde zugelassen, kein unpartheiischer Zeuge gehört. Das Resultat der Verhandlung war, daß die neue Presse für ein öffentliches Aergerniß erklärt und der Mayor beauftragt wurde, wenn nöthig, unter Beistand der Legion, sie zu zerstören und von dem bereits ausgegebenen Blatte alle Exemplare, die aufzufinden wären, zu vernichten. Auch wurden die „Verschworenen" aus der Mormonen-Kirche ausgestoßen. Schon vor dem Erscheinen der zweiten Nummer des verhaßten Blattes hatte der Stadt-Marschall mit einer Abtheilung der Legion auf Befehl des Mayors die Presse zerschlagen und die Lettern und sonstigen Materialien der Druckerei auf der Straße umhergestreut. — Die ausgestoßenen Mormonen hielten ihre persönliche Sicherheit in Nauvoo gefährdet und flüchteten nach Carthage, dem Hauptorte von Hancock-County. Hier erwirkten sie sich auf ihre beeidigten Aussagen einen Verhaftungsbefehl wegen Aufruhrs (riot) gegen den Mayor, die Mitglieder des Stadtraths und einige andere betheiligte Bürger von Nauvoo. Dieser Befehl, mit dem ein Constabel nach Nauvoo geschickt wurde, sollte zuerst gegen den Propheten in Ausführung gebracht werden. Dieser weigerte sich aber dem Constabel zu folgen und schwur, eher wolle er den letzten Blutstropfen lassen, als nach Carthage gehen. Einige andere wurden wirklich verhaftet, aber das Municipalgericht, dessen Mitglieder sämmtlich mit angeschuldigt waren, ließen die Verhafteten auf einen Habeas-Corpus-Antrag sofort wieder frei und versahen die noch nicht Verhafteten mit ähnlichen Freibriefen, so daß sich auch Mayor und Municipalgerichts-Beisitzer gegenseitig von der Haft freisprachen. Mit einer Abschrift aller dieser Documente wurde der Constabel von Nauvoo vom Stadt-Marschall aus der Stadt geschickt.

Jetzt gerieth das ganze County-Hancock in die heftigste Aufregung. Der Constabel rief sofort die Bürger des County auf, ihn in seiner Amtsführung zu unterstützen, forderte sie auch auf bewaffnet und auf feindlichen Widerstand gerüstet zu erscheinen, weil die Mormonen militairisch organisirt wären. Die Freiwilligen Compagnien versammelten sich ohne Zeitverlust, es wurden in der Eile neue Compagnien gebildet und, weil man an dem Ausbruch eines ernsthaften Kampfes nicht mehr zweifelte, auch um Hülfe in die benachbarten Counties gesandt. Waffen, Munition und Proviant wurden zusammengebracht und ein Committe von Carthager Bürgern nach Springfield geschickt, um den Gouverneur von dem Stande der Sachen zu benachrichtigen und das Aufgebot der Staatsmiliz zu beantragen, damit die Justiz in Nauvoo vollstreckt werde. Dies war am 17. Juni 1844. Der Gouverneur trug Bedenken, sogleich die Miliz aufzubieten, er reiste aber selbst nach Carthage, um sich persönlich von den Verhältnissen zu unterrichten, wo er am 21. anlangte. Hier fand er, außer einer bewaffneten Menschenmenge, die dem Constabel als Landsfolge (posse comitatus) dienen wollte, die Miliz sich bereits in Masse versammelnd, da der Brigade-General sich bereits ohne die Ordre des Gouverneurs abzuwarten aus den Counties Mc

Donough und Schuyler berufen hatte. Ebenso sammelte sich in Warsaw eine Truppenmasse unter dem Befehl eines Obersten Williams, ob als Miliz oder als momentane Freiwillige blieb einstweilen ungewiß. Der Gouverneur, dessen persönliche Auctorität leider nicht groß war, bestätigte, was bereits geschehen, stellte jedoch alle Commandos unter die ordentlichen Miliz-Offiziere. So waren also zwei Hauptsammelplätze für die bewaffnete Macht des Staates, die aber fast mehr den exaltirtesten Führern der antimormonischen Parthei, als dem Gouverneur gehorchten; einer in Carthage, einem kleinen Ort von 500 Einwohnern, 18 Meilen landeinwärts, südöstlich von Nauvoo, und Warsaw, einem Städtchen von 1000 Einwohnern, ebenfalls 18 Meilen, aber südlich von Nauvoo am Mississippi, beide in Hancock-County. Die Aufregung wurde in beiden Lagern fortwährend durch neue Nachrichten und Gerüchte unterhalten, von welchen einige wahr, die meisten aber erdichtet und zum Theil völlig abgeschmackt waren. Zu den wahren Nachrichten gehörte es, daß der Prophet den Orden des „Big Fan" unter dem Namen der „Daniten" *) wieder erneuert habe, daß einzelne Mormonen alle diejenigen mit Anzündung ihrer Häuser bedrohten, welche dem Constabel bei Ausführung der Verhaftung der Stadträthe beistehen würden, und vielleicht auch die, daß der Patriarch Hiram Smith eine Belohnung ausgelobt habe für denjenigen, der die Presse des „Warsaw Signal", eines stark antimormonischen Blattes, zerstören würde. Absurde Erdichtungen waren es dagegen, daß Joe Smith sich zum König habe krönen und salben lassen, daß er mit den Indianern in den westlichen Territorien ein Bündniß abgeschlossen und solche Macht über sie habe, daß er nur befehlen könne, wenn sie über die Weißen herfallen sollten; auch war von Mordthaten und Brunnenvergiften der Mormonen viel die Rede, wenn man aber näher nachspürte, war Alles erlogen. Demungeachtet war aber doch die Militärmacht, welche in Carthage und Warsaw zusammengebracht war, nicht groß, an ersteren Orte waren etwa 1200, an letzterem höchstens 500 bewaffnete Männer versammelt, und die Milizmänner aus Mc Donough- und Schuyler-County wünschten sobald wie möglich wieder nach Haus zurückzukehren, denn das

---

*) Sie werden auch häufig von den Antimormonen „Würgengel" (Destroying Angels) genannt.

Frühjahr war außerordentlich naß gewesen und die Welschkorn=
Felder waren noch nicht gepflügt, während die Weizen=Erndte
schon nahe bevor stand. Dies, so wie eine große Ueberschwem=
mung, welche den ganzen sog. American Bottom und alle Niede=
rungen am Missisippi bedeckte, war auch ein Grund, weshalb der
Gouverneur den vielbeschäftigten Landmann nicht gern zur Miliz
abberufen wollte.

Die Mormonen waren ihrerseits besser gerüstet. Alle Heili=
gen aus den zerstreuten Niederlassungen waren nach Nauvoo zur
Legion einberufen, die Stadt wurde von Joe Smith als General=
lieutnant der Legion in Belagerungszustand erklärt und unter
Kriegsrecht gestellt, die Thore wurden besetzt und niemand ohne
Erlaubniß der Stadtbehörden aus= und eingelassen, Magazine
wurden errichtet und die Truppen, die volle 3000 Mann betru=
gen, täglich in den Waffen geübt. — Kurz, es geschah Alles,
um einen Angriff kräftig zurückschlagen zu können. Anfangs wurde
selbst die Post der Vereinigten Staaten in Nauvoo zurückgehalten,
bis der Stadtrath sich endlich doch entschloß, ihr lieber den Durch=
gang zu verstatten.

Gouverneur Ford sich stets fürchtend, Unrecht zu thun, ent=
schloß sich höchst ungern zur Anwendung von Gewalt. Man be=
schuldigte ihn schon damals oft, aber mit Unrecht, der Partheilich=
keit für die Mormonen. Er war eben so achtungswerth von Ge=
sinnung, als verständig, aber es fehlte ihm leider an rascher Ent=
schlossenheit und imponirendem Wesen, Eigenschaften, die unter den
obwaltenden Umständen eben so unerläßlich waren für einen Ver=
mittler und Vergleichsstifter, wie für einen Führer im Kampfe.
Sein Charakter trieb ihn, fortwährend Ausgleichungen zu versu=
chen. Er forderte daher die Mormonen auf, ihm Abgesandte zu
senden, um ihm den Stand der Dinge vom Gesichtspunkte der
Mormonen aus darzustellen. Sie thaten dieß und darüber ver=
strichen mehrere Tage, ohne daß es zu etwas anderem führte,
als daß der Gouverneur auf der unbedingten Auslieferung der
Angeschuldigten bestand. Jetzt erklärte er sich entschlossen, die
ganze Macht des Staats, wenn es sein müsse, aufzubieten, um
die Verhaftung durchzusetzen; dann machte ihn die große Aufre=
gung, welche im Lager herrschte, wieder besorgt, daß die Execution
in Gewaltthätigkeiten und Excesse ausarten möge, denn er fühlte,
daß er keine Macht über seine Truppen habe. Endlich begehrte

er, ehe er etwas Weiteres unternähme, von seiner ganzen bewaffneten Mannschaft das Versprechen, daß sie streng gesetzlich verfahren und namentlich die Angeschuldigten, wenn man ihrer habhaft würde, auf dem Transporte und im Gefängnisse vor aller Gewaltthätigkeit beschützen wolle. Officiere und Gemeine sowohl der in Carthage als in Warsaw versammelten Milizen und Corps gaben dieses Versprechen unter lauten Beifallsbezeugungen.

Nachdem der Gouverneur dieses Versprechen erhalten, auf welches er viel zu viel Werth legte, sandte er einen Constabel mit nur zehn Mann Begleitung nach Nauvoo, um nochmals zu versuchen, die Angeschuldigten unter dem Versprechen, daß ihr Leben gegen jeden Pöbelangriff geschützt werden solle, zur Selbst-Auslieferung zu bewegen. Auf diese Aufforderung des Constabels erklärten sich der Mayor und der Stadtrath bereit, sich am folgenden Morgen um 8 Uhr bereit zu halten, mit nach Carthage zu gehen. Um 8 Uhr erschienen aber die Angeschuldigten nicht und es hieß, sie wären geflohen, man wisse nicht, wo sie sich aufhielten. Ohne einen Augenblick zu verziehen zog nun der Constabel mit seiner Escorte ab und berichtete dem Gouverneur über das Mißlingen seiner Sendung.

So schien nun wieder nichts anderes übrig zu bleiben, als ein förmlicher Angriff auf Nauvoo.

Capitel XVI.

Die Mormonen liefern die Staatswaffen aus und der Prophet und der Stadtrath stellen sich als Gefangene. Joe und Hiram Smith im Gefängnisse zu Carthage ermordet.

Die Lage der sich bewaffnet gegenüberstehenden Partheien war eine sonderbare. Keine wagte die Waffen zu gebrauchen. Der Gouverneur wagte nicht anzugreifen; der Prophet wagte sich nicht einmal zu vertheidigen.

Nachdem nämlich Joe Smith dem Constabel zugesagt hatte, daß er sich stellen wolle, erschien ihm dies eben so gefährlich, als sich auf seine Waffen zu verlassen. That er letzteres, so war er zwar augenblicklich seinen Gegnern überlegen, er konnte aber mit Gewißheit vorhersehen, daß nach dem ersten Vortheil, den er erkämpfte, die ganze Staatsmiliz gegen ihn aufgeboten werden würde und daß er daher endlich unterliegen müsse. Gab er sich aber einmal gefangen, so lief er Gefahr, der Wuth seiner Widersacher als Opfer zu fallen, nicht so sehr in Folge eines regelmäßigen Gerichtsverfahrens, als durch einen Volksaufstand, welchen zu unterdrücken die Regierungsbehörden, wie er wohl wußte, keine Macht hatten und dessen Gefährlichkeit ihm von Missouri her nur zu bekannt war. Er beschloß daher mit seinem Bruder Hiram und einigen Andern über den Mississippi nach Jowa zu fliehen, was er auch noch an demselben Tage ausführte. Diese Wahl war das Verkehrteste, was er thun konnte. Die große Masse der Mormonen war damit höchst unzufrieden und er war in Gefahr seine ganze Auctorität zu verlieren. Einige seiner Freunde reisten ihm daher nach und stellten ihm vor, wie wenig ehrenvoll diese Flucht sei, wie sehr sie sein Ansehn gefährde und wie wahrscheinlich eine neue Auswanderung der ganzen Mormonen=Gemeinde davon die Folge sein werde. Der Prophet gab nach und kehrte nach Nauvoo zurück. Welches Verfahren er nun einschlagen wollte, blieb ihm noch zu bestimmen übrig.

Der Gouverneur hatte seinerseits nach der Rückkehr des Constabels einen Kriegsrath aller Officiere berufen und hier Anfangs die Meinung vertheidigt, man sollte mit der ganzen Stärke, die man hätte, Nauvoo besetzen. Da aber die Officiere fanden, daß ihre Truppenzahl dazu zu schwach sei, und darauf bestanden, es solle die ganze Miliz einberufen werden, so gab auch der Gouverneur den sofortigen Angriff auf, konnte sich aber auch nicht entschließen, noch mehr Milizen aufzubieten. Er hatte nämlich ein großes Mißtrauen gegen viele der Anti=Mormonen und hielt sich überzeugt, daß sie nicht der Sache der Gerechtigkeit dienen, sondern unter allen Umständen ihre Rache an den Mormonen befriedigen wollten, auch dann, wenn sie sich friedlich unterwürfen. Besonders sah er in der schleunigen Rückkehr des Constabels und seiner Escorte einen starken Verdachtsgrund, daß ein Complott existire, welches darauf gerichtet sey, die Unterwerfung der Mormonen durch Machinationen zu verhindern, damit man einen Grund habe, sie zu vertilgen oder wenigstens vollständig aus dem

Staate zu vertreiben. Der Constabel und dessen Garde, meinte er, seien mit in dem Complott. Die Annahme mag Grund gehabt haben, obgleich die Thatsachen noch keinen Beweis dafür lieferten. Dieses Mistrauen bestärkte den Gouverneur darin, keinen Aufruf der Miliz zu erlassen, welches er auch deshalb für unnöthig hielt, weil er überzeugt war, die Mormonen würden keinen Widerstand leisten, wenn sie nicht dazu gereizt würden. Die späteren Ereignisse bestätigten, daß er hierin Recht hatte. Seine Scheu, sich in den vollen militärischen Besitz von Nauvoo zu setzen, war nicht dem vom Feinde zu erwartenden Widerstande, sondern der Auflösung aller Disciplin in dem eigenen Heere zuzuschreiben.

Nachdem die Besetzung der Stadt einstweilen aufgegeben war, sandte der Gouverneur an die Officiere der Nauvooer Legion eine Requisition, welche die ihr vom Staate gelieferten Waffen zurückforderte. Man leistete augenblicklich Folge und stellte die drei Kanonen und von den empfangenen 250 Gewehren 220, welche noch vorhanden waren, zur Verfügung des Gouverneurs. Alle übrigen Waffen der Mormonen waren von den Einzelnen oder von der Legion angeschafft und die Ablieferung dieser war nicht verlangt. Da Joe Smith zu dieser Zeit schon wieder nach Nauvoo zurückgekehrt war, so zeigte diese Bereitwilligkeit, daß man in Nauvoo bereits jeden Gedanken an offenen Widerstand aufgegeben hatte. Hierüber wurden aber jedenfalls alle Zweifel hinweggeräumt, als mit der Escorte des letzten Waffentransportes Joe Smith, der ganze Stadtrath und die übrigen Angeschuldigten nach Carthage kamen und sich dem Richter stellten. Dieser ließ sie wegen der gegen sie bereits anhängigen Beschuldigungen gegen Bürgschaft frei, nur Joe und Hiram Smith wurden zurückbehalten, weil gegen sie eine neue beschworene Anklage und zwar auf Hochverrath, bei welchem Verbrechen keine Bürgschaft angenommen wird, erhoben war. Die erste vorläufige Untersuchung sollte sogleich stattfinden, weil aber keine Parthei ihre Zeugen zur Stelle hatte, mußte der Friedensrichter die Verhandlung aussetzen und beorderte die beiden Gefangenen einstweilen ins County-Gefängniß.

Die Ankunft des Propheten und seiner Genossen (am 21. Juni Abends) hatte natürlich in Carthage eine große Aufregung hervorgebracht. Um die Ordnung aufrecht zu erhalten, waren alle

7*

Truppen unter's Gewehr gerufen und standen während der Gerichtsverhandlungen auf dem Marktplatze in Linie aufgestellt. Bevor nun die Abführung des Smith's in das Gefängniß geschah, verlangten die Truppen die Gefangenen zu sehen. Um diesem Verlangen zu genügen und das unruhige Publicum zu beschäftigen, ging der Gouverneur mit ihnen längs der Fronte der Linie. Unglücklicherweise traf es sich, daß die Compagnie, welche die Gefangenen nach dem Gefängniß escortiren sollte, die Spitze der ganzen Linie bildete, und es erhielt dadurch, sowie durch die Begleitung des Gouverneurs, das Ansehen, als wenn das Militair ein Ehrengefolge des Propheten bilde. So sonderbar es ist, daß man bei einer militairischen Begleitung von Gefangenen ins Gefängniß an ein Ehrengefolge nur denken konnte, so sind doch alle Berichterstatter darin übereinstimmend. Die Compagnie fühlte sich dadurch beleidigt und marschirte ohne Befehl in entgegengesetzter ab, so daß der Gouverneur und die Gefangenen sich ihren Weg durch die versammelte Volksmenge selbst bahnen mußten. Diese Disciplinwidrigkeit war schlimm, noch schlimmer wurde die Sache aber, als der Gouverneur befahl, die widerspänstige Compagnie (Carthage Grays genannt), welche für die beste der ganzen Infanterie-Miliz und gewissermaßen für den Kern derselben galt, zu entwaffnen; denn die Truppe lud nun ihre Flinten und rüstete sich zum Widerstande. Der Tumult unter den Truppen wurde allgemein, niemand wollte des Gouverneurs Ordre ausführen und der Commandeur en Chef sah sich genöthigt, seinen Befehl vollständig zurückzunehmen *). Dennoch vertraute er derselben Compagnie die Bewachung des Gefängnisses an.

Als endlich die Gefangenen ins Gefängniß geführt und erst in den kleinen Gefangenzellen, dann aber auf des Gouverneurs Fürsprache in einem größeren Zimmer im zweiten Stock untergebracht waren, sandte der Gouverneur den Capitain Singleton

---

*) Gouverneur Ford stellt diesen Vorfall in seiner History of Illinois. p. 343. so dar, als ob das Disciplinar-Vergehen nur gegen die Befehle und die Person des unter ihm commandirenden Brigade-Generals gerichtet gewesen wäre. Da aber der Gouverneur als General en Chef selbst gegenwärtig war, so ist es klar, daß seine Auctorität ebensowohl gröblich blosgestellt war, wenn auch der Brigade-General die unmittelbaren Befehle ertheilte.

mit seiner Compagnie von Brown-County nach Nauvoo, um die Stadt zu besetzen und das Commando über die Mormonen-Legion zu übernehmen. Auf des Capitains Befehl versammelte sich die Legion noch über 2000 Mann stark und alle wohlbewaffnet; sie stellte sich ohne Weigerung unter sein Commando. Die Unterwerfung der Stadt war also vollständig. Demungeachtet verlangte die Miliz aus Haucock-County nach Nauvoo geführt zu werden, angeblich um nach falschem Gelde und den Münzinstrumenten der dortigen Falschmünzer zu suchen, und ferner, um den Mormonen einen heilsamen Schrecken einzujagen, damit sie später nicht an den nicht-mormonischen Bewohnern des County Rache nähmen. Der schwache Gouverneur gab seine Einwilligung dazu und setzte den Einmarsch in Nauvoo auf den 27. Juni fest. Es wurde angeordnet, daß die beiden Truppen-Abtheilungen in Carthage und in Warsaw sich ungefähr in der Mitte beider Wege in dem Oertchen Golden's Point treffen und dann zusammen einrücken sollten. Aber bald gereute den Gouverneur diese Anordnung, denn es lastete schwer auf ihm, daß er so geringe Auctorität bei den Truppen besaß. Er fürchtete theils, daß sie ein großes Blutbad in Nauvoo anrichten möchten, hielt es aber anderntheils auch für möglich, daß die Mormonen durch brutales Benehmen der Truppen zum Aeußersten getrieben sich noch zum Widerstande entschließen und dann an Zahl stärker und im Ganzen besser eingeübt als die Miliz, den Sieg davon tragen könnten. Als daher die Truppen am 27. Juni Morgens zum Ausrücken in Carthage bereit standen, versammelte er noch alle Officiere zu einem Kriegsrath und stellte ihnen das Gefährliche des Einmarsches vor. Die Officiere der Miliz aus den entfernteren Counties stimmten dem Gouverneur bei, aber die aus Haucock-County bestanden auf den Marsch nach Nauvoo und sie hatten die Mehrheit. Demungeachtet entschied nun der Gouverneur als Commandeur en Chef, daß nicht nur nicht ausgerückt, sondern sämmtliche Truppen mit Ausnahme von drei Compagnien auf der Stelle aufgelöst und nach Hause entlassen werden sollten. Derselbe Befehl wurde auch an das Corps in Warsaw gesandt. Von den drei beibehaltenen Compagnien sollten zwei unter Befehl des Generals Deming in Nauvoo zur Bewachung des Gefängnisses zurückbleiben und mit der dritten, einer Dragoner-Compagnie, wollte der Gouverneur selbst nach Nauvoo marschiren, dort die Falschmünzer-Apparate suchen und den Mormonen in einer Rede ihr Verhältniß klar darlegen, wodurch er sie zu beruhigen suchte. Der Plan war an sich nicht schlecht, nur war es unglücklich, daß sein Vorhaben erst darauf verfallen, nachdem schon alle Vorbereitungen zum Marsche des ganzen kleinen Heeres getroffen waren, und der Gedanke, triumphirend in Nauvoo einzurücken, schon so fest bei den Truppen gewurzelt war. Die neue Ordre erregte daher großes Mißfallen und es konnten auch die Truppen in Warsaw nicht früh genug mehr von der veränderten Maßregel in Kenntniß gesetzt werden, um ihren Abmarsch zu verhindern. Indessen ging die Auflösung der Truppen in Carthage ohne Störung von Statten und der Gouverneur marschirte mit seiner Compagnie Dragoner nach Nauvoo ab. Die Auflösungsordre traf die Truppen von Warsaw auf ihrem Marsche in der Nähe des Rendezvous, Golden's Point. Der Befehl, der diesen Truppen ganz unmotivirt schien, brachte die größte Erbitterung hervor. Es wurde offen ausgesprochen, daß der Gouverneur mit den Mormonen unter einer Decke spiele und daß er wahrscheinlich die Gefangenen freilassen werde. Leute, die von den Mormonen Unbill erfahren hatten, hielten Reden, in welchen sie mit grellen Farben schilderten, was aus dem Lande werden würde, wenn der Prophet wieder in Freiheit gesetzt werde. Sie behaupteten auch, es sei schon ein Versuch gemacht, Kleider zur Verkleidung der Gefangenen in das Gefängniß zu bringen, auch seien die Gefangenen bis an die Zähne bewaffnet. Daß die Gefangenen Waffen bei sich hatten, wies sich später als wahr aus. Durch solche Reden aufgeregt, unternahmen es 200 Mann von den Warsawer Milizen, sogleich nach Carthage zu ziehen und das Gefängniß zu stürmen. In einer geringen Entfernung von dem Orte machten sie Halt, schickten Kundschafter aus und setzten sich mit den das Gefängniß bewachenden Soldaten in Verbindung. Sie verabredeten nun mit diesen, daß, wenn sie das Gefängniß angriffen, die Wache mit blinden Patronen auf sie schießen solle, welche darauf von den Angreifern entwaffnet werden würde. So sollte es den Anschein gewinnen, als sei die Wache von den Angreifern überrumpelt worden. Inzwischen war schon die eine Compagnie aus Carthage desertirt und hatte sich nach Hause begeben, und als der General Deming merkte, daß die Mehrzahl der Soldaten von der andern Compagnie mit den Meuterern, die mit geschwärzten Gesichtern in Carthage einrückten, im Einverständniß wären und er auch über gar keine zuverlässigen Leute zu verfügen hatte, so begab auch er sich aus Carthage fort, wie Ford sagt, „aus Furcht sein Leben zu verlieren." So war das Gefängniß preisgegeben. Die Meuterer sprangen über das Gitterwerk, welches das Gefängniß umschließt, ließen von der Wache auf sich feuern, entwaffneten sie darauf und drangen in das Gefangenhaus.

In dem großen Gefangenzimmer befanden sich zu der Zeit außer den beiden Gefangenen Joe und Hiram Smith auch noch zwei ihrer Freunde, John Taylor und Dr. Richards, die ihnen freiwillig Gesellschaft leisteten. Als der Lärm sich näherte und die Angreifer die Treppe stürmten, hielten diese vier Männer mit vereinten Kräften die Thür zu, aber hin und wieder wurde sie doch ein wenig aufgedrängt und die Angreifer schossen dann durch die Oeffnung ins Zimmer, worauf auch Joe Smith, der mit einer sechsläufigen Pistole versehen war, durch die Thüröffnung hinausfeuerte und drei der Angreifer verwundete. Die zahlreicheren Schüsse in das Zimmer hinein brachten John Taylor vier Wunden bei. Ein Schuß traf den Patriarchen Hiram Smith, welcher fiel und sterbend rief: „Ich bin getödtet!" worauf Joe antwortete: „O mein Bruder Hiram!" und darauf aus dem Fenster des zweiten Stocks sprang. Durch den Fall verletzte er sich so sehr, daß er nicht wieder aufstehen konnte. Unter dem Fenster stand eine Anzahl der Meuterer; von diesen hoben ihn einige auf, lehnten ihn in sitzender Stellung an die Wand und durchbohrten ihm die Brust mit vier Büchsenkugeln. Sein letzter Ausruf war: „O Herr, mein Gott!"*) Taylor kam mit dem Leben davon und Richards entschlüpfte den Banditen ohne verwundet zu sein. — Die Mordthaten geschahen gegen 5 Uhr Nachmittags am 27. Juni.

Das war des Propheten Ende, welches von seinen Anhängern als ein Märtyrertod gefeiert wird und seiner Secte wahrscheinlich weit mehr innere Kraft und Stärke gegeben hat, als sein längeres Leben es gekonnt hätte.

---

*) Nach Richards Bericht wurde der Prophet schon geschossen, als er im Fenster stand und im Begriff war hinauszuspringen, so daß er schon todt hinausfiel. Aber ein Zeuge, der von außen den Hergang beobachtete, versichert, daß Joe Smith, als er zu Boden fiel, noch keine Schußwunde hatte, sondern nur durch den Fall verletzt und betäubt war.

Capitel XVII.

Joseph Smith's Wirksamkeit und Charakter.

Joe Smith's Wirksamkeit als Stifter einer neuen, von allen christlichen Secten wesentlich abweichenden Religion und als Gründer und Lenker einer eigenen und eigenthümlichen Herrschaft hatte 14 Jahre und 3 Monate gedauert. Seine Kirche und sein kirchlicher Staat hatte mit 6 Mitgliedern begonnen und mochte bei seinem Tode etwa eine viertel Million Gläubige zählen *). Er hatte während dieser Zeit sein Religionssystem und seine Kirche stets fortgebildet und drei Staatsgesellschaften gegründet, die alle rasch aufblühten, von denen zwei, die zu Kirtland und in Missouri, eben so rasch wieder zu Grunde gegangen waren, aber nur um in einer neuen Gestalt, in Illinois, größer und mächtiger wieder aufzuleben. Auch dieser sociale Bau war jetzt dem Umsturze nahe. Er erfolgte bald nach seinem Tode wirklich, aber wieder nur, um von seinen Nachfolgern durch ein noch größeres und unabhängiger dastehendes Gebäude ersetzt zu werden.

Um ein getreues und einigermaßen vollständiges Charakterbild von diesem merkwürdigen Manne zu entwerfen, stehen uns bei weitem nicht genug ins Einzelne gehende Nachrichten und Schilderungen über ihn zu Gebote. Schwerlich wird auch je ein solches Bild über ihn entworfen werden, denn diejenigen, welche Joe Smith persönlich genau gekannt haben, sind alle seine Anhänger oder seine persönlichen Feinde. Die ersteren sind zu befangen oder zu sehr durch ihre Stellung gefesselt, um die vollständige und unverfälschte Wahrheit geben zu können. Die letzteren, alle dem Mormonismus abtrünnig geworden, sind zu leidenschaft-

---

*) Die Mormonen selbst geben ihre Zahl um diese Zeit schon auf 500,000 an, was sicher sehr übertrieben ist. Ford schätzt ihre Gesammtzahl zur Zeit von Smith's Tode auf 200,000, Gunnison nur auf 150,000. Da jedoch spätere speciellere Abschätzungen eine noch geringere Zahl ergeben, so ist die oben von uns angegebene Zahl wohl die höchste, die angenommen werden darf, wenn auch ausgemacht ist, daß die Mormonen noch nie wieder so zahlreich gewesen sind, als sie zur Zeit des Todes des Propheten waren.

lich gegen ihn eingenommen, um vollen Glauben zu verdienen. Wir beschränken uns hier darauf, einzelne Betrachtungen und Thatsachen anzuführen, die zu seiner Beurtheilung einen Beitrag liefern können, ohne auf Vollständigkeit oder auch nur auf genaue Correctheit Anspruch zu haben.

Seine Anhänger nennen ihn den großen Märtyrer des neunzehnten Jahrhunderts, und erheben sein Genie, seine Aufrichtigkeit und Reinheit, als überstrahlten sie Alles, was die Menschheit in diesen Beziehungen aufzuweisen habe. Zwar geben sie ausdrücklich oder stillschweigend die Sündhaftigkeit und Verworfenheit seines Jugendlebens zu, weisen aber Alles mit Verachtung zurück, was zu seiner Verkleinerung nach seinem Auftreten als Prophet gesagt werden mag. Diejenigen seiner Gegner, welche vorzüglich während seiner letzten Lebensjahre mit ihm in Berührung kamen und ihn beobachteten, schildern ihn fast sämmtlich als einen gemeinen Betrüger und abgefeimten Gauner, dem jedes Mittel recht war, um zu Ansehen, Macht und Reichthum zu gelangen, der sich mit Falschmünzern und Räubern in ein Bündniß einließ und der seine sinnlichen Begierden weder zügeln konnte noch wollte. Daß die erstern seine Vorzüge, die letztern seine Fehler und Schwächen übertreiben, kann dem unpartheiischen Beurtheiler nicht schwer werden zu erkennen.

Daß er seine angebliche göttliche Sendung ohne eigene Ueberzeugung auf der Leichtgläubigkeit der Menschen gründete, daß er also selbstbewußt täuschte, wird niemand, der außerhalb seiner Secte steht, bezweifeln. Daß er aber durch diesen Betrug nicht bloß sich selbst, sondern auch seiner Secte und durch sie der Menschheit zu nützen meinte, ist wahrscheinlich, denn schwerlich würde er sich bei seinen Anhängern so lange in Ansehn erhalten haben, wenn er nur persönliche selbstsüchtige Zwecke verfolgt hätte. Wir meinen, er habe sich so in seine Stellung hineingelebt, daß er wirklich überzeugt war, das Wohl der Menschheit zu befördern, und daß er in gewissem Sinne — wenn auch in einem andern, als er vorgab — eine göttliche Sendung zu haben glaubte, wie dies bei Priestern aller Religionen von je her der Fall gewesen ist. Wir sehen ihn weder für viel schlechter, noch für viel besser an, als ein Heer von Männern der Vergangenheit und Gegenwart, die, halb Schwärmer, halb mit Bewußtsein täuschend, eine bevorzugte Stellung zur Gottheit einzunehmen behaupten, und vor ihrem eigenen Gewissen die Blößen, die ihr erborgtes Gewand läßt, durch eine pia fraus zu decken suchen.

Als Stifter einer neuen gesellschaftlichen Ordnung war er schöpferisch, als Politiker ein großer Feind juristischer Auffassung, juristischer Formen, des Advocatenwesens, ja auch alles gewissenhaften Festhaltens nicht blos an den Buchstaben, sondern auch an den wahren Sinn von Gesetzen und Verfassungen. Sein Wunsch, den Indianern, den Farbigen und den Sklaven ein besseres Loos zu bereiten, scheint vollkommen aufrichtig und wohlgemeint gewesen zu sein. Wenigstens konnte ihm sein öffentliches Auftreten für die Aufhebung der Sklaverei keinen persönlichen Vortheil bringen, mußte ihm aber nothwendig mächtige Feindschaften zuziehen. Daß er dies nicht vorher eingesehen haben sollte, ist kaum denkbar.

Smith's natürliche Geistesgaben waren, wie selbst seine größten Gegner zugeben, außerordentlich und befaßten weit mehr als gemeine Klugheit. Von welchem Umfange und welcher Elasticität sein Geist war, zeigt die Menge und die Verschiedenheit von Gegenständen, womit er sich zu beschäftigen hatte. Die Feststellung und Ausbildung der Glaubenslehre und des Kirchendienstes ging von ihm aus oder kam wenigstens durch ihn zum Abschluß, wenn er auch von Männern, die gelehrter waren als er, hierin unterstützt wurde; er faßte viele Schriften ab, und hielt Predigten und Reden; er richtete die Hierarchie ein und hielt sie aufrecht und in Ordnung; er leitete das außerordentlich ausgedehnte Missionswesen, welches in seinen letzten Jahren durch gegen 3000 Missionaire betrieben wurde; er führte die Oberaufsicht über die ganze innere, kirchlich=sociale Verwaltung, welche u. A. das kirchliche Finanzwesen, die Bauten, das Armenwesen, die Landvertheilung,* ja zu Zeiten die Vergebung der Landstellen an die einzelnen Familien, und endlich, wenn man auch diese hierher rechnen will, die Ehesachen begriff, welche in späterer Zeit wegen des Consenses, den jede Ehe bedurfte, sehr viel zu thun gemacht haben müssen; und endlich hatte er als Mayor die ganze Civilverwaltung von Nauvoo, als Präsident des Municipal=Gerichtshofs und des Mayor=Gerichts fast die vollständige Gerichtsverwaltung und als General=Lieutenant der Legion den Oberbefehl über 3000 Mann Truppen. Er war in seinem Staate Alles in Allem, das Haupt jedes Zweiges der Thätigkeit, und dies nicht nur formell, sondern virtuell, denn er war das belebende Princip in allen Fächern, keine Ideen wurden ausgeführt, ohne seinen Willen geschah nichts von einiger Bedeutung. Waren auch nicht viel mehr als 20,000 Mormonen in und um Nauvoo angesessen, die in allen Beziehungen fast unmittelbar unter des Propheten Leitung standen, so waren doch weit über 100,000 über der Union zerstreut, deren Gemeinden (Stakes) die Richtschnur für ihre Verfassung, ihr geistliches und weltliches Leben von ihm empfingen, und nicht viel weniger im Auslande, vorzüglich in Großbritannien, welche durch die Missionaire mit dem Mutterstaate zusammenhingen und Instructionen begehrten und empfingen.

Und welche Stellung hatte dieser in ausgedehntem Kreise so einflußreiche und man kann wohl sagen mächtige Mann ursprünglich inne gehabt? Welche äußere Umstände hatten ihn begünstigt? Hatte er einer mächtigen Priesterschaft angehört, oder war er durch eine gelehrte Bildung bevorzugt? Hatte das Studium der Rechtswissenschaft und die Advocatenlaufbahn, die in Amerika so häufig zu den höchsten Staatsämtern und Ehren die Stufenleiter bildet, ihm Gelegenheit gegeben sich auszuzeichnen, oder hatte die Woge der politischen Partheiung ihn emporgetragen? Hatte er eine militairische Schule gemacht und sich im Kriege hervorgethan? Hatte er durch seine Geburts-Stellung oder durch Reichthum sich seinen ersten Anhang erwerben oder erkaufen können? Nichts von dem Allen. Aus einer übel berufenen Familie stammend, in seiner Jugend für nicht viel besser angesehen, als ein Vagabund, Marktschreier und Taugenichts, ohne alle Bildung und ohne alle Mittel wurde er nicht nur alles, was er war, durch sich selbst, sondern er hatte noch alle die Vorurtheile, welche niedriger Stand, Armuth und Mangel an allen angesehenen Verbindungen, und alles das gerechte Mißtrauen, welches ein schlechter oder wenigstens zweifelhafter Lebenswandel der Anerkennung und dem Emporkommen in der Welt entgegenstellen, zu überwinden gehabt. Was ihm dagegen zu Statten kam, war, daß auf dem Schauplatz seiner Thätigkeit viele Hemmnisse nicht vorhanden sind, welche z. B. in Europa allen Versuchen religiöser, kirchlicher, staatlicher und socialer Neugestaltung hindernd in den Weg treten. Vielleicht nur in den Vereinigten Staaten war die Entstehung und rasche Ausbreitung des Mormonismus möglich, wo die, wenigstens theoretische, Anerkennung des Grundsatzes absoluter Religionsfreiheit dem Anfange der neuen Kirche keine Schwierigkeiten machte; wo die größere persönliche Freiheit und die Leichtigkeit der Uebersiedelung von einem Orte zum andern den Fortschritt förderte, und wo ein großer Theil des Volks einer mystischen, um nicht zu sagen abergläubischen Richtung in Religionssachen folgt und dabei doch das Neue liebt und deshalb leicht von einer Secte zur andern übergeht.

Wie scharf Smith die menschliche Natur erfaßt, wie sicher er die einzelnen Charaktere erkannte und wie gewandt er sie zu behandeln verstand, zeigt die Anhänglichkeit und Abhängigkeit seiner Jünger und Mitarbeiter. Er gewann nicht nur beschränkte Menschen, wie Harris, sondern verschlagene Dialektiker, wie Rigdon; er zog nicht nur eigennützige und sinnliche Menschen an sich, sondern auch fromme Gemüther und tugendhafte Männer, wie Parley Pratt; er bewog Arme und Wohlhabende, einen großen Theil ihrer Arbeitskraft und ihres Vermögens ohne Murren seinen Ideen zu opfern. Denn jeder Neubekehrte mußte den zehnten Theil seines Vermögens und jedes Mitglied der Kirche jährlich den zehnten Theil aller seiner Einnahmen oder seiner Arbeit für den Kirchenschatz oder öffentliche Werke hergeben. Seine Auctorität unterstützte er weder durch äußeren Prunk, noch durch Abschließung und Zurückgezogenheit, noch auch durch gemessenes feierliches Wesen oder ascetische Strenge, wie Pfaffen und Mönche pflegen, sondern er lebte unter seinen Genossen, ging sein, aber nicht auffallend gekleidet, war gewöhnlich heiter und aufgeräumt und ein Freund von Munterkeit und Scherz. Die Mormonen am Salzsee erzählen sich noch, wie der Prophet Joseph häufig der Heuchelei die Maske entriß; wie er einen Neubekehrten, der mit seinem langen, in ehrwürdige Falten gelegten Gesichte von anderen Religionspartheien zu ihm herüberkam, mit Jovialität empfing und ihn aufforderte, mit ihm auf dem öffentlichen Platze zu ringen, und wie er den heiligen erstaunten Mann nicht eher los ließ, als bis er ihm seine athletische Kraft gezeigt und platt auf den Boden gelegt hatte; wie er einem Anderen, der dem Propheten viel von seinem mildthätigen Sinne versprach, zumuthete, ihm all sein Geld für den Tempelbau zu leihen, und nachdem er dies gethan, ihn nicht mehr beachtete wie jeden Anderen, sondern ihn mit Spaten und Axt in Armuth arbeiten ließ, bis sein Glaube sich bewährt hatte. Als er die Probe einige Monate bestanden, wurde er plötzlich zum Hauptquartier berufen und ihm eine gute Landstelle oder sonst eine Stellung angewiesen, in der er angenehm und bequem sein Brod verdienen konnte *). Die Masse seiner Anhänger zog er nicht durch Schmeichelreden, sondern eher durch eine angenommene Kälte an, die selten durchblicken ließ, wie lieb ihm der Zuwachs an Gläubigen war. Sein Benehmen gegen Fremde war ungleich, meistens einnehmend und freundlich, doch zu Zeiten auch grob und zurückstoßend — man erfährt nicht, ob mehr aus Laune oder Politik. Seine Eitelkeit ist unverkennbar und zeigt sich auf widerliche Weise in manchen seiner Schriften, wenn er mit seiner vorgeblichen Kenntniß vieler Sprachen und mit seiner Belesenheit kokettirt, oder sich auf die unverschämteste Weise selbst lobt.

Erheiternde Vergnügungen machen fast einen Theil des mormonischen Cultus aus, ohne daß man behaupten kann, daß es bei solchen Gelegenheiten während Joe Smith's Präsidentschaft zu ungebührlicher Ausgelassenheit kam — einige wenige Fälle ausgenommen. So gern er an solchen Festen Theil nahm, so ernst war er zu andern Zeiten. Einige Male zeigte er sich über seine Sündhaftigkeit vollkommen zerknirscht; er rief dann seine Glaubensbrüder zum Gebet für sein Seelenheil auf und zwar mit einer so wilden Energie und so furchtbarem Ernst, daß alle Hörer tief ergriffen waren. Man will behaupten, daß Alles nur Schauspielkunst gewesen.

Obgleich seine Handlungsweise, wenn er sich nicht durch Leidenschaft hinreißen ließ, vorsichtig und berechnend war, so zeigte er doch in bringender persönlicher Gefahr entschiedenen Muth und unter den schwierigsten Umständen vollkommene Ruhe. Aber auf eine Entscheidung durch die Waffen ließ er es nicht leicht ankommen, was ihm bisweilen als Furchtsamkeit ausgelegt ist. Gewiß mit Unrecht. Ohne Zweifel erkannte er, daß er in einem Kampfe mit den Waffen auf die Länge doch den Kürzern ziehen müsse, wenn er auch augenblickliche Vortheile erringen konnte. Dennoch hielt er viel auf eine bereite Waffenmacht, um dadurch eine imponirende Stellung zu gewinnen und gelegentlich damit zu drohen und zu schrecken. In Widerspruch mit seiner gewöhnlichen Vorsicht riß ihn sein leidenschaftliches Naturell oft zu Extrava-

---

*) Gunnison, The Mormons, p. 125 f.

ganzen, Mißgriffen und Fehltritten hin. Daher sein Uebermuth im Glück, seine Ungeduld, neben seinem hierarchischen auch seinen politischen Ehrgeiz zu befriedigen. Die unsinnigen Schritte, rasch zu einer staatlichen Unabhängigkeit zu gelangen, welche er in seinem letzten Lebensjahre that, und seine hoffnungslose Bewerbung um die Präsidentschaft der Vereinigten Staaten haben seinen Fall sicher sehr beschleunigt. Dennoch hätte seine Stellung bald unhaltbar werden müssen, denn seine Anhänger erwarteten von ihm jeden Tag neue und unerhörte Dinge. Die Masse der Mormonen glaubte, ihm sei alles möglich, und zweifelte z. B. auch gar nicht an seiner Erwählung zum Präsidenten. Diese Ueberschätzung machte ihn zu ihrem Herrn, zwang ihn aber auch, stets vorwärts zu schreiten und zwar rascher, als die natürliche Vermehrung seiner Macht es zuließ. Auch konnte er nie ohne Gefahr, sein Ansehen zu verlieren, einen Schritt wieder zurückthun, weil er alle seine wichtigen Maßregeln auf angeblichen göttlichen Offenbarungen stützte, die trotz seiner Lehre von der „fortschreitenden Offenbarung" doch nicht ganz und gar zu Schanden werden durften. So stellte er, so lange er lebte, die Wiedereroberung seines „Zion" und der übrigen Mormonen-Besitzungen in Missouri in Aussicht, so wenig Hoffnung auch dazu vorhanden war.

Seine Sinnlichkeit und unbezähmte Leidenschaft brachten auch die inneren Streitigkeiten zum Ausbruch, welche die Krisis so sehr beschleunigten. Fand schon seine Annahme der Lehre von der Zulässigkeit der Polygamie bei manchen seiner Anhänger Anstoß, so waren es doch die Verführungsversuche verheiratheter Frauen, welche empörten und den Abfall eines zwar nur kleinen Theils seiner Secte veranlaßten, der aber durch die heftigen und vielfältigen Angriffe auf den Propheten ihm sehr schädlich wurde. Die Erzählungen von seinem ausschweifenden Leben, obgleich sehr übertrieben, hatten zu viel Wahres, als daß Smith's Freunde ihn von diesem Vorwurfe ganz haben reinigen können.

Capitel XVIII.

Gouverneur Ford in Nauvoo während der Mordscene in Carthage. Nächste Folge der Ermordung des Propheten. Brigham Young zu Joseph Smith's Nachfolger erwählt.

Während der Erstürmung des Gefängnisses und der Mordscene in Carthage befand sich der Gouverneur Ford in Nauvoo. Er war am Morgen des 27. Juni mit seiner Compagnie Dragoner von Carthage aufgebrochen. Schon auf dem Wege wurden ihm einige Andeutungen von einer möglichen Ueberrumpelung des Gefängnisses und der Ermordung der Gefangenen gemacht, aber er gab Anfangs einem solchen Verdacht, wie er behauptet, wenig Raum, vorzüglich weil er es für unmöglich hielt, daß man sein und seiner Begleiter Leben würde aufs Spiel setzen wollen, was offenbar geschah, wenn man den Propheten ermordete, während man sie mitten unter den Mormonen in Nauvoo wußte. Indessen sandte er doch wegen der bloßen Möglichkeit, wie er sagte, schon unterwegs eine Ordonnanz nach Carthage zurück mit der Ordre an den wachthabenden Capitain, daß er mit seinem Kopfe für die strenge Bewachung des Gefängnisses bis zu seiner, des Gouverneurs, Rückkehr einzustehen habe. Seine Besorgniß nahm demungeachtet immer mehr zu, und ehe er noch um 4 Uhr Nachmittags in Nauvoo einzog, hatte er schon beschlossen, noch an demselben Abende nach Carthage zurückzukehren.

Er setzte deshalb die beabsichtigte Nachsuchung nach den Falschmünzer=Geräthschaften aus und berief nur eine Volksversammlung der Bürger. Auf seinen Ruf erschienen mehrere Tausend Mormonen, denen er in einer langen Rede auseinandersetzte, worin ihre Beamte die Gesetze verletzt hätten, welche Gerüchte über sie in Umlauf wären, und daß diese Gerüchte, sie möchten nun wahr oder unwahr sein, allgemein geglaubt würden. Bei der Erwähnung der nachtheiligen Gerüchte unterbrachen ihn einige Mormonen, beklagten sich bitter über solche Verläumbungen und betheuerten, daß sie gesetzliebende Leute wären, aber sich auf den Schutz der Gesetze verließen, die sie selbst strenge beobachteten.

Der Gouverneur fuhr dann fort, sie zu warnen gegen die Personen, welche gegen ihre Führer Parthei ergriffen hätten, keine Selbsthülfe zu gebrauchen, denn der Haß gegen sie und die Aufregung im ganzen Staate sei so groß, daß ein Angriff von ihrer Seite unfehlbar die gänzliche Zerstörung ihrer Stadt und die Vertilgung oder Vertreibung ihres Volkes zur Folge haben würde. Am Schluß seiner Rede schlug der Gouverneur vor, daß die Versammlung darüber abstimmen möge, ob sie streng das Gesetz beobachten wollten, auch selbst dann, wenn sie dadurch ihrem Propheten und ihren Führern zuwider handeln würden? Die Abstimmung ergab natürlich Einstimmigkeit für diese Loyalitäts-Erklärung.

Der Gouverneur war mit dieser Erklärung zufrieden und begab sich nun so schnell wie möglich wieder aus der Stadt, so daß er schon vor Sonnenuntergang mit seiner Begleitung wieder auf dem Rückwege nach Carthage war. Kaum hatte er aber zwei Meilen zurückgelegt, als ihm zwei Männer, von welchen der eine ein Mormone war, entgegenkamen und ihm in großer Aufregung erzählten, was während seiner Abwesenheit in Carthage vorgefallen sei. Die Nachricht machte auf Alle einen ungeheueren Eindruck. Man erwartete allgemein, daß sofort ein Vernichtungskampf zwischen den beiden Partheien ausbrechen werde. Der Gouverneur ließ die beiden Männer, die nach Nauvoo wollten, verhaften und mitführen, damit die aufregende Nachricht so spät wie möglich nach Nauvoo käme; dann rieth er allen Landbewohnern, ihre Frauen und Kinder in Sicherheit zu bringen, was auch sowohl diese als die Bewohner von Carthage thaten. Viele wurden sogar über den Mississippi nach Iowa oder Missouri gebracht. Mit Tagesanbruch läuteten alle Glocken in den Städten und Ortschaften bis hinab nach Quincy. Allenthalben versammelte man sich und griff zu den Waffen. In Carthage übernahm der unglückliche General Deming wieder das Commando; in Warsaw traten Freiwillige und Milizen zusammen. So groß war der Schrecken vor den Mormonen, deren Rache, wie man glaubte, keinen Augenblick auf sich warten lassen werde. In Quincy hatte man das Gerücht, daß der Gouverneur in einem Hause in Nauvoo von den Mormonen förmlich belagert würde und sich höchstens zwei Tage halten könne. Die Quincyer schickten deshalb am Morgen des 28. ein Corps Freiwilliger unter Mayor Flood auf einem eigenen Dampfschiffe zum Entsatz ihres Gouverneurs. Als das Corps in Nauvoo ankam, war es höchst betroffen, weder den Gouverneur noch überhaupt kämpfende Partheien in Nauvoo zu finden. Sie kehrten schleunig nach Quincy zurück.

Am folgenden Tage begab sich der Gouverneur selbst nach Quincy, um dort den Gang der Ereignisse abzuwarten. Auf ihn, der die redlichsten Absichten hatte, machte der Mord, welcher von Milizmännern in Widerspruch mit dem ihm ausdrücklich gegebenen Versprechen begangen war, den allergrößten Eindruck. Er war von diesem Augenblick an ein erklärter Feind der Anti=Mormonen, deren ganzen Parthei er die verbrecherische Absicht unterlegte, daß sie, gleichviel ob mit Recht oder mit Unrecht, die Mormonen vernichten und zugleich ihn selbst aus dem Wege räumen wollten. Dadurch gewann er aber bei den Mormonen nicht im mindesten an Vertrauen; sie beschuldigten ihn im Gegentheil höchst ungerechter Weise des Einverständnisses mit den Mördern. So von beiden Partheien gehaßt und verdächtigt konnte er nur dazu beitragen, die Fehde zu verlängern, ohne die Kraft zu haben, die Katastrophe von den Mormonen abzuwenden.

Zu Aller Erstaunen blieben die Mormonen ruhig. Dr. Richards und John Taylor, die beiden angesehenen Mormonen, welche bei den Brüdern Smith im Gefängniß gewesen waren, erließen von Carthage aus ein Schreiben an ihre Glaubensbrüder in Nauvoo, worin sie ihnen das erschütternde Ereigniß mittheilten und sie zum Frieden ermahnten. Dies war die erste Nachricht vom Tode des Propheten und des Patriarchen, welche am 28. Juni nach Nauvoo gelangte. Zwar gerieth die Masse des Volks in Nauvoo in eine wilde Wuth, aber die Besonnenen erkannten, daß ein Angriff jetzt ihr unmittelbarer Untergang sein würde und stimmten den Rathschlägen von Richards und Taylor bei. Sie vertrösteten das Volk auf die Rache Gottes, die nicht ausbleiben könne, machten darauf aufmerksam, daß sie ohne anerkannten Führer seien und sich erst neu constituiren müßten u. s. w., und bewirkten so auf geschickte Weise einen Aufschub. Es wurden ihnen auch die Leichen des Propheten und Patriarchen ausgeliefert und die Begräbnißfeierlichkeiten nahmen in den ersten Tagen ihre ganze Aufmerksamkeit in Anspruch. Die Trauer über die geliebten Todten war tief und allgemein. Es wurden feierliche Todtenämter und Reden gehalten und Klagelieder tönten über "die im Leben und Tod vereinten Brüder", die "Märtyrer ihres Glaubens umgeben von himmlischer Glorie." Wo ihr Grab ist, blieb, den Nicht-Mormonen wenigstens, ein Geheimniß. Das Grab des Propheten, sagen die Gläubigen, ist unbekannt, wie das Grab Mosis.

Im Mormonen-Staat war nun zunächst die wichtige Frage zu entscheiden, wer des Propheten Nachfolger sein solle. Anerkannt gültige Bestimmungen über die Nachfolge gab es nicht; es war daher der Intrigue und dem Streite ein weites Feld geöffnet. Von der Präsidentschaft, die aus Joe Smith, Hiram Smith und Sidney Rigdon bestanden hatte, war der letzte allein übrig und dieser gründete hierauf seinen Anspruch als Prophet (Seer) und Haupt der Kirche sogleich anerkannt zu werden. Er unterstützte aber diesen Anspruch auch noch dadurch, daß frühere Offenbarungen ihm schon die Anwartschaft auf diese höchste Würde gegeben hätten. Er benahm sich auch schon aus eigener Machtvollkommenheit als Prophet und machte u. A. eine Offenbarung bekannt, die ihm befohle, die Königin Victoria in England zu besuchen und wenn sie sein Evangelium zurückweisen sollte, sie vom Throne zu stoßen. Gegen ihn traten zwei Mitbewerber auf, der eine, James J. Strang, wies Briefe mit der Unterschrift von Joseph Smith vor, worin dieser ihm die Zusicherung gab, daß er im Fall seines Todes sein Nachfolger sein sollte; der andere, William Smith, aber kein Verwandter des verstorbenen Propheten, berief sich auf Offenbarungen zu seinen Gunsten. Aber alle diese Bewerbungen waren nicht populär unter den Mormonen und man beschloß, die Entscheidung dem hohen apostolischen Collegium zu überlassen. Die Mehrzahl der Mitglieder war jedoch auf Missionen abwesend und mußte erst nach Nauvoo berufen werden. Als die Zwölf endlich beisammen waren, brachten die drei Bewerber wieder ihre Ansprüche vor, aber Rigdon, der gewichtigste unter ihnen, hatte sich durch eine neue Offenbarung, die er erhalten haben wollte, noch unbeliebter gemacht. Sie forderte, daß die wohlhabenden Mormonen sämmtlich Nauvoo verlassen und mit ihm, Rigdon, nach Pittsburg ziehen sollten. Dies war sowohl den Wohlhabenden als Armen höchst anstößig, denn die ersten wollten ihr Grundeigenthum in Nauvoo nicht aufgeben oder verschleudern und die Aermeren wollten sich nicht von den Reicheren verlassen sehen. Die Apostel beschlossen daher unter fast allgemeiner Zustimmung der Kirchen-Mitglieder eine freie Wahl vorzunehmen. Diese fiel auf Brigham Young, einen aus ihrer eigenen Zahl. Dieser Mann, der äußerlich große Bescheidenheit und im gewöhnlichen geselligen Verkehr zuweilen fast Schüchternheit zeigt, besitzt eine große Klugheit und ein tiefes Gefühl. In der Debatte und auf der Kanzel entwickelt er eine Kühnheit des Gedankens und eine Gewalt der Rede, welche fesseln und ergreifen, so daß er die Masse seiner Zuhörer nach Gefallen lenkt, sie bald entflammend, bald besänftigend und rührend. Er hat sich dadurch bei den Heiligen den Beinamen des „Löwen des Herrn" erworben *).

Zum Patriarchen wurde ein Onkel von Joe Smith wieder gewählt. Eine seiner ersten Prophezeihungen, daß das ganze Mormonenvolk in die Wüste ziehen und dort, fern von aller Civilisation, zu einem großen Volke werden würde, scheint ihrer Erfüllung entgegenzugehen **).

Die drei unglücklichen Prätendenten, sowie ein anderer Opponent, Lyman Wight, einer der Apostel, wurden sämmtlich als falsche Propheten aus der Kirche ausgeschlossen und verließen

---

*) Diese kurze Charakteristik giebt Gunnison (The Mormons p. 129.), der Young persönlich genau kannte. Gouverneur Ford, der ihn jedenfalls nur wenig gekannt hat, bezeichnet ihn sicher ganz falsch, wenn er ihn einen „schlauen aber gemeinen (vulgar) Menschen" nennt (History of Illinois p. 358.). Capitain Stansbury, der Young gleichfalls genau kennen lernte, sagt von ihm in seinem Werke: Exploration and Survey of the Valley of the Great Salt Lake of Utah, Philad. 1852, p. 134: „Der Präsident Young erschien mir als ein Mann von klarem, gesunden Verstande, der die Verantwortlichkeit der Stellung, die er einnimmt, lebhaft fühlt; der dem guten Namen und den Interessen des Volks, dem er vorsteht, aufrichtig ergeben ist und den leisesten Versuch dieselben zu unterschätzen oder falsch darzustellen empfindlich eifersüchtig ist; der endlich unermüdlich ist, um neue Mittel und Wege aufzufinden; sein Volk moralisch, intellectuell und physisch zu heben. Er besitzt offenbar das unbeschränkte persönliche und amtliche Vertrauen seines Volkes" u. s. w.

**) Zur Zeit dieser Wahlen waren die Apostel außer B. Young folgende, welche sämmtlich einen kirchlichen Beinamen hatten: Heber C. Kimball, der „Herold der Gnade", Parley P. Pratt, der „Schütze des Paradieses", Orson Hyde, der „Oelzweig Israels", Willard Richards, der „Rollenbewahrer", John Taylor, der „Kämpe des Rechts", William Smith, der „Patriarchenstab Jakobs", Wilfred Woodruff, das „Banner des Evangeliums", George A. Smith, die „Stütze der Wahrheit", Orson Pratt, das „Maß (guage) der Philosophie", John E. Page, die „Sonnenuhr", und Lyman Wight, der „Widder des Gebirgs."

Nauvoo. Sidney Rigdon ging mit einer kleinen Zahl von Anhängern nach Pennsylvanien und es hat lange nichts darüber verlautet, was aus ihm geworden ist. James Strang und sein größerer Anhang gingen erst nach Wisconsin und später nach dem Beaver = Island, einer kleinen Insel im Michigan = See, wo sie ein Mormonen=Reich errichtet haben, in dem Strang als „König der Heiligen" regiert, aber häufig Kämpfe mit seinen heidnischen Nachbaren hat. Jetzt ist er Mitglied der Legislatur des Staates Michigan und hat als solcher einen vernünftigen, die Rechte der freien Farbigen erweiternden Antrag gestellt. Auch soll sich später S. Rigdon nach Beaver = Island begeben haben. — William Smith scheint verschollen zu sein. Lyman Wight ist das Haupt einer kleinen dissentirenden Mormonen=Gemeinde im Staate Texas. Alle diese Ausgestoßenen sind mit der Hauptkirche, die der Prophet Young repräsentirt, nie wieder in Verbindung getreten oder in Berührung gekommen, aber sie nennen sich ebensogut „Letzten= Tags = Heilige" oder Mormonen, wie die große Kirche.

Capitel XIX.

Die „Wolfsjagd" in Hancock=County. Zurücknahme der Mormonen = Privilegien. Der Proceß gegen die Mörder des Propheten. Der Proceß gegen die Zerstörer der anti=mormonischen Presse. Verwüstungen in Green=Plains. Rache der Mormonen. Vergleich.

Während nun die Mormonen nach alter Weise Missionaire aussandten und viele Mitglieder ihrer Kirche nach Nauvoo heranzogen, waren auch die Anti=Mormonen nicht müssig. Diese waren entschiedener wie je, die „Heiligen" gänzlich aus dem Staate zu vertreiben. Wegen der im Herbst 1844 bevorstehenden Präsidentenwahl, in welcher nachher Polk gewählt wurde, führten die Partheien in Illinois einen äußerst heftigen Kampf, der das ganze Volk in Aufregung brachte und sich bis auf die untersten Gemeinde=Wahlen hinab erstreckte. Dies vermehrte die leidenschaftliche Stimmung gegen die Mormonen, die wieder für die demo=

kratische Parthei stimmten, aber dennoch nicht die günstige Meinung des größten Theils dieser Parthei für sich gewinnen konnten. Alle Zeitungen in Illinois und mehrere in Missouri, sie mochten Whig-Blätter oder demokratische sein, machten tagtäglich die schärfsten Angriffe auf sie, denen sie nichts entgegenzusetzen hatten, als ihre eigenen Blätter in Nauvoo, die außer den Mormonen niemand las.

Um einen großen Schlag auszuführen, verabredeten die Führer der Anti-Mormonen eine angebliche „Wolfsjagd", wozu sie alle Miliz-Capitaine in Hancock und den benachbarten Counties, sowie auch in den nahe gelegenen Grenzdistricten von Jowa und Missouri durch gedruckte Karten einluden. Mündlich wurde den Eingeladenen die Mittheilung gemacht, daß die „Wölfe", die gejagt werden sollten, die Mormonen und Jack-Mormonen wären, so daß jedermann wußte, was die Jagd zu bedeuten habe. Vom Gouverneur konnten diese verbrecherischen Absichten nicht unbeachtet bleiben und er brachte mit Hülfe des Brigade-Generals Hardin *) von der Miliz und einigen Miliz-Obersten ein freiwilliges Corps von 500 Mann zusammen, mit welchem er am 25. Octbr. in Hancock-County einrückte, als die Aufrührer anfingen sich zu versammeln. Die Anstifter der Wolfsjagd gaben nun ihren Plan auf und flohen nach Missouri; darunter befand sich fast die ganze Mannschaft der „Carthage Grays." Da die Mormonen fortwährend auf Bestrafung der Mörder der Smith's drangen, so wollte der Gouverneur diese Gelegenheit, wo er einmal eine ergebene bewaffnete Macht hatte, benutzen, mehrere der That bringend verdächtige Individuen, die sich bei den Flüchtenden befanden, zu verhaften, und er projectirte schon eine Expedition in das Gebiet Missouri, welche leicht Verwickelungen mit diesem, den Mormonen noch immer sehr feindlich gesinnten Staate hätte geben können. Durch die Dazwischenkunft Anderer wurde indessen bewirkt, daß sich die beiden verdächtigten Angeschuldigten selbst stellten; sie wurden aber gegen das Versprechen, sich zum nächsten Gerichtstermin in Carthage einzufinden, und gegen Bürgschaft sofort wieder freigegeben.

---

*) Derselbe fiel im mexicanischen Kriege in der Schlacht bei Buena Vista, am 22. Febr. 1847.

Während dieser Zeit war die Gesetzgebung in Illinois versammelt, welcher der Gouverneur einen ausführlichen Bericht über die Mormonen-Unruhen vorlegte. Die Gesetzgebung glaubte das sicherste Mittel zur Beseitigung aller ferneren Streitigkeiten mit den "Heiligen" in der gänzlichen Aufhebung der sämmtlichen, den Mormonen ertheilten Freibriefe zu erkennen und beschloß dieselbe. Obgleich diese unverständigen Acte der Gesetzgebung den Conflict großentheils herbeigeführt hatten, so konnte doch die Zurücknahme derselben die gewaltsame Vertreibung der Secte jetzt nicht mehr verhindern. Sie mußte die Mormonen aber in ihrer Absicht, das Land zu verlassen, bestärken.

Im Sommer 1845 war endlich der Proceß gegen die Mörder des Propheten zur Verhandlung reif. Dieselbe fand vor einem, wie es scheint, unpartheiischen Richter Namens Young statt und begann damit, daß die von einem Mormonen-Gerichte und einem mormonisch gesinnten Sheriff aufgestellte Liste der Geschworenen, als für die Mormonen partheiisch umgestoßen und Wähler ernannt wurden, um neue Geschworene auszuwählen. Zu solchen Wählern waren vom Richter ein Mormone und ein Anti-Mormone ernannt, aber das sicherte doch keine unpartheiische Jury, denn über tausend bewaffnete Männer umgaben den Gerichtshof und hielten alle Mormonen und deren Freunde gewaltsam ab, sich der Gerichtsstätte zu nähern. Da nun in Fällen wie dieser die neuen Geschworenen aus den Umstehenden zu erwählen sind, so kamen nur Mormonen-Feinde auf die Geschworenen-Bank. Auch wurde der Richter während der ganzen Verhandlung hart bedrängt, so daß er selbst sein Leben für gefährdet hielt. Doch auch abgesehen von diesem Zwange, konnte wohl kaum ein anderes als ein freisprechendes Urtheil erfolgen. Die Mormonen stellten einen Hauptzeugen auf, der bei den Truppen gewesen war, die von Warsaw nach Nauvoo beordert waren, nach der Auflösung der Miliz alle die Berathschlagungen der Bande mit angehört hatte, die nachher das Gefängniß stürmte, vor ihr in Carthage angelangt war und dort die Ermordung der Smith's mit angesehen hatte. Dieser Mensch war aber vor der Verhandlung des Processes Mormone geworden und war von einigen einflußreichen Mormonen, die um den Ruhm ihres Propheten weit eifriger besorgt waren, als um den Ausgang des Processes, bewogen worden, in einer kleinen Flugschrift einen Bericht über den Mord bekannt zu machen. In diesem Berichte erzählte er fabelhafte Dinge, z. B. daß er gesehen habe, wie sich ein Glorienschein auf das Haupt von Joe Smith herabgesenkt und einige der Meuterer geblendet habe; wie er übernatürliche Stimmen in der Luft gehört habe, die des Propheten göttliche Sendung bekräftigt hätten, und dergleichen alberne Dinge mehr. Die Vertheidiger der Angeschuldigten benutzten nun diesen Umstand, ließen den Zeugen die Wahrheit des ganzen Inhalts seiner Schrift beschwören und nahmen ihm dadurch alle Glaubwürdigkeit. Andere Zeugen, die die Thatsachen wahrscheinlich auch sehr wohl kannten, läugneten unter dem demoralisirenden Einfluß der herrschenden Parthei vollständig ab, daß sie irgend etwas von der Sache wüßten. So blieb nichts übrig, als die fünf Angeklagten sämmtlich freizusprechen.

Sonderbarer Weise war aber auch die Gerechtigkeitspflege gegen die Mormonen eben so wirkungslos. Beim nächsten Gerichtstermin kam der Proceß gegen mehrere Führer der Mormonen wegen der Zerstörung der „heidnischen Presse" des Expositor zur Verhandlung. Hier wurden die Geschworenen, welche das mormonische Gericht in Nauvoo und der Sheriff auf die Liste gebracht hatten, beibehalten und nun die Angeklagten, die doch notorisch an einem Riot Theil genommen und das fremde Eigenthum eigenmächtig zerstört hatten, für „nicht schuldig" erkannt.

Die Anti=Mormonen konnten eine anti=mormonische, die Mormonen eine mormonische Jury durchsetzen, wenn einer der ihrigen angeklagt war, und stets wurden die Verbrecher freigesprochen. So kam es von nun an dahin, daß kein namhafter Mann irgend einer der beiden Partheien ohne Hülfe einer Armee mehr verhaftet werden konnte, weil kein Angeschuldigter sich Leuten von der andern Parthei ergeben konnte, ohne Gefahr zu laufen, ermordet zu werden. Und wenn einer mit Waffengewalt verhaftet war, so wurde er von den Gerichten freigesprochen. Den Proceß aber ohne Einwilligung des Angeklagten in ein anderes County zu verlegen, gestattete die Constitution des Staates Illinois nicht, eine Bestimmung, welcher der Gouverneur hauptsächlich die Auflösung der Justiz zu dieser Zeit in diesem und in mehreren anderen Counties zuschreibt. Die Regierung hatte in dem unglücklichen Hancock=County ganz aufgehört, das ganze Gemeinwesen war einer schrecklichen Anarchie anheimgefallen.

Die Mormonen erkannten es jetzt auch öffentlich an, daß ihre Stellung unhaltbar geworden sei. Sie sprachen dies, ungefähr ein Jahr nachdem die Apostel die höchste Gewalt an sich genommen hatten, (im August 1845) in einem Rundschreiben aus, durch welches allen Missionairen und allen auswärtigen Kirchen-Mitgliedern befohlen wurde, nach Nauvoo zurückzukehren. Es wurde in dieser Urkunde verkündigt, daß "die Welt" durch den Mord an dem Propheten und dem Patriarchen das Evangelium zurückgestoßen und daß sie deshalb sich selbst überlassen in ihren Sünden untergehen möge. — Demungeachtet trauten die Anti-Mormonen noch immer nicht, daß es ihnen mit dem Verlassen von Nauvoo und Illinois Ernst sei, vorzüglich deshalb nicht, weil sie noch immer eifrig an dem Bau des Tempels beschäftigt waren, der sich jetzt der Vollendung näherte.

Die Anti-Mormonen suchten und fanden nun bald einen andern Anlaß, die Offensive zu ergreifen. In einem Civilproceß über ein Stück Land in der Nähe von Lima, einer kleinen Ansiedelung in Adams-County, welche an einer größtentheils mormonischen Ansiedelung Green Plains in Hancock-County grenzte, hatte es sich durch Zeugenaussagen von Mormonen herausgestellt, daß in ihrer Kirche eine Einrichtung bestände, die sie "Einheit" (Oneness) nannten. Hiernach waren je 5 Personen oder Hausväter zu einer Association vereinigt, deren Vermögen in juristischer Beziehung unter der Verwaltung Eines von ihnen stand, so daß, sagen die Mormonen-Feinde, diejenigen unter den Mormonen, welche wegen Schulden Execution haben sollten, stets scheinbar beweisen konnten, daß ihr wirkliches Vermögen nicht ihnen, sondern dem Verwalter der "Einheit" gehöre. Was hiervon wahr ist, und wie sich die Sache genau verhalte, haben wir nicht ausmitteln können, aber man glaubte, daß die Mormonen vermittelst dieses Instituts großartige Betrügereien ausführten, und dies soll die anti-mormonischen Einwohner von Lima und Green Plains zu dem Entschlusse gebracht haben, die Mormonen in ihren Bezirken ohne Aufschub zu vertreiben. Sie setzten deshalb eine große Versammlung an und ließen, während sie versammelt waren, durch einige ihrer eigenen Leute einige Schüsse in das Versammlungshaus hineinfeuern, doch natürlich so, daß niemand dadurch verletzt wurde. Nun lief die Versammlung sogleich auseinander und sprengten in der ganzen Umgegend aus, daß sie von den Mormonen überfallen und fast massacrirt wären *). Auf diese Nachricht hin versammelte sich sogleich ein großer Volkshaufen, welcher Leute herumschickte, die in jedem Mormonen-Hause der beiden Gemeinden ansagen mußten, daß man sie mit Feuer und Schwert heraustreiben würde, wenn sie nicht freiwillig abzögen. Die wenig begüterten Mormonen, welche hier wohnten und nichts als ihre ärmlichen Hütten mit etwas Land besaßen, weigerten sich, ihren Besitz zu verlassen. Darauf führte der Volkshaufe seine Drohung aus, brannte ihre Häuser ab und zwang die Bewohner in die Stadt Nauvoo zu fliehen. Nicht weniger als 175 Häuser und Hütten, nach einigen Berichten eine noch größere Zahl, wurden so durch Feuer zerstört. Diese Flüchtlinge mit Weibern und Kindern, Greisen und vielen Kranken (denn es war gerade eine sehr kränkliche Zeit) brachten natürlich unter den Einwohnern von Nauvoo eine unbeschreibliche Wuth hervor. Als das Sengen und Brennen begonnen, erklärten sich manche Anti-Mormonen gegen diese Barbarei und hofften, daß ein anti-mormonisches Corps Freiwilliger den Aufruhr werde unterdrücken können; auch fand sich bald der erst kürzlich erwählte Sheriff des County, Jacob B. Backinstos von Carthage in der Nähe der Aufruhrscenen ein und forderte dazu auf, ihm zur Wiederherstellung der Ruhe beizustehen. Da er aber für einen der politischen Führer der Mormonen galt, wollte ihm niemand folgen. Inzwischen hatte der Gouverneur von diesen Vorgängen Kenntniß erhalten und den General Hardin beauftragt, Milizen auszuheben und die Ruhe wieder herzustellen. Ehe dieser aber in Thätigkeit kam, hatte Backinstos sich nach Nauvoo begeben und dort sofort ein Posse von mehreren hundert bewaffneten Mormonen erhalten. Mit diesem Gefolge durchstreifte er das ganze County, besetzte Carthage und ließ dort eine fortwährende Wache. Die Anti-Mormonen flohen allenthalben vor dem Sheriff aus ihren Wohnungen, die meisten gingen in benachbarte Counties, einige sogar nach Jowa und Missouri. Dem Sheriff gelang es nicht, irgend einen der Aufrührer zur Haft zu bringen, nur ein einziger Anti-Mormon wurde erschossen. Doch wurden später, nachdem die eigentliche Streifjagd vorüber war, noch einige Personen von beiden Seiten ermordet, worunter auch der Unteroffi-

---

*) Ford, History of Illinois, p. 406.

cier, welcher die Wache bei dem Gefängnisse gehabt hatte, als der Prophet ermordet wurde. Mehrere Mormonen sowohl als Anti=Mormonen wurden wegen dieser Mordthaten vor Gericht gestellt, aber obwohl bei einigen die Schuld klar genug erwiesen war, wurden alle freigesprochen.

Während nun der Sheriff Backinstos die Gewalt im County hatte und alle Anti=Mormonen geflohen waren, thaten sich die verjagten Mormonen von Green Plains in Nauvoo zusammen, zogen manche Andere hinzu und machten einen Rache=Zug durchs County. Die meisten Häuser der Anti=Mormonen wurden geplündert und der Raub nach Nauvoo in Sicherheit gebracht. Der Sheriff hatte Anfangs nur seine Pflicht gethan, als er sich der verfolgten Mormonen annahm. Aber von den Mormonen erwählt und von den Anti=Mormonen mit Mißtrauen und Abneigung behandelt, hatte er aus Partheihaß gegen die letzteren seine amtlichen Befugnisse weit überschritten. In Carthage trieb er die ganze Einwohnerschaft in das Courthaus und ließ sie hier stundenlang bewacht halten, während er selbst eine Art von Untersuchung über die Einzelnen anstellte. Die vornehmsten Anti=Mormonen in Carthage hielt er speciell bewacht.

Endlich hatte sich auf General Hardin's Aufruf eine Anzahl Milizen eingefunden, die sich auf 400 bis 500 Mann belaufen mochte. Mit diesen rückte er in Carthage ein, vertrieb die Mormonen=Wache und besetzte das Courthaus. Nun wurden Streif-Corps und Patrouillen durchs Land geschickt, die plündernden Mormonen=Rotten überall vertrieben und die geflüchteten Anti=Mormonen zurückberufen. Es trat für das ganze County eine Art von Belagerungszustand ein, jedes Zusammenstehen oder Zusammengehen von mehr als vier Personen wurde beiden Partheien verboten. Backinstoß hatte seine Mannschaft auf des Generals Aufforderung auseinandergehen lassen und das ganze County mit Ausnahme der Stadt Nauvoo war in den Händen der Regierungstruppen.

Die Ruhe war jetzt zwar augenblicklich wieder hergestellt, aber es kam nun darauf an, sie auch für die Zukunft zu sichern. Zu dem Ende trat in Carthage eine Convention von Delegaten der acht benachbarten Counties zusammen, um zu berathen, wie ein dauernder Friede wiederherzustellen sei. Das Volk in allen an Hancock grenzenden Counties fürchtete, daß alle Anti=Mormo=

nen dieses unglückliche County verlassen und so die Mormonen in den alleinigen Besitz kommen möchten, was für ein großes Unglück angesehen wurde. Die Delegaten vereinigten sich deshalb zu der Erklärung, daß die Mormonen den Staat verlassen müßten und verpflichteten sich und ihre Counties gegenseitig, diesen Beschluß nöthigenfalls mit Gewalt auszuführen. Die Lage der Dinge hatte sich so gestaltet, daß niemand mehr nach der Gesetzmäßigkeit einer Maßregel fragte, sondern nur ein unblutiges Ende des Conflicts gesucht wurde. General Hardin trat deshalb dieser Maßregel auch selbst bei und die Delegaten eröffneten nun mit den Mormonen Vergleichsunterhandlungen. Young und die zwölf Apostel gingen in die Unterhandlungen ein, weil auch sie einsahen, daß sie sich nicht lange mehr im Lande würden halten können. Unter General Hardin's Vermittelung, der nach des Gouverneurs Instructionen handelte, kam nach längeren Verhandlungen ein Vergleich dahin zu Stande, daß die große Masse der Mormonen im Frühjahr 1846, "sobald das Gras wüchse und das Wasser liefe", Nauwoo und den Staat verlassen sollte, wobei verstanden zu sein scheint, daß eine kleinere Abtheilung in Nauwoo zurückbleiben dürfe, vorzüglich um das dann noch unverkaufte Eigenthum so gut wie möglich zu realisiren. Ferner sollte nach dem Vergleich keine Verhaftung wegen früherer Verbrechen mehr vorgenommen werden und es sollte die Regierung eine bewaffnete Macht im County halten, um den Frieden zu beschützen. Auf diese letzten Bedingungen bestanden die Mormonen und erhielten sie endlich zugestanden. General Hardin verminderte nun seine Truppen auf 100 Mann und ließ sie unter Major Warren's Commando zurück. Später wurde dieses kleine Corps auf 50 und im Mai 1846 sogar auf 10 Mann herabgesetzt. Der Hohe Rath der Mormonen kündigte den Entschluß nach dem Westen auszuwandern durch ein Circularschreiben vom 20. Januar 1846 allen seinen einheimischen und auswärtigen Gemeinden an*).

---

*) S. dasselbe im Anhang Nr. 5.

gebracht. Katarrhe und Rheumatismus konnten nicht ausbleiben und machten sie fast unfähig weiter zu reisen. Die Kühnsten und Stärksten wurden dadurch gelähmt. Auch ging bald der Proviant aus und in diesen Prairien war wenig oder gar kein Wild zu schießen. Endlich verlor auch das Zugvieh die Kraft, denn das dürre Prairie-Gras gab wenig Nahrung, und es konnte nur dadurch vor dem Verhungern gerettet werden, daß man es von den sparsamen Pappeln und Weiden längs den Wasserläufen die Rinde und die jungen Zweige abfressen ließ.

Um sich vor dem Untergange zu retten, schien das Sicherste nach Nauvoo zurückzukehren, aber dies würde ihren dortigen Feinden wieder neues Mißtrauen gegeben und den zurückgebliebenen Freunden neue Gefahren bereitet haben. Sie beschlossen deshalb, so gut oder schlecht es gehen wollte, sich langsam vorwärts zu arbeiten, oft durch tiefen Schnee, so daß sie den Tag über nur einige wenige Meilen machen konnten.

Endlich kam der Frühling. Er traf sie im Sauk- oder For-Lande, etwa in der Mitte zwischen dem Mississippi und dem Missouri, noch immer auf nackter Prairie. Ihr Zustand wurde durch die Veränderung der Witterung Anfangs nicht verbessert, denn der aufthauende Schnee und der Regen verwandelte die Wege auf dem fruchtbaren Boden der Prairie in große Sümpfe von schwerem schwarzen Schlamm. Sie mußten oft die Pferde und Ochsen von vier oder fünf Wagen an Einen spannen, um ihn in dem Sumpfe fortzubewegen, und dann nach und nach die übrigen Wagen auf gleiche Weise nachholen. So kamen sie bisweilen in einem ganzen Tage keine Meile vom Fleck. Die Schwierigkeit, über die angeschwellten Wasserläufe zu kommen, vermehrte das Unglück. So mußten sie z. B. am Chariton-Fluß drei Wochen liegen bleiben, weil sie auf keine Weise hinüber kommen konnten. Dazu kam, daß sich bei dem weichen Wetter im März und April tödtlichere Krankheiten zeigten, als beim schärfsten Frost. Viele starben und wurden wo möglich in Särgen von Baumrinde am Wege begraben.

Trotz allem diesen Elende waren die Pioniere darauf bedacht, ihren nachfolgenden Brüdern vorzuarbeiten. Sie beackerten im Sauk- und For-Lande zwei große Flächen und besäeten sie mit Getreide, damit die Nachkommenden es im Herbste erndten könnten. Diese beiden Oerter, wobei sie eine oder zwei Familien zur

Aufsicht zurückließen, nannten sie Garden Grove, jetzt ein Dorf in Decatur=County von Jowa, und Mount Pisgah, gegenwärtig der größte Ort in Union=County. Die Felder, die an jedem der beiden Orte eine Fläche von zwei Quadratmeilen bedeckten, wurden eingehegt und einige Blockhäuser daneben gebaut.

Die fernere Reise hatte weniger Ungemach; ehe jedoch die Pionier=Compagnie den Missouri erreichte, ereilten sie Boten von Nauvoo mit sehr übertriebenen Nachrichten von den Bedrängnissen, welche die Zurückgebliebenen dort zu erdulden hätten, und mit der Aufforderung, schleunigst zurückzukehren. Da die Führer aber erkannten, daß, wollten sie umkehren, sie viel zu spät in Nauvoo eintreffen würden, um ihren Leidensbrüdern noch von großem Nutzen sein zu können, setzten sie ihre Reise ohne Aufenthalt fort und erreichten endlich Anfangs Juni den Missouri, wo sie anfingen sich provisorisch anzubauen *).

Während dem hatten die in Nauvoo zurückgebliebenen Mormonen, wenn auch alle Hoffnung aufgegeben war, den Platz zu behaupten, rüstig an ihrem Tempel fortgebaut. Der Tempel hatte schon eine große Summe gekostet, die durch die Zehnten und freiwillige Gaben herbeigeschafft war. Jeder hatte beigesteuert, die Frauen hatten ihm ihre Schmucksachen und ihr Nadelgeld geopfert. Der Tempel sollte ganz vollendet werden, jedes Ornament wurde ausgeführt, jede Verzierung, die nur temporair bei der Einweihung gebraucht werden sollte, wurde angefertigt. Endlich stand das Gebäude gegen Mitte Mai fertig da, in eigenthümlichem, aber ansprechendem Geschmack von weißem Kalkstein erbaut, 128 Fuß lang, 83 Fuß breit und 60 Fuß hoch, mit zwei Etagen. Der Thurm des Tempels war gegen 180 Fuß hoch, die Spitze mit einem Engel, der eine Posaune bläst, verziert, der sonderbarer Weise in liegender Stellung angebracht war. Als ein besonders ausgezeichnetes Kunstwerk wird das große eherne Taufbecken beschrieben, worin die Täuflinge ganz untergetaucht werden konnten. Es stand im unteren Tempelraum von zwölf vergoldeten Stieren getragen und soll angeblich nach dem Modell von der »ehernen See« im Salomonischen Tempel gearbeitet sein.

---

*) The Mormons, a discourse delivered before the Historical Society of Pennsylvania, March 26. 1850. By Thomas L. Kane. Philad. 1850. 92 Pp.

Am Einweihungstage stand der Tempel in seinem vollen Glanze da, geschmückt mit allen seinen Emblemen, wie Sonne, Mond und Sternen, verschiedenen anderen symbolischen Zeichen, Hieroglyphen und Sprüchen. Aber dieser Glanz währte auch nur den Einen Tag. Nachdem die Weihe mit großer Feierlichkeit vollzogen war, wurde jeder Schmuck und alle Ausstattung, die sich entfernen ließ, ohne dem Gebäude selbst Schaden zuzufügen, aus dem Tempel entfernt, woran die ganze Nacht gearbeitet wurde. Am anderen Morgen sah man im Inneren nur noch kahle Wände.

An demselben Tage noch brach der Hauptzug auf, um den Pionieren auf der großen Wanderung zu folgen. Die zwölf Apostel waren schon kurz vorher mit etwa 2000 Begleitern aufgebrochen, sollen aber zur Tempelweihe heimlich wieder in die Stadt gekommen sein. Daß sie persönlich so sehr eilten, hatte in Folgendem seinen Grund. Bei dem Vereinigten=Staaten=Kreisgericht für Illinois waren neun von den zwölf Aposteln wegen Falschmünzerei verklagt und die große Jury fand im December=Termin 1845 die Anklagebill gegründet. Nun requirirte der Vereinigte=Staaten=Marschall vom Gouverneur ein Miliz=Corps, um die Angeschuldigten verhaften zu können. Der Gouverneur hatte aber den Mormonen in dem oben erwähnten Vertrage für alle älteren Vergehen Amnestie versprochen; er sah ferner ein, daß durch diese Verhaftungen der Abzug der Mormonen verzögert werden würde, und er war endlich überzeugt, ja er hielt es für notorisch, daß keiner der Angeschuldigten des Verbrechens überführt werden könne. Er lehnte daher den Antrag des Marschalls ab und erklärte nur die Unterstützung der Miliz gewähren zu können, wenn er dazu vom Präsidenten der Vereinigten Staaten eine förmliche legale Aufforderung erhalte. Da man nun annahm, daß diese Aufforderung wirklich erfolgen werde, so verließen die Apostel so schleunig wie möglich Nauvoo und gingen nach dem Jowa=Ufer hinüber, wo sie auf lange Zeit sicher waren, denn bis die Requisition wieder an den Gouverneur von Jowa gelangte, vergingen Monate, und dann waren sie längst in so wilden und unbewohnten Gegenden, daß an einen Angriff von der überdies in Jowa noch unorganisirten Miliz gar nicht zu denken war.

Von jetzt an glaubten selbst die ungläubigsten Anti=Mormonen an den Abzug. Die Mormonen = Züge gingen unausgesetzt über den Mississippi, vor Ende Mai waren schon 16,000 fortgezogen, Ende Juni waren nur wenige, wohl kaum 2000 mehr zurück.

Die Reise dieser größten Abtheilung der Auswanderung, wohl eingeleitet und vorzüglich geführt, ging bis zum Missouri, wo sie ihre Pioniere trafen, im Ganzen glücklich von Statten. Die Züge, welche vorauf waren, sorgten möglichst für die nachfolgenden und machten ihnen die Reise bequemer. Doch traf der Vortrab dieses Hauptzuges nicht vor Juli bei Council Bluffs am Missouri ein, wo sie das Pionier=Corps bereits vorfanden.

Wir können jedoch jetzt die Wanderer nicht in ihre vorläufigen Standquartiere am Missouri begleiten, sondern müssen unsere Aufmerksamkeit erst wieder den in Nauvoo zurückgebliebenen Mormonen zuwenden, denen noch eine harte Prüfung in ihrer alten Heimath bevorstand.

Capitel XXI.

Gewaltsame Vertreibung der in Nauvoo zurückgebliebenen Mormonen und der neuen Bürger Nauvoo's.

Obgleich nach dem Juni 1846 nur wenige Mormonen in Nauvoo zurückgeblieben waren, so drangen doch die eifrigsten Mormonen=Feinde darauf, daß auch sie unverzüglich das Land räumen sollten. Sie fanden mit dieser Ansicht besonders bei denjenigen Anklang, welche fürchteten, daß die Mormonen in den bevorstehenden Wahlen im August noch mit stimmen würden, was bei dem ziemlich gleichen Stande der politischen Partheien leicht den Ausschlag geben konnte. Man suchte daher neuen Streit und fand einen Anlaß dazu in einem unbedeutenden Vorfall. Ein Trupp von 8 oder 10 Mormonen ging von Nauvoo auf ein Feld in der Nähe von Pontoosak um Weizen einzuernten. Unterwegs sangen und schrien sie, oder "benahmen sich höchst anmaßend", wie die Anti=Mormonen sagten. Die anti=mormonischen Bewohner von Pontoosak fielen deshalb über sie her und schickten sie stark mißhandelt nach der Stadt zurück. Die Mormonen veranlaßten nun die Verhaftung der Angreifer in Pontoosak, welche

einige Tage gefangen gehalten, dann aber gegen Bürgschaft frei=
gelassen wurden. Sobald sie wieder auf freiem Fuß waren, nah=
men sie bei einem anti=mormonischen Richter Verhaftungsbefehle
gegen den Constabel und sein Gefolge, welche sie verhaftet hat=
ten, heraus, indem sie beschworen, daß sie fälschlich verhaftet
seien. Der mit der Ausführung beauftragte Constabel verschaffte
sich ein großes Gefolge von Anti=Mormonen und bedrohte damit
die Stadt, wenn sie die Angeschuldigten nicht herausgäbe. Einige
ruhigere Anti=Mormonen traten jedoch in ein Committe zusammen
und knüpften Verhandlungen mit den Führern der Mormonen an,
welche eine gütliche Beilegung des Streits bewirkten unter der
von den Mormonen angenommenen Bedingung, daß keiner von
ihnen bei den nahe bevorstehenden Wahlen eine Stimme abgeben
sollte.

Die Augustwahl kam und alle Mormonen gaben ihre Stim=
men ab, und zwar für die demokratischen Candidaten. Sie ent=
schuldigten sich damit, daß sie geglaubt hätten, aus Dankbarkeit
stimmen zu müssen, weil der (demokratische) Präsident der Verei=
nigten Staaten den Mormonen erlaubt habe, sich am Missouri
auf dem Indianerlande anzusiedeln. Diese verabredungswidrige
Abstimmung erbitterte die Whigs außerordentlich. Unter allerlei
Vorwänden erlangten sie wieder Verhaftsbefehle gegen mehrere
Mormonen und zogen ein großes bewaffnetes Gefolge zusammen,
um diese Verhaftungen durchzusetzen, denn die zu verhaftenden
Personen wollten der Aufforderung des Constabels nicht Folge
leisten, weil sie in offenbarer Gefahr waren, vom Pöbel ermordet
zu werden. Aber auch die Mormonen nahmen Verhaftsbefehle
gegen einige bekannte Anti=Mormonen heraus und riefen nun
ebenfalls ein bewaffnetes Gefolge zusammen. Hier stand Befehl
gegen Befehl, Constabel gegen Constabel, und ein bewaffnetes
Posse, d. h. eine bewaffnete Kriegsschaar unter legalem Schein,
gegen das andere.

Inzwischen waren nach dem Verkauf so vieler von Mormo=
nen bewohnt gewesener Häuser viele neue Bürger, die nicht Mor=
monen waren, nach Nauvoo gezogen. Diese wandten sich an den
Gouverneur mit der Bitte, daß ein Miliz=Officier mit 10 Mann
nach Nauvoo gesandt werden möge, weil sie noch glaubten, der
drohende Sturm sei leicht zu beschwichtigen. Der Gouverneur
ging auf dieses Ansuchen ein und schickte einen Major Parker

zu diesem Zweck ab. Aber das Anti=Mormonen=Heer, welches auf 800 Mann angewachsen war, respectirte ihn nicht. Die Mormonen suchten nun auch ihr Corps zu verstärken und bedrohten alle neuen Bürger, die sich ihnen nicht angeschlossen hatten. Der Gouverneur sandte nun einen neuen Vermittler, einen Herrn Brayman, dem es auch gelang, zwischen dem commandirenden Anti=Mormonen=General Singleton und dem Obersten Chittenden einerseits und einigen Mormonen=Führern und Major Parker andererseits dahin einen Vergleich zu vermitteln, daß die Mormonen ihre Waffen abgeben und den Staat binnen zwei Monaten verlassen sollten; hätten sie letzteres gethan, so sollten ihnen ihre Waffen zurückgegeben werden. Als aber Singleton und Chittenden, die über ihre Mannschaft nicht mehr Auctorität hatten, als diese ihnen einräumen wollte, dem Anti=Mormonen=Heer diesen Vertrag zur Ratification vorlegten, verwarf es denselben mit einer kleinen Majorität, die darauf bestand, die Secte solle sogleich und völlig vertrieben werden. Singleton und Chittenden hierüber empört, gaben sogleich ihr Commando ab und zogen sich zurück. Dasselbe that der Advocat Williams von Quincy, welcher diese ganze Volksbewegung vorzüglich angezettelt hatte. Die Menge wählte nun einen neuen Oberanführer in der Person von Thomas L. Brockman, einem Grobschmidt und zugleich Campbelliten=Prediger. Er war ein großer, ungeschlachter, ungebildeter und unwissender Mensch, der nach Aemtern und Popularität trachtete, aber entschlossen und im Stande war, eine so zusammengewürfelte Pöbelmasse, wie seine Truppe ihn bildete, einigermaßen in Unterwürfigkeit zu erhalten. Er haßte die Mormonen wegen ihres abweichenden Glaubens und, wie er sagte, wegen ihrer Unsittlichkeit, und war entschlossen, keinen Einzigen von der Secte im Staate zu dulden. Die Anti=Mormonen rückten nun vor und verschanzten sich anderthalb Meilen von Nauvoo. Dabei kam es mit den Mormonen schon zu "kleinen Scharmützeln", wie berichtet wird. Der Commissair Brayman forderte den Gouverneur zu Truppensendungen auf, dieser konnte aber keinen Führer bekommen, weil in der Nähe des Kriegsschauplatzes alle anti= mormonisch gesinnt waren und daher niemand den kitzlichen Auftrag übernehmen wollte; Truppen aus den entfernteren Counties herbeizuziehen, würde aber zuviel Zeit erfordert haben. Endlich erhielt Major Flood in Quincy den Auftrag, ein Corps Miliz aufzubieten und die Ruhe wieder herzustellen, mit der Vollmacht, einen anderen Officier für sich einzustellen, wenn er selbst den Auftrag nicht ausführen wollte. Flood begab sich nun allein nach Nauvoo und suchte dort vergeblich Frieden zu ermitteln. Als ihm dies nicht gelang, übertrug er seinen Auftrag vom Gouverneur (sicher ganz gegen dessen Absicht) auf die Mormonen und deren Verbündeten, die nun Major Clifford zu ihrem Anführer erwählten, unter dem Schein, als verträte er die Regierungsgewalt. Die Verwirrung und die Anarchie wurde mit jedem Tage größer!

Die beiden sich feindlich gegenüberstehenden kleinen Heere waren nun in folgender Verfassung. Brockman, der von der eigenmächtig zusammengetretenen Volksarmee gewählte Führer, hatte 800 mit Staatswaffen, die ihnen Miliz-Compagnien der angrenzenden Counties geliehen hatten, bewaffnete Leute; auch hatten sie auf ähnliche Weise fünf Stück 6pfündige Kanonen bekommen. Die Mormonen, unter Anführung des von ihnen selbst, aber im Namen und indirecten Auftrage des Gouverneurs bestellten Commandeurs Clifford, hatten mit ihren Verbündeten, den neuen Bürgern von Nauvoo*), Anfangs 250 Mann, die jedoch schon vor den letzten Gefechten durch Desertionen und Ausstoßung fast auf 150 Mann herabgebracht wurden. Sie waren theils mit Büchsen, theils mit Musketen bewaffnet und führten vier oder fünf Kanonen mit sich, die sie eilig selbst aus Schaften, die für Dampfboote bestimmt waren, roh angefertigt hatten. Die Mormonen-Truppen stellten sich in den Vorstädten eine Meile östlich vom Tempel auf, wo sie eine Brustwehr zum Schutz ihrer Artillerie aufwarfen. Dieses leichte Werk konnte von beiden Seiten bequem umgangen werden; General Brockman stellte aber seine ganze Macht grade in Front der Batterie auf, aber freilich über eine halbe Meile entfernt. Nun feuerten beide Batterien auf einander und einige wenige Leute von beiden Seiten wagten sich etwas näher gegen einander heran und schossen mit Büchsen und Flinten, aber auch diese kamen sich nicht nahe genug, um sich merklichen Schaden zu thun. Dieses ziemlich harmlose Feuer dauerte

---

*) Die nicht-mormonischen neuen Bürger hatten sich größtentheils freiwillig den Mormonen angeschlossen, theils weil diese ihnen freundlich entgegengekommen waren, theils weil der vor der Stadt versammelte Pöbel drohte, die ganze Stadt zu plündern und zu zerstören.

fort, bis die Anti-Mormonen ihre Munition verschossen hatten; dann retirirten sie in einiger Unordnung nach ihrem befestigten Lager. Die Mormonen machten den großen Fehler, sie nicht zu verfolgen. Brockman hielt sich nun einige Tage ruhig, bis er sich wieder von Quincy aus mit Munition versehen hatte. Darauf rückte er wieder vor, aber nicht näher als das erste Mal, und dies Kanoniren und Kleingewehr-Feuer, welches sie eine Schlacht nannten, wiederholte sich drei oder vier Tage nach einander. Die Mormonen verloren dabei 2 Mann und 1 Knaben an Todten und 3 oder 4 Verwundete; die Anti's gaben nur zu, daß sie Einen tödtlich und 9 oder 10 weniger schwer Verwundete gehabt hätten; beide Theile rühmten sich aber, 30 bis 40 Feinde getödtet zu haben. Es wurden während dieser Tage 8 bis 900 Kanonenkugeln und eine Unzahl von Flintenkugeln verschossen; aber bei der sichern Distanz, die man hielt, ist es zu verwundern, daß überall jemand verwundet wurde *). Das war die Hauptschlacht im sog. Mormonen-Kriege! wie mögen nun erst die Gefechte und Scharmützel gewesen sein, von welchen die amerikanischen Geschichtschreiber berichten? — Indessen waren die nächsten Folgen dieses Krieges für die armen Mormonen ernsthaft genug.

Als die Entscheidung sich so sehr in die Länge zog, trat in Quincy eine Volksversammlung zusammen, die ein anti-mormonisches Committe von hundert Bürgern wählte, welches eine friedliche Ausgleichung in Nauvoo versuchen sollte, denn es schien noch ein ernsthafter Kampf bevorzustehen, da es den Mormonen nie an Munition gebrach, und es hieß, daß sie in der Nähe des Tempels Minen gelegt hätten und entschlossen wären, sich bis auf den letzten Mann zu wehren. Von den 100 Erwählten reisten 70 nach Nauvoo ab, sie fanden aber beide Partheien so erbittert, daß sie Anfangs wenig Aussichten auf einen günstigen Erfolg hatten. Nach mehrtägigen Verhandlungen kam es doch endlich am 16. Septbr. 1846 zu folgendem Vertrage: 1. Die Stadt

---

*) Diese Kampfscenen werden häufig als sehr blutig dargestellt; glaube man aber nicht, daß obige Schilderung in entgegengesetzter Richtung übertrieben ist. Es ist dies genau der Hergang, wie Gouverneur Ford, dem amtliche wie Privat-Berichte zu Gebote standen, ihn hat ausmitteln können. Ford History of Illinois. p. 420 f.

Nauvoo wird den Brockman'schen Truppen (welche sich noch immer das Posse des Constabels nannten) übergeben. 2. Die Mormonen verlassen sogleich die Stadt und den Staat. 3. Die Kirchen-Vorsteher (trustees) und fünf von ihren Schreibern dürfen in Nauvoo zurückbleiben, um als Vertrauensmänner die Geschäfte der übrigen Mormonen in Ordnung zu bringen. 4. Die Anti-Mormonen verpflichten sich, die Personen und das Eigenthum der Mormonen zu respectiren, sowie eine bewaffnete Abtheilung in der Stadt zurückzulassen, um für die Ausführung dieser Bestimmungen zu sorgen. — Ueber die Nicht-Mormonen in der Stadt und namentlich über diejenigen von ihnen, welche an der Vertheidigung Theil genommen, war vergessen irgend etwas festzusetzen.

Nun besetzte Brockman mit seinen Schaaren, die jetzt aus 800 Bewaffneten und 6 bis 700 Unbewaffneten bestanden, die Stadt, drang aber mit großer Behutsamkeit vor, weil man sich einbildete, daß überall Minen gelegt seien. Als er endlich die ganze Stadt in seiner Gewalt hatte, setzte er ein Gericht nieder, welches darüber entscheiden sollte, wer in der Stadt bleiben dürfe und wer vertrieben werden solle. Patrouillen durchzogen die Stadt, um sich die Waffen ausliefern zu lassen und die Mormonen vor das improvisirte Gericht zu stellen, dem Brockman selbst präsidirte. Der großen Masse der Mormoren wurde nun anbefohlen, in einer oder zwei Stunden die Stadt zu verlassen; eine seltene Gunst war es, wenn es Einzelnen erlaubt wurde, bis zum nächsten Tage, einigen wenigen sogar noch etwas länger zu bleiben. Die Mannschaft begnügte sich aber nicht damit, daß blos die Mormonen verbannt würden, sie trieb eigenmächtig auch alle neuen Bürger aus. Einige wurden im Fluß untergetaucht und scherzweise im Namen der Führer des Mob getauft, Andere wurden mit dem Bayonett in die Fährböte getrieben; ihre Häuser wurden erbrochen und geplündert. Diese neuen Bürger waren größtentheils aus den östlichen Staaten eingewandert und an solche Scenen der Anarchie nicht gewöhnt. Sie hatten die Mormonen als fleißige Bürger kennen gelernt, die sich schon in ihr Schicksal ergeben hatten und zum Abzuge rüsteten, als der anti-mormonische Pöbel über sie herfiel. Die Behandlung, die sie selbst erduldeten, machte sie nun den Mormonen noch um so geneigter und manche mögen sich ganz mit ihnen vereinigt haben.

Nachdem so die ganze Bevölkerung der Stadt bis auf wenige Bewohner vertrieben war, ließ Brockman, dem es glücklich gelungen war, zu verhindern, daß seine wüthenden und großentheils betrunkenen Banden die Stadt in Brand steckten, den größten Theil seiner Truppen auseinandergehen und behielt nur 100 Mann bei, die in Uebereinstimmung mit der Convention den Polizeidienst in Nauvoo versehen sollten. Dazu wurde genommen, wer sich freiwillig zum ferneren Dienst meldete. Dies war meistens der Abschaum der sauberen Bande, heimathslose Vagabunden, die sich hier ganz in ihrem Elemente fühlten. Ihre Zahl wurde freilich bald auf 30 Mann herabgesetzt, aber sie übten noch manche Bedrückung gegen die wenigen Zurückgebliebenen oder gegen solche, die sich noch einmal in die Stadt zurückschlichen, um noch etwas von ihrem Eigenthum zu retten. Endlich wurden sie ganz verjagt, als der Gouverneur mit einem in Springfield und der Umgegend ausgehobenen regulären Milizcorps in Nauvoo einrückte. Nun urden auch 60 von den neuen Bürgern in ihr Eigenthum wieder eingesetzt. Die übrigen konnten oder wollten nicht wieder zurückkehren.

Capitel XXII.

Die Stadt Nauvoo nach dem Exodus.

Von der verlassenen Stadt Nauvoo hat der Oberst Kane*), der wenige Tage, nachdem die Mormonen sie verlassen, dort einen Tag verweilte, eine lebhafte Schilderung entworfen, die wir hier mit seinen eigenen Worten wiedergeben.

„Ich verließ (von St. Louis kommend) das Dampfboot in Keokuk, miethete einen Wagen und fuhr bis an den Anfang der unteren Stromschnellen des Mississippi (Montrose in Jowa). Als ich den letzten Hügel erstiegen, breitete sich auf der anderen Seite des Flusses eine herrliche Landschaft vor mir aus. Halb umschlossen von einer Biegung des Flusses lag glänzend in der Morgensonne eine schöne Stadt vor mir. Die hell beschienenen neuen

---

*) The Mormons, a discourse etc. Philadelphia 1850.

Häuser von kühlen grünen Gärten umgeben, waren rings um einen stattlichen, kuppelförmigen Hügel gereiht, auf dessen Spitze ein schönes marmornes Gebäude prangte, dessen Thurm von Gold und weißer Farbe strahlte. Die Stadt schien mehrere Meilen zu bedecken; im Hintergrunde sah man ein schönes Land, welches mit seinen sorgfältig angebauten Feldern ein hübsches Bild darbot. Die unverkennbarsten Zeichen des Fleißes, des Unternehmungsgeistes und eines von Bildung zeugenden Wohlstandes erhöhten die Reize der Landschaft.

„Es war natürlich, daß ich diese Scenerie näher in Augenschein zu nehmen wünschte. Ich verschaffte mir ein Boot, ruderte über den Fluß und legte an dem Haupt-Landungsplatze der Stadt an. Ich traf dort keine Seele. Ich schaute mich rings um, aber es war niemand zu sehen. Obgleich es so still war, daß ich die Fliegen summen und die leichten Wellen am Uferrande plätschern hörte, war kein Tritt, keine Bewegung eines Menschen zu hören. Ich ging durch die einsamen Straßen. Die Stadt lag wie im Traume, wie verzaubert da, und ich war fast ängstlich, sie aufzuwecken. Offenbar hatte sie noch nicht lange so im Schlafe erstarrt gelegen; auf den gepflasterten Straßen wuchs kein Gras, ja der Regen hatte noch nicht einmal die stäubigen Fußstapfen verwischt.

„Ungestört ging ich in den öden Straßen umher, ich trat in die leeren Werkstätten, in eine Reiferbahn, in eine Schmiede. Die Räder ruhten, der Schreiner hatte seine Hobelbank verlassen, die frischen Späne, die unvollendeten Rahmen und Kasten lagen umher. Frische Lohe lag in der Gärber-Kufe und das neu gespaltene leichte Holz stand neben dem Backofen des Bäckers; die Schmiede war kalt, aber der Amboß und der Steinkohlen-Haufen waren daneben, als hätte der Meister nur die Arbeit unterbrochen, um einen Festtag zu feiern. Niemand kam in allen diesen Werkstätten, um zu sehen, was ich wollte. Wenn ich, die Thür hinter mir zuschlagend, in einen Garten ging, mir eine Blume pflückte oder mit dem Eimer mit der rauschenden Kette mir einen Trunk Wasser aufzog, oder wenn ich mit meinem Stock die Dahlien oder Sonnenblumen abschlug und auf die Gurken- und Tomatos-Beete trat — rief mir niemand aus dem geöffneten Fenster zu, um mir zu wehren, sprang kein Hund hervor, mich anzubellen. Ich hätte glauben können, die Bewohner hielten sich im

Hause verborgen, aber die Thüren standen offen, und als ich endlich schüchtern hineintrat, lag die eben erloschene weiße Asche auf dem Heerde. Ich ging leise auf den Zehen, wie man im Chorgang einer Kirche geht, um den störenden Wiederhall an den nackten Wänden zu vermeiden.

"An der Grenze der Stadt war der Begräbnißplatz, aber ich fand dort keine Nachricht von einer pestartigen Krankheit, die die Stadt entvölkert hätte; auch war der Platz nicht wesentlich verschieden von anderen amerikanischen protestantischen Kirchhöfen. Einige Grabhügel waren erst kürzlich mit Rasen bedeckt, manche Grabsteine neu gesetzt mit ganz neuem Datum und die schwarze Farbe der Inschriften kaum getrocknet. Jenseits des Friedhofes, außen im Felde, sah ich einen Platz, wo die schwer mit Früchten beladenen Zweige der Bäume eines jungen Obstgartens mit rauher Hand herabgerissen und geknickt waren, und wo ein Feuer mit dem Holze des zerbrochenen Geländers angemacht war und dessen Asche noch glühend war. Das war das letzte Zeichen von Leben. Die Felder mit den gelben Aehren lagen uneingeerndtet da und das Korn fiel aus. So weit das Auge reichte, lagen auch sie schlafend da in der nebeligen Herbstluft.

"Nur zwei Theile der Stadt gaben einen Schlüssel für diese geheimnißvolle Oede und Einsamkeit. In der südlichen Vorstadt hatten die äußersten Häuser zersplittertes Holzwerk und eingestürzte Mauern, als wären sie kürzlich die Zielscheibe einer Kanonade gewesen. Und in und um den schönen Tempel, der vorzüglich meine Bewunderung auf sich zog, lagerten bewaffnete Männer, umgeben von aufgestellten Gewehren und ein paar Kanonen. Die Leute forderten mich auf, Auskunft über mich zu geben und zu sagen, wie ich es hätte wagen können, ohne schriftliche Erlaubniß vom Führer ihrer Bande über den Fluß zu kommen. Obgleich diese Leute mehr oder weniger dem Branntewein zugesprochen hatten, schien es ihnen doch daran gelegen zu sein, meine günstige Meinung zu gewinnen, als ich ihnen erklärt hatte, daß ich nur ein durchreisender Fremder sei. Sie erzählten mir die Geschichte der "todten Stadt": daß sie eine bedeutende Handels- und Manufactur-Stadt von über 20,000 Einwohnern gewesen; daß sie, die Soldaten, mehrere Jahre lang mit den Einwohnern Krieg geführt und sie endlich, vor wenigen Tagen, in einer Schlacht vor der zerstörten Vorstadt besiegt und mit den

Waffen in der Hand vertrieben hätten. Die Vertheidigung, sagten sie, wäre hartnäckig gewesen, hätte aber aufgehört nach einem dreitägigen Bombardement. Sie rühmten sich ihrer Tapferkeit sehr, besonders in dieser letzten Schlacht, wie sie es nannten; aber ich merkte, daß sie nicht alle gleicher Meinung über alle ihre Heldenthaten waren, von welchen eine, wie ich erinnere, darin bestand, daß sie einen Vater und seinen Sohn, einen 15jährigen Knaben, die noch nicht lange in der Stadt gewohnt hatten, und die, wie sie zugaben, einen tadellosen Charakter gehabt, erschlagen hätten.

"Sie führten mich auch in die mit Bildhauerarbeit bedeckten Mauern des sonderbaren Tempels, in welchem die vertriebenen Einwohner die mystischen Gebräuche ihres unheiligen Gottesdienstes gefeiert hätten. Sie zeigten mir besonders die Stellen, wo früher Verzierungen angebracht gewesen, die vormals die abergläubigen Blicke vorzüglich auf sich gezogen hätten, die sie aber jetzt sorgfältig ausgemerzt oder entstellt hatten, was sie sich sehr zum Verdienst anrechneten. Mehrere Altäre waren so behandelt und einige Räume, in deren einem ein tiefer Brunnen gewesen war, der, wie sie sagten, zu einem abscheulichen Zweck gebaut wäre. Ferner führten sie mich zu einer großen und tiefen ciselirten Marmor-Vase, die von zwölf Stieren in Lebensgröße und ebenfalls von Marmor, getragen wurde. Auch darüber erzählten sie fabelhafte Geschichten; sie sagten, daß die betrogenen Leute, von denen die meisten aus weiter Ferne eingewandert wären, geglaubt hätten, daß durch eine Taufe in diesem Becken ihr Gott nicht blos ihnen selbst, sondern auch denen, die sie lieb hätten und in den fremden Ländern zurückgeblieben wären, die Wiedergeburt gäbe, daß hier Eltern für ihre verstorbenen Kinder "ins Wasser gingen", Kinder für ihre Eltern, Wittwen für ihre verstorbenen Männer und junge Leute für ihre Geliebten*), und daß deshalb an dieses große Taufbecken viele theure Erinnerungen sich knüpften. Daher hatten sich denn auch die Sieger fleißig bemüht, das Kunstwerk und das Zimmer, worin es stand, möglichst zu entweihen.

---

*) Diese Erzählungen waren nicht so ganz unwahr, denn die Mormonen kennen wirklich eine Taufe durch Stellvertretung.

„Sie erlaubten mir auch den Thurm zu besteigen und zeigten mir, wo der Blitz am Sabbath vorher eingeschlagen hatte. Neben dieser Stelle standen allerlei Eßwaaren, Krüge mit Branntewein, halbzerbrochene Gläser, eine messingene Trommel und die Signalglocke eines Dampfboots, von deren Gebrauch ich später eine mich betrübende Erfahrung machte *).

„Es war nach Sonnenuntergang, als ich wieder über den Fluß zurückfuhr. Der Wind war frischer geworden und die Wellen schlugen heftig an mein kleines Boot. Ich war deshalb genöthigt, nach einem Punct des andern Ufers zu rudern, der höher stromaufwärts lag, als derjenige, von dem ich am Morgen abgefahren war. Ich landete an einer Stelle, wohin zu steuern der Schimmer eines schwachen Lichtes mich einlud."

Capitel XXIII.

Das Mormonen=Lager der zuletzt Vertriebenen am Mississippi. — Die Mormonen=Lager am Missouri. — Die Indianer. — Die Aushebung für die Vereinigten= Staaten=Armee.

Kane befand sich nun auf dem Iowa=Ufer des Mississippi und erzählt unmittelbar an das Vorhergehende anknüpfend weiter:

---

*) Wir wollen hier in der Kürze die fernere Geschichte dieses Mormonen= Tempels mittheilen. Am 19. Novbr. 1848 Morgens 3 Uhr brach im Thurm des Tempels Feuer aus, welches offenbar angelegt war. Der Thurm wurde ganz zerstört; der Hauptbau des Tempels selbst blieb äußerlich ziemlich unverletzt, brannte aber im Innern größtentheils aus. Als Cabet mit seiner Icarischen Colonie sich in Nauvoo niedergelassen hatte, kaufte er den Tempel und war grade damit beschäftigt, ihn neu auszubauen und das geräumige Local in einen Versammlungssaal, Speisezimmer und Schulzimmer einzurichten, als im Mai 1850 ein Tornadoo (Wirbelsturm) über die Stadt wegging und außer andern Gebäuden den Tempel fast ganz zerstörte. Drei der Außenmauern stürzten ein; nur die westliche Façade nebst einigen Verbindungsmauern und gewölbten Bogen sind stehen geblieben. Auch stehen noch zwischen der Nord= und Süd= Mauer die beiden Thürmchen, in welchen Treppen hinaufgingen. Die westliche Façade hat vom Fluß aus gesehen noch ein recht imponirendes Ansehen.

"Hier an meinem Landungsplatz traf ich auf eine Masse von mehreren hundert menschlichen Wesen, die zwischen dem Schilf und dem Gestrupp, ohne Obdach zwischen sich und dem Himmel, nur von der Finsterniß geschützt da lagen und durch meine Bewegungen aus ihrem wenig erquicklichen Schlaf aufgestört wurden.

"Ich ging an ihnen vorüber auf das Licht zu, welches mich angelockt hatte, und fand, daß es von einem Talglichte herrührte, welches durch eine Papierdüte vor dem Luftzug geschützt werden sollte. Es beschien flackernd die abgemagerten Züge eines Mannes, der in dem letzten Stadium eines bösartigen Fiebers lag. Man hatte so gut für ihn gesorgt, wie man konnte. Ueber seinem Kopfe war aus ein paar Tüchern eine Art Zelt gemacht, sein Lager war eine theilweise aufgetrennte alte Stroh-Matratze und unter dem Kopfe hatte er ein härenes Sopha-Kissen. Sein offener Mund und sein starres Auge verriethen, wie kurze Zeit er diesen Luxus noch zu genießen haben würde, obgleich ein aufgeregtes und halb verwirrtes Frauenzimmer, welches seine Frau sein mochte, noch einige Hoffnung darin zu finden schien, ihn ab und zu aus einem schwarzgebrannten zinnernen Kaffetopf einige Tropfen lauwarmes Flußwasser verschlucken zu lassen. Die, welche seinen Zustand besser beurtheilten, hatten ihm aber schon den Apotheker besorgt, den er brauchte: einen zahnlosen alten Kahlkopf, dessen Manier die abstoßende Gleichgültigkeit eines Mannes hatte, der an Sterbescenen gewöhnt ist. Er murmelte dem Kranken, so lange ich blieb, fortwährend ein eintöniges melancholisches Gebet ins Ohr, dessen kurze Pausen durch die Seufzer und das Weinen zweier kleiner Mädchen ausgefüllt wurden, die Außenvor auf einem Stück Treibholz saßen.

"Schrecklich waren in der That die Leiden dieser verlassenen Menschen; abwechselnd, wie die langen Tage und Nächte auf einander folgten, denn von glühenden Sonnenstrahlen, dann von empfindlicher Kälte belästigt, waren sie fast alle die Beute von Krankheiten. Sie waren da, weil sie keine Häuser, keine Kranken- und keine Armenhäuser und keine Freunde hatten, die ihnen Obdach anboten. Sie konnten die Bedürfnisse ihrer Kranken nicht befriedigen, sie hatten kein Brod um ihre hungerigen schreienden Kinder zu beschwichtigen. Mütter mit ihren Säuglingen, Töchter und Großeltern bivouakirten hier alle in Lumpen gekleidet; es fehlte ihnen sogar an Kleidern, um diejenigen zu bedecken, welchen der Fieberfrost durch Mark und Bein drang.

"Das waren die Mormonen in Lee=County in Jowa, in der vierten Woche des Septembers 1846; die verlassene Stadt war Nauvoo. Die Mormonen waren die Eigenthümer dieser Stadt und der lachenden Landschaft umher. Und diejenigen, welche ihren Pflug gehemmt, ihren Hammer, ihre Art, ihr Triebrad angehalten, die ihre Feuer ausgelöscht, ihr Brod gegessen, ihre Obstgärten beraubt, ihre tausend Aecker ungeernteter Frucht unter die Füße getreten — das waren die Eindringlinge in ihren Wohnungen, die Zecher in ihrem Tempel, deren lärmende Trunkenheit die Ohren der Sterbenden beleidigte.

"Ich meine, es war als ich von dieser traurigen Nachtwache kam, wovon ich soeben sprach, wo ich das Geschrei und den Lärm der Garde in der Stadt hörte. Aus dem Gesumme vieler Stimmen hörte ich ab und zu einen derben Fluch oder den Anfang eines falsch intonirten Gassenhauers heraus; dann aber stieg mit einem Male ihre rasende Orgie auf den Gipfel übermüthiger Ausgelassenheit, die Glocke auf dem Thurme des Tempels wurde angezogen, die Trommel gerührt und mit dem halb kindischen halb brutalen Muthwillen Betrunkener gejauchzt und geschrien."

Die ganze Zahl derer, die hier am Mississippi=Ufer lagen, war nicht größer als 640 Personen. Es waren die Aermsten, die meistens aus Noth, weil es ihnen an aller Ausrüstung fehlte, am längsten in Nauvoo zurückgeblieben waren. Selbst ihre Feinde konnten ihr Elend nicht ohne Mitleid mit ansehen; es wurden Sammlungen veranstaltet, um ihre Lage etwas zu erleichtern. Manche rüstige Männer unter ihnen suchten Arbeit in der Umgegend, um sich etwas zu verdienen, womit sie wenigstens ihre nothdürftigsten Reisebedürfnisse anschaffen könnten, denn die meisten begannen ihre große Reise erst im nächsten Frühjahr. Andere folgten schon im Herbst den großen vorangegangenen Zügen langsam nach.

Inzwischen hatte sich die Hauptmasse der Mormonen am Missouri in Lager vertheilt, die mehrentheils auf dem linken Ufer im Missouri=Botton bei Council Bluffs, zum kleineren Theil jedoch auch auf dem westlichen Ufer lagen. Ihre Hauptstation hatten sie an einem Orte, den sie nach ihrem Freunde, dem Obersten Kane, der sie auch hier am Missouri wieder besuchte, Kanesville nannten. Hier legten sie eine förmliche Stadt aus, die noch später von manchen Mormonen bewohnt blieb, kürzlich aber nach beliebter amerikanischer Sitte umgetauft ist und jetzt Council-Bluffs-City heißt. Es herrschte in allen diesen Lagern unter den Emigranten eine gute, ja selbst heitere Stimmung, die von ihren Führern möglichst befördert wurde. Kleine Streifcorps von jungen Männern wurden westlich über die weite Prärie bis in die Rocky-Mountains geschickt, um die Flüsse zu sondiren und auszumitteln, wo und wie am Besten vorzubringen, und zu sehen, ob sich irgendwo eine Landschaft zeige, die eine günstige Aussicht für eine bleibende Niederlassung darböte.

Während dem suchten die Apostel im Hauptlager freundschaftliche Verbindungen mit den Indianern anzuknüpfen, was ihnen auch vortrefflich gelang. Das Land zu beiden Seiten des Missouri war hier damals nur von zwei Stämmen bewohnt, den Pottawatomies und den Omahas, welche beide günstig für die Ankömmlinge gestimmt waren; die Pottawatomies, weil sie von der Vereinigten-Staaten-Regierung aus ihren östlicher gelegenen früheren Wohnsitzen verdrängt und hierher versetzt waren. Sie sahen die Mormonen für eine Völkerschaft an, die auf ähnliche Weise wie sie selbst von den Amerikanern verjagt wäre, um ihr ihr Land zu rauben. Sie fühlten deshalb entschiedene Sympathie für die Mormonen und gewährten ihnen aufrichtige Gastfreundschaft. Ihr Häuptling, ein Halbbürtiger Namens Pied Riche, auch wegen seiner Gelehrsamkeit, d. h. weil er mehrere Sprachen und namentlich weil er schreiben konnte, auch Le Clerc genannt, begrüßte die Chefs der Mormonen mit folgender in der Indianer-Sprache gehaltenen Rede, die er nachher auch ins Französische übersetzte:

"Meine mormonischen Brüder! Der Pattowatomie kam vor wenig Jahren traurig und müde in diesem ungesunden Missouri-Botton an, nachdem man ihm sein schönes Land auf der anderen Seite des Mississippi genommen hatte, ein Land, welches so reich war an Wild, an Wald und an klarem Wasser überall. Nun seid auch ihr aus euern Häusern und von euerm Lande vertrieben und von den Gräbern euerer Brüder. So haben wir beide Uebeles erduldet. Wir müssen uns unter einander beistehen und der Große Geist wird uns beiden helfen. Es steht euch jetzt frei, so viel Holz zu schlagen, wie ihr wollt. Ihr könnt Hütten bauen und wohnen auf jedem Fleck unseres jetzigen Landes, den wir nicht selbst besetzt haben. Weil jemand Unglück erduldet und verdient es nicht, ist es nicht gesagt, daß er immer dulden wird, sage ich. Wir mögen es erleben, daß noch Alles wieder gut wird; aber wenn wir es nicht erleben, so werden es unsere Kinder. Bon jour!" *).

Die Omahas oder Mahas, die auf der Westseite des Missouri ihr Land hatten, waren freilich auch dahin versetzt worden, aber halb auf ihren Wunsch, weil sie ihren Feinden, den mächtigen Dacotah- oder Sioux-Stämmen nicht widerstehen konnten. Diese griffen sie aber auch noch fortwährend in ihrem neuen Land an und hatten sie schon bis auf wenig mehr als hundert Familien aufgerieben. Diese sahen nun in den Mormonen ihre Beschützer gegen die Sioux. Auch waren sie gemeiniglich in großer Noth wegen Nahrungsmittel, und so wenig reichlich auch die Mormonen selbst versorgt waren, so fiel doch immer einiges für die Omahas ab, die sich im Winter häufig allein von den Vorräthen nährten, welche die Feldmäuse sich zusammengetragen und die sie ihnen aus ihren Löchern stahlen.

Das Verhältniß zu den Indianern war also ein durchaus friedliches, doch war es sehr die Frage, ob dasselbe auch auf ihrem Zuge weiter westlich der Fall sein werde. Obgleich die Mormonen noch nicht mit Sicherheit wußten, wo sie ihre bleibende Heimath aufschlagen wollten, so nahm man doch im Allgemeinen an, sie würden wohl in die Grenzen des damaligen Californien ziehen, an dessen östlicher Grenze einige ihrer Kundschafter ein schönes, fruchtbares Land gesehen haben wollten. Dies führte für die Mormonen ein unerwartetes Ereigniß herbei, als sie grade anfingen, es sich in ihren einstweiligen Wohnplätzen etwas wohnlicher einzurichten. Es hatte nämlich der Krieg mit Mexico begonnen und der Präsident der Vereinigten Staaten hielt es für nöthig, so rasch wie möglich ein zuverlässiges Corps Infanterie nach Californien zu werfen. Die militairische Organisation und Disciplin der Mormonen hatte sich einen Ruf erworben, und überdies, so hieß es, glaubte der Präsident, daß es den Mormonen

---

*) Vrgl. The Mormons. London, 1852. p. 216. Bon jour ist bei Pottawatomies der Gruß sowohl beim Abschiede, wie bei der Ankunft, und sie brauchen ihn stets, sie mögen nun indianisch, französisch oder englisch sprechen.

einige Erleichterung gewähren könnte, wenn er einen Theil ihrer Mannschaft in Sold nähme und zugleich nach Californien beförbere, wohin sie doch wollten. Er ließ daher eine Aufforderung an sie ergehen, zu dem Armeecorps, welches unter dem Oberbefehl des Generals Kearney organisirt wurde, ein Bataillon von 520 Mann zu stellen. Dies geschah schon im Juli 1846. Dieser Aufruf kam den Mormonen aber sehr zur Unzeit, denn die jungen Männer, welche am leichtesten hätten entbehrt werden können, waren ausgesandt um das Land auszukundschaften oder waren bei Farmern in den Grenzdistricten in Dienst getreten, um noch einige Mittel für die große Wanderung über die Ebene, welche erst im nächsten Frühling beginnen sollte, zu erarbeiten. Es mußten deshalb die Familienväter zu Soldaten genommen werden. Hin und wieder regte sich wohl eine kleine Abneigunng gegen diesen Dienst, denn, sagten Einige, zweimal hat uns die Regierung (der Staaten) unsere Waffen abgenommen, in Missouri und in Illinois, und nun sollen wir mitten im Indianerlande über 500 unserer besten Leute abgeben, um tausende von Meilen weit nach Californien in den Krieg zu ziehen und ohne alle Hoffnung, daß sie eher zurückkehren werden, als bis das Land erobert ist. Aber es siegte die Vaterlandsliebe, denn was man auch sagen möge, die Mormonen fühlten und fühlen sich noch ganz als Amerikaner. Es wurde eine große Massenversammlung berufen, der Gegenstand erörtert und dem Rathe der Apostel und der Aeltesten gemäß einmüthig beschlossen, die 500 Mann sofort zu stellen. Man zog eine amerikanische Flagge auf und begann auf der Stelle mit der Enrollirung. In drei Tagen war das Bataillon gemustert, organisirt und marschfertig. Vor dem Abmarsche wurde ein großes Fest gefeiert, bei welchem Musik und Tanz die Scheidenden noch zum letzten Male erheiterte.

Bald nach dem Abmarsche des Bataillons wurde schon eine Abtheilung Auswanderer in die westliche Prärie vorgeschoben. Sie bezog einstweilen ein Lager am kleinen Papillon- oder Butterfly-River. Die Hauptmasse blieb aber am Missouri und richtete sich für den Winter ein, indem sie Hütten bauten und Höhlen in die Bergabhänge der Bluffs gruben und dieselben am Eingange durch Baumstämme, Schilf und wollene Decken vor dem Einfluß der Witterung schützten. Die größten Lager waren bei Kanesville am linken Ufer und an einem Orte am rechten Ufer, welcher von dieser Ueberwinterung der Mormonen noch den Namen "Winter Quarters" trägt. In Kanesville wurde sogar eine Buchdrucker-Presse aufgestellt und eine Zeitung, der "Frontier Guardian" herausgegeben. Der Zug über die Ebenen in die Rocky Mountains wurde bis zum Frühling 1847 ausgesetzt. Hinlängliche Vorräthe für die Reise an Mais und Weizen, die sie im Sommer gebaut und im Winter selbst gemahlen hatten, nahmen sie mit aus ihren Winterquartieren und eine große Heerde von mehreren tausend Kühen und Ochsen begleiteten sie, so daß sie unterwegs keine große Noth zu befürchten hatten.

Capitel XXIV.

Die Wanderung nach Utah. — Die Heuschrecken-Plage und Hungersnoth. — Das Gold-Fieber.

Am 8. April 1847, ehe noch das Gras zu wachsen begann, zu einer Jahrs-Zeit, wo die gewöhnlichen Emigrantenzüge sich noch selten in die unabsehbare Prairie wagen, machte sich eine sog. Pionier-Compagnie der Mormonen aus 143 ausgesuchten Leuten bestehend, welche die Präsidentschaft und ein Theil des hohen Rathes selbst anführten, auf den Weg nach dem fernen, noch sehr wenig bekannten Westen. Diese Leute verließen mit 72 Wagen, von 175 der besten Pferde, Maulthiere und Ochsen gezogen, das große Lager im Missouri-Bottom. Sie führten Lebensmittel für sechs Monate, Ackergeräthschaften und Saatkorn mit sich, letzteres um gleich nach ihrer Ankunft an dem Orte, den sie zu ihrem Wohnsitz wählen möchten, eine Aussaat zu machen, wovon sie zum nächsten Winter schon eine Ernte hätten *). Sie machten sehr große Tagemärsche und drangen so rasch wie irgend möglich vorwärts. Zu der Jahreszeit, wo andere Auswanderer nach dem Westen erst über den Missouri zu gehen pflegen, hatten sie schon die Loup-Fork, den Platte-River und den Sweetwater-River überschritten und den Süd-Paß hinter sich. Die wilden Indianer-

---

*) Vergl. H. Stansbury Exploration and Survey of the Valley of the Great Salt-Lake of Utah. Philadelphia, 1852. p. 125.

Stämme der Sioux, Craws und Shoshones wagten sie nicht anzugreifen, so gut waren sie organisirt und bewaffnet. Nachdem sie auch die rauhe Utah-Kette überstiegen, die noch wenige Weiße betreten hatten und durch deren dichte Urwälder sie sich erst mit der Art einen Weg bahnen mußten, gelangten sie endlich an das große Basin des Salz-Sees. Den ersten Blick in das herrliche Thalland hatten sie von der Spitze einer Bergkette, die noch 16 Meilen vom See entfernt ist und von wo aus man durch eine enge Bergschlucht (cañon) in das natürlich befestigte Thal hinabsteigt. Alle waren überzeugt, daß dieß das lange gesuchte, verheißene Land sei, in dem sie ruhig und sicher leben könnten; sie nannten es "Deseret", welches heißen soll: "Das Land der Honigbiene." In 24 Stunden gelangten die müden Wanderer von dem Berggipfel an das Ufer des Sees. Sie nahmen von dem nur von wenigen Utah-Indianern bewohnten Lande Besitz, welches damals noch nicht zum Gebiete der Vereinigten Staaten gehörte, sondern zu Californien gerechnet wurde und also auch mit diesem erst im Frieden von Guadalupe-Hidalgo am 2. Febr. 1848 von Mexico an die Vereinigten Staaten abgetreten wurde. Die Vorhut traf am 21. Juli, die Präsidentschaft mit dem Reste der Pionier-Compagnie am 24. Juli 1847 in dem Thale ein. Der letzte Tag ist bei den Mormonen zu einem bleibenden Festtage erhoben worden, welcher alljährlich sehr feierlich begangen wird.

Die Angekommenen, sich ihrer schweren Pflicht bewußt, für die Nachfolgenden zu sorgen, gönnten sich keine lange Rast. Ein passendes Terrain für die Anlage der Hauptstadt wurde aufgesucht und eingeweiht, und am fünften Tage nach ihrer Ankunft waren sie schon beschäftigt, Felder einzuzäunen, zu pflügen und zu besäen. Wie auf der Reise selbst wurden auch von hier aus Kundschafter in die Umgegend ausgesandt, um über Wald und Grasland, Flußläufe und Quellen, sowie über sonst bemerkenswerthe Dinge zu berichten. Vorzügliche Quellen giebt es in Menge, warme und kalte, mineralische und andere. Der Apostel Orson Pratt, ein Autobidact in den mathematischen und astronomischen Wissenschaften, bestimmte die geographische Länge und Breite der Oertlichkeiten, und es geschah in jeder Beziehung alles Mögliche, um eine genaue Kunde von dem neuen Lande zu erwerben. Wegen sich einstellenden Mangels an Nahrungsmitteln war jedoch die Mehrzahl der Pioniere genöthigt, nach einem vier= bis fünfwöchentlichen Aufenthalt am Salzsee unter des Präsidenten Young's Führung die Rückreise anzutreten. Ehe sie noch den Sweetwater=River erreicht hatten, begegnete ihnen der erste nachfolgende große Emigrantenzug. Demungeachtet aber setzten sie ihre Reise nach dem Missouri fort, um den dort Zurückgebliebenen zur weiteren Reise behülflich zu sein. Am letzten October langten sie sämmtlich wohl und ohne Verlust eines einzigen Mannes in den „Winter=Quarters" an.

Jene große Abtheilung, der die Zurückkehrenden begegnet waren, war mit dem Frühsommer von den Winter=Quarters im Omaha=Lande aufgebrochen. Sie bestand aus 4000 Personen mit 566 Wagen und größeren Getreide=Vorräthen, von welchen nach der Anordnung der Präsidentschaft ein Theil noch im Herbste vor dem Eintritt des Frostes am Salzsee ausgesäet werden sollte. Der Zug ging sehr glücklich von statten und verlor unterwegs nur drei Personen durch den Tod. Dazu trug die wohlberechnete, genau ineinandergreifende Anordnung des Ganzen und die vortreffliche Marsch= und Lager=Ordnung das Meiste bei. Die wichtigsten Bestimmungen waren folgende: Je 10 Wagen standen unter dem Commando und der Aufsicht eines Capitains, welcher „Capitain von Zehn" genannt wurde; je fünf solcher Capitains mit ihren 50 Wagen standen wieder unter einem „Capitain von Funfzig" und zwei solcher mit 100 Wagen wieder unter einem „Capitain von Hundert", oder auch wohl, wenn die ganze Marsch=Abtheilung nicht größer war, unter einem Mitgliede des Hohen Raths. Alle diese Anführer waren Männer von erprobtem Muth, Einsicht und Erfahrung. Diese Einrichtung hielt stets die strengste Ordnung aufrecht und flößte den feindlichen Indianerbanden solchen Respect ein, daß sie nicht wagten, eine kleinere Abtheilung anzugreifen, wenn sie derselben auch an Kopfzahl vielfach überlegen waren. Eben so fest bestimmt war die Lagerordnung. Die größeren für Ruhetage bestimmten Lager wurden „Tabernakel=Lager" genannt und hatten eine sehr vollkommene Einrichtung. Es wurde ein großes Viereck abgesteckt und die Wagen wurden, so wie sie ankamen, an allen vier Seiten in doppelten Reihen so aufgefahren, daß zwischen den beiden Reihen eine breite Straße blieb. Hatte man Zelte, so wurden auch diese in den Straßenreihen, zwischen den Wagen vertheilt, aufgeschlagen. Ein großer geräumiger Platz innerhalb der vier Wagen- und Zelt-Reihen blieb frei, theils um frische Luft zu haben, theils um einen sichern geschützten Raum zum Aufenthalt für Kinder und Kranke, sowie zum Spaziergang für Alle zu gewinnen. Die Straßen wurden wo möglich mit Laubwerk überdeckt, um sie schattig und kühl zu machen. Die äußerste Reinlichkeit war Allen strenge anbefohlen. Das Vieh wurde ganz außerhalb des umschlossenen Lagers auf einem mit einem sehr hohen Zaun umgebenen Felde untergebracht und stets aufmerksam bewacht. Von diesen sehr zweckmäßigen Anordnungen haben die späteren Auswanderungs-Karavanen, die die Ebenen überschreiten, Vieles mit Nutzen nachgeahmt.

Dabei wurde unterwegs fleißig gearbeitet; gesponnen, gewebt, gefärbt, geschustert und geschneidert, ja auch geschmiedet — kurz für alle möglichen Bedürfnisse, zum Theil in bedeutendem Vorrath gesorgt. Ein Büchsenschmied, welcher eine neue Art vortrefflicher Büchsen erfunden hatte, verfertigte eine solche auf der Reise aus Stücken alten Eisens; sie war mit Silber ausgelegt, welches von ein paar Halben-Dollar-Stücken genommen war, und sowohl was Zweckmäßigkeit als was Schönheit anbetrifft, eine ganz vorzügliche Arbeit. Und dieses Werk wurde größtentheils unter der heißen Juli-Sonne mitten in der Prairie vollendet, wo das Gras Mannshöhe erreicht. Es läßt sich kaum bezweifeln, daß ein so energisches Volk, wenn es diese Eigenschaft nicht später in der Ruhe und Abgeschlossenheit einbüßt, seine Unabhängigkeit in einem von Bergen umschlossenen Lande leicht wird vertheidigen können, wenn auch die ganze Union dasselbe sollte bekriegen wollen. Es ist die amerikanische Schweiz, welche die Mormonen jetzt bewohnen, und Unglück und Kampf hat das Volk gestählt, welches überdies durch religiösen Fanatismus angefeuert werden würde, wenn die klugen Führer wirklich einen ernstlichen Widerstand wollen. Und daß diese Führer, namentlich der Prophet Brigham Young, an Klugheit und Charakterstärke Joe Smith nicht nachstehen, dafür dürfte der Erodus allein ein hinreichender Beweis sein. Ein Volk von mindestens 10,000 Köpfen mit Weib und Kind über 1000 Meilen weit durch eine öde Wildniß, durch Wälder, wo jeder Fußbreit Weges vom Dickicht erst gesäubert werden muß, über Flüsse und Gebirge, durch feindliche Barbarenstämme und ohne andere Mittel, als die eine verarmte Volksmasse selbst aufzubringen vermag, sicher zu führen, das setzt mindestens eben soviel Talent und Geisteskraft voraus, wie mit einer Armee siegreich nach Mexico zu marschiren, wenn eine große Nation hinter ihr steht, die Millionen aufwendet, sie auszurüsten, zu verpflegen und mit allem Nöthigen zu versorgen, und, so wie es erforderlich wird, Tausende neuer Streiter nachsendet.

Ehe noch die Viertausend im October 1847 am großen Salz=See eintrafen, wurden die dort zurückgebliebenen ersten Pioniere durch die Ankunft einer Abtheilung des Bataillons überrascht, welches in Californien aus der Vereinigten=Staaten=Armee entlassen worden war. Mit ihnen kam eine Anzahl anderer Mormonen, die bisher theils in Californien, theils auf den Sandwich=Inseln gelebt hatten *).

Nach Ankunft der großen Abtheilung wurde sogleich an eine Befestigung gedacht, und ein großes Fort in der Nähe des Jordan=Flusses angelegt, eine nach europäischen Begriffen freilich sehr elende Befestigung, jedoch stark genug, den schwachen Angriffen der Utah=Indianer zu widerstehen. Sogar eine Kanone war zur Vertheidigung des Forts vorhanden. Das Werk, welches 7788 Fuß in Umfang hat, wurde im Januar 1848 vollendet. In diesem Jahre kam auch die Mehrzahl der Mormonen vom Missouri nach Utah, doch blieben noch sehr viele, denen es an Mitteln zur weiteren Reise fehlte, dort zurück, denn 1848 war noch die Majorität der Bewohner von den Counties Pattowatomie und Fremont in Jowa Mormonen. Sie haben sich erst allmälig fast sämmtlich nach Utah gezogen.

Die Bevölkerung von Utah mochte sich um diese Zeit durch die verschiedenen Zuschüsse, welche die erste Mormonen=Einwanderung erhalten hatte, auf zwischen 8 bis 9000 gesteigert haben, worunter sich kaum ein Einzelner befand, der nicht ihren Glauben theilte. So wünschenswerth nun diese Vermehrung der Arbeitskräfte in diesem neuen Lande einerseits war, so machten besondere Umstände es doch zu einem sehr zweifelhaften Gewinn, weil die Zahl der Zehrer in gleichem Verhältnisse zunahm. Gleich im ersten Jahre ihres Aufenthalts in Utah überfiel nämlich die mormonische Niederlassung ein großes Unglück.

---

*) The Mormons. London 1852. p. 219.

Im Frühling 1848 standen die Saaten des fleißigen Landmannes im schönsten Grün und versprachen die ergiebigste Erndte, als sich plötzlich Millionen von Insecten einstellten, die fast auf dem ganzen bebauten Lande und in der Nachbarschaft rings umher alles, was vegetabilisches Leben hatte, kahl abfraßen, alle Getreidesaaten, alles Gras, alles Laub auf den Bäumen, so daß das Land, worauf sie sich stürzten, völlig wüst und öde wurde. Die Mormonen nannten diese gefräßigen Thiere "Deseret Crickets" (Grillen), es war aber aller Wahrscheinlichkeit nach eine Art Heuschrecken, der die Entomologen den Namen Oedipoda corallipes (Haldeman) geben und die der gewöhnlich sogenannten Wander-Heuschrecke (migratory locust; Oedipoda migratoria) sehr ähnlich ist. Die Mormonen gaben sich alle erdenkliche Mühe, den gefährlichen Feind zu vertilgen, aber alles Ablesen und Tödten half eben so wenig, wie das Beten. Endlich stellte sich ganz unverhofft eine wirksame Hülfe ein. Eben so plötzlich wie die Heuschrecken-Schwärme erschienen waren, erschienen jetzt große Schaaren schneeweißer Vögel mit langen Flügeln, welche die Colonisten dort noch nie gesehen hatten. Diese Vögel — wahrscheinlich eine Mövenart — hielten die Mormonen anfangs auch für ihre Feinde und suchten sie durch Schießen zu verjagen; doch bald merkten sie, daß diese nur die Heuschrecken fraßen und nun wurden sie sehr gehegt. Die Vögel kamen jeden Morgen von der andern Seite des Salzsees in großen Zügen herüber und gingen jeden Abend dahin zurück; während des Tages aber verschlangen sie eine so ungeheure Menge von Heuschrecken, daß die letzteren bald alle vertilgt waren. Leider hatte aber die Saat schon so sehr gelitten, daß die Erndte ganz außerordentlich gering ausfiel und lange nicht den Winterbedarf deckte. Hätten die Mormonen selbst Geldmittel gehabt, so war es doch zu spät, aus der Fremde Brodstoffe zu beziehen, denn ihre Abgeschiedenheit von der ganzen cultivirten Welt war zu groß. So ging das vielgeprüfte Volk einer unabwendbaren Hungersnoth entgegen, denn auch das Wild ist in diesem Lande so sparsam, daß auf den Jagdertrag nicht als auf ein einigermaßen sicheres Subsistenzmittel zu rechnen ist. Sie waren deshalb darauf angewiesen, wie die sogenannten Diggers (Wurzelgräber) unter den Utah-Indianern, von wilden Wurzeln zu leben, die sich hier ziemlich reichlich finden. Aber auch dies Nahrungsmittel reichte nicht aus, und es kam dahin, daß der

Hunger sie zwang, die Häute, welche sie zur Bedeckung ihrer Hütten gebrauchten, abzunehmen, um sie zu kochen und zu essen. — Der Mangel dauerte bis zum Herbste des folgenden Jahrs, wo eine sehr gesegnete Erndte Getreide, mancherlei Arten von Gemüse, Früchte, wie Melonen, Kürbisse und dergl. in Fülle brachte. Von nun an begann die Colonie zu blühen; es wurden Korn- und Sägemühlen angelegt, der Bau eines schönen Versammlungshauses von rothem Sandstein in Angriff genommen und allenthalben, wo Wasser zur Bewässerung des Landes zu finden war (denn ohne Bewässerung ist in diesem Lande kein sicherer Landbau möglich), wurden neue Ansiedelungen gemacht, die zum Theil mit den nachrückenden Einwohnern besetzt wurden.

Eine Gefahr ganz anderer Art bedrohte noch die junge Colonie in den ersten Jahren. Einige Soldaten von dem Mormonen-Bataillon, welches am Missouri ausgehoben war, entdeckten in New-Helvetia auf Capitain Sutter's Lande beim Graben eines Wasserlaufs zuerst, oder wenigstens unter den ersten, das Gold in Californien. Es ist bekannt, eine wie ungeheure Aufregung diese Entdeckung zur Folge hatte. In Californien selbst lief Alles zu den Goldgruben und ließ alle übrige Arbeit liegen. Aber auch in den Grenzländern war die Wirkung fast eben so groß. Die nach dem Salzsee zurückkehrenden mormonischen Soldaten brachten Goldstaub und Stückchen Gold mit, und auch dort entstand das allgemeine Geschrei: »Nach Californien! nach Californien!« Die Colonie drohte sich aufzulösen und das »Gold-Fieber« wäre dem Mormonismus bald tödtlicher geworden, als alle Verfolgungen, Seuchen und Hungersnoth. Nur der kräftige Widerstand der Präsidentschaft und des Hohen Rathes hielt die Gläubigen zurück. Der Prophet und die Oberen verdammten das eifrige Suchen nach Schätzen und ermahnten die Gemeinde statt dessen das Evangelium zu predigen, Getreide zu bauen und Städte zu gründen, das habe einen höheren Werth und dann würden sie später auch schon weltlichen Reichthum genug bekommen. Ihre Ermahnungen wirkten im Allgemeinen, obwohl manche Einzelne doch der Versuchung nicht widerstehen konnten und sich den Emigrantenzügen aus dem Osten anschlossen, um in der Goldregion ihr Glück zu machen.

Die Fruchtbarkeit des Bodens, welcher freilich wegen des seltenen Regens künstlicher Bewässerung bedarf, die viel Arbeit erfordert, belohnte den Fleiß der Zurückbleibenden. Sehr rasch stellte sich Wohlstand ein, der durch die großen Emigrantenzüge, welche durch ihr Gebiet oder nahe daran vorbei gehen, noch vermehrt wurde, da der ganze Ueberschuß der Bodenerzeugnisse an diese stets abzusetzen ist und dem Landmann immer hohe Preise sichert. Das Volk fühlte daher seine bisherige Schmerzenslaufbahn beendigt, und die günstigen Berichte, welche die einzelnen Mormonen ins Ausland schickten, trugen gewiß nicht wenig dazu bei, daß in den folgenden Jahren ein so großer Zuzug von anderen Heiligen und von Neubekehrten nach dem Großen Salzsee strömte.

Capitel XXV.

Die Verfassung des Staates Deseret. Territorial-Regierung von Utah.

Im Winter 1848—49 machte die Präsidentschaft Vorbereitungen, die neue Colonie in Uebereinstimmung mit den Gesetzen und dem Herkommen der Union stattlich einzurichten. Sie entwarf zuerst eine Constitution für eine Territorial-Organisation und sandte dieselbe mit einer Petition um Verleihung derselben an den Congreß ein. Ehe dieser aber noch einen Beschluß in dieser Angelegenheit faßte, schöpften die Mormonen aus Nachrichten, die sie von Washington erhielten, die Hoffnung, daß sich vielleicht jetzt schon die Aufnahme als eigener Unionsstaat durchsetzen lassen möge. Die Präsidentschaft wünschte nun die möglichst schleunige Annahme einer Staats-Constitution und berief auf den 5. März 1849 Delegaten zu einer constituirenden Convention nach Great-Salt-Lake-City. Diese beschloß ohne Weiteres einen "freien und unabhängigen Staat Deseret" zu errichten, und gab ihm eine Constitution, die wenigstens so lange in Kraft bleiben sollte, bis der Congreß der Vereinigten Staaten etwa eine andere Regierungsform einführen möchte. Die neue Constitution bestimmte die Grenzen des Staates in einer so großen Ausdehnung, daß er nicht blos das ganze Gebiet des jetzigen Utah, sondern auch den ganzen von Mexico erst im Frieden von Guadalupe Hidalgo abgetretenen Landstrich befaßte, welcher zwischen der Sierra Nevada und den Rocky Mountains oder der Sierra Madre bis südlich herab nach dem Gila=Flusse liegt. Es schloß also den größeren Theil des jetzigen Territoriums Neu=Mexico mit ein. Ferner verbot die Constitution die Sklaverei und ordnete die Wahl eines Gouverneurs, Vicegouverneurs und Staatssecretairs, einer Anzahl Richter und einer General-Assembly, bestehend aus einem Senate und einem Repräsentantenhause an. Alle Beamte und Vertreter sollten jedoch den Eid auf die Constitution der Vereinigten Staaten leisten. Diese Constitution wurde schon am 10. März von der Convention angenommen.

Da der Verkehr mit Washington damals noch viel langsamer von statten ging, als gegenwärtig, der Congreß auch, als die Nachricht dahin gelangte, nicht mehr versammelt war und erst gegen Ende des Jahrs wieder zusammen trat, so hinderte nichts, daß die Verfassung einstweilen in Kraft trat. Der Prophet Brigham Young wurde zum Gouverneur erwählt, das zweite Mitglied der Präsidentschaft der Kirche zum Vicegouverneur und das dritte Mitglied zum Staatssecretair, so daß die geistliche und weltliche Regierung ganz aus denselben Personen bestand. Am 2. Juli trat auch die Legislatur zusammen, erwählte einen Delegaten für den Congreß und nahm eine Denkschrift an diese höchste Bundes=Behörde an, worin u. A. dargestellt wurde, "daß die Bewohner des Staates Deseret mit Rücksicht auf ihre eigene Sicherheit und um die constitutionellen Rechte der Vereinigten Staaten aufrecht zu erhalten, eine provisorische Staatsregierung gebildet hätten, und daß die Zahl der Einwohner innerhalb seiner Grenzen groß genug sei, um eine eigene Regierung aufrecht zu erhalten. Sie bäten deshalb, insofern dies mit der Verfassung und dem Herkommen der Bundesregierung in Uebereinstimmung sei, die mitfolgende Constitution zu bestätigen und Deseret auf gleichem Fuß mit den übrigen Staaten als Staat in die Union aufzunehmen. Sollte indessen diese Bitte nicht bewilligt werden, so bäten sie, ihnen eine solche Regierung zu geben, wie der Congreß sie in seiner Weisheit für passend erachte" *).

---

*) H. Stansbury, Exploration of the Valley of the Great-Salt-Lake. Philad. 1852. p 127 f.

In dem ungeheuren Gebiete, welches die Mormonen ihrem Staate Deseret einverleibt hatten, mochte vielleicht eine solche Zahl weißer Bewohner leben, wie sie nach der vom Congreß angenommenen Regel zur Bildung eines neuen Staates erforderlich ist (60,000); aber der Congreß war weder gewilligt, ein so großes Gebiet zu einem einzigen Staate zu machen, noch auch den Mormonen sofort einen so hohen Grad von Selbstständigkeit und Unabhängigkeit zuzugestehen; außerdem waren natürlich die Vertreter der Sklavenstaaten gegen die ganze Verfassung wegen darin eingenommenen Verbots der Sklaverei. Der Congreß schlug daher die Staatsconstitution ab und organisirte statt dessen das Territorium Utah mit den gegenwärtigen Grenzen und den noch geltenden Grundgesetzen (Septbr. 1850).

Der Präsident Fillmore ernannte nun im October 1850 Brigham Young zum Gouverneur und außerdem sechs andere Beamte (Richter, Territorialsecretair ꝛc.), von welchen drei Mormonen und drei Nicht=Mormonen waren, eine Vertheilung, mit welcher man am Salzsee ziemlich zufrieden war. Die vollständige Organisation war jedoch erst spät im Jahre 1851 vollendet und bis dahin blieb die Constitution von Deseret in Kraft. Erst im Sommer konnten die Wahlen für die gesetzgebende Versammlung vorgenommen werden und im Herbst 1851 trat die erste »Legislative Assembly« zusammen, welche aus einem Rath (Council) von 13 Mitgliedern und einem Repräsentantenhause von 26 Mitgliedern besteht. Diese erste Versammlung war von sehr kurzer Dauer; fast ihr einziges Geschäft bestand darin, ein schon vorbereitetes kurzes Gesetzbuch anzunehmen, dessen Inhalt nicht sehr verschieden ist von den gesetzlichen Vorschriften anderer sklavenfreier Staaten. Doch ist im Strafgesetz unter den Verbrechen, wie sich denken läßt, die Bigamie ausgelassen, und die Strafen bestehen meistens in öffentlichen Arbeiten, wie an Straßen ꝛc. die in Ketten, woran eine eiserne Kugel befestigt ist, verrichtet werden müssen. Ein Strafgefängniß ist im ganzen Territorium nicht vorhanden. Die Anordnungen über Einrichtung und Uebung der Miliz sind vollständiger, als selbst in manchen Staaten der Union *).

---

*) Ferris, Utah and the Mormons. New-York 1854. p. 185. 196.

Schon am 13. December desselben Jahrs trat die legislative Versammlung zum zweiten Male zusammen und beschäftigte sich nun vorzüglich mit administrativen und localen Angelegenheiten, wie Anlegung von Schulen, Landstraßen, Brücken, Fähren und dergl. In den Versammlungen wird nicht so streng auf Formen gehalten, wie in den meisten andern gesetzgebenden Versammlungen in der Union; denn auf den Rath des Gouverneurs wurde es verworfen, bestimmte parlamentarische Regeln vorzuschreiben, „weil dieselben eine fruchtbare Quelle chikanöser Debatten und skandalöser Streitigkeiten seien." Die Vorsitzenden müssen daher eine größere discretionaire Gewalt haben, als ihnen sonst in den Vereinigten Staaten zugestanden wird. Uebrigens versteht es sich, daß nach dem Wesen der sog. „Theo=Democratie", welche alles Mormonische durchdringt, die gesetzgebenden Versammlungen in hohem Grade abhängig sind von der Kirche, d. h. im Grunde vom Propheten, denn hinsichtlich aller Gegenstände, über welche Young seine abgemachte Meinung hat, fehlt es ihm nicht an Mitteln, diese durchzusetzen; im äußersten Fall darf er nur zu einer „Offenbarung" seine Zuflucht nehmen, um alle Opposition niederzuschmettern. Indessen ist Young weit spärlicher mit diesem Mittel, als Joseph Smith es war; sein überwiegender Einfluß im Rath und außerordentliche Einwirkung genügen in der Regel, um seinen Willen durchzusetzen. Obgleich daher die Assembly äußerlich bis zu einem gewissen Grade die Territorial=Souverainetät repräsentirt, so ist sie doch in der That nicht mehr als eine berathende Ständeversammlung.

Wir haben schon oben angedeutet, wie im Mormonen=Staate auch in der Verwaltung die geistliche Eigenschaft der Behörde stets über der weltlichen das Uebergewicht erlangt. Dies führt in der Finanzverwaltung zu einem sonderbaren Resultat. Hier ist von Staatswegen, wie wohl in allen Staaten der Union, eine Vermögens= und Einkommen=Steuer auf die Einwohner gelegt, der natürlich jeder, Mormone und Nicht=Mormone, unterworfen ist. Ferner liegt eine „Licenz" von 1 Procent des Werthes auf allen in die Stadt eingebrachten Waaren im Allgemeinen und von 50 Procent des Verkaufspreises auf alle eingeführten spirituösen Getränke. Auch diese Abgabe tragen Mormonen und Nicht=Mormonen gleichmäßig. Außerdem hat aber jedes Mitglied der mormonischen Kirche noch den Zehnten von allem seinem Er=

werbe zu bezahlen und den zehnten Theil seiner Arbeitskraft auf öffentliche Werke zu verwenden. Mit diesen in den Kirchenschatz fließenden großen Einnahmen, die den ganzen Betrag der Staats= Steuern mehrfach an Werth übertreffen, und mit der Zehnten= Arbeit werden aber nicht bloß kirchliche Zwecke gefördert, sondern ebensosehr, vielleicht mehr, weltliche, die den Ungläubigen in demselben Grade zu Gute kommen, wie den Gläubigen, wie Wasserleitungen, Badeeinrichtung, Brücken und Wege u. s. w. Es sind hier also materiell die Nicht=Mormonen außerordentlich begünstigt. Diese Ungleichheit würde sich unmöglich erhalten kön= nen, wenn die Zahl der Nicht=Mormonen in Utah größer wäre; so aber übersehen die mormonischen Behörden die Benachtheiligung ihrer eigenen Glaubensgenossen, ohne Zweifel um unbeschränkter in der Verwaltung zu sein, denn die Ungläubigen können sich nicht leicht über die Art der Verwendung öffentlicher Gelder be= klagen, so lange die Mormonen offenbar bedeutend einseitig zu= schießen, um die öffentlichen Verbesserungen in Ausführung zu bringen.

Uebrigens wird der Kirchenschatz ohne alle Controle von der Präsidentschaft verwaltet, was, wenn auch bisher kein großer Mißbrauch von diesen öffentlichen Geldern gemacht sein sollte, nothwendig früher oder später zu mißbräuchlicher, d. h. dem Wil= len der Beisteuernden direct widersprechender, Verwendung dieser ansehnlichen Mittel führen muß. In solchem fast unausbleibli= chen Mißbrauch liegt eine der größten Gefahren der "Theo=De= mokratie." Die mangelnde Controle fällt bei der Geldverwaltung mehr in die Augen, erstreckt sich aber im Grunde auf die ganze Regierung. Die Offenbarungen werden ohne Prüfung ihres In= halts auf das Wort des Propheten angenommen. So lange sich das Volk den Vorschriften derselben willig und gern fügt, wird wenigstens der Despotismus nicht gefühlt. Sobald aber das Volk den Mißbrauch erkennt, wird es entweder den Propheten auf re= volutionaire Weise beseitigen, oder es wird von ihm, der alle Mittel der Gewalt in Händen hat, gezwungen werden, sei= nen Willen zu thun, und dann ist eine offenbare Zwingherrschaft vorhanden. Die untergeordneten demokratischen Formen, welche die Hierarchie beibehalten hat, werden dagegen keinen Schutz ge= währen können. Andererseits ist auch die höchste Gewalt stets den Intriguen und Machinationen einzelner Ehrgeiziger ausgesetzt, die nach der Gewalt streben. So gut wie Rigdon durch die Apostel und namentlich durch Brigham Young aus der Gewalt verdrängt wurde, die er auf kurze Zeit besaß, könnte auch wieder Young von seinen Collegen in der Präsidentschaft oder von seinem Hohen Rathe verdrängt werden, denn alle Schliche, welche die complicirte hierarchische Verfassung haben mag, können eben so gut gegen den Inhaber der höchsten Gewalt, wie von ihm gegen seine Angreifer benutzt werden. Alles kommt am Ende doch darauf hinaus, daß seine »Offenbarungen« nur so lange höchstes Gesetz sind, als sie als Offenbarungen anerkannt werden. Weiß jemand den Glauben zu erwecken, daß er noch echtere Offenbarungen erhalte, als der bisherige privilegirte Prophet, so ist er der wahre Prophet und der bisherige ein gemeiner Betrüger, der aus der Kirche ausgestoßen wird, wie Rigdon, Strang, William Smith und Lyman Wight.

Das ist das Unsichere des hierarchischen Absolutismus.

Schließlich heben wir noch hervor, daß die Mormonen trotz der Unbilden, die sie früher erlitten, dem Bunde der Vereinigten Staaten, wie auch die obige Geschichte vom Ursprunge ihrer Civilverfassung zeigt, aufrichtig ergeben zu sein scheinen. Zum Beweise mögen nachfolgende Stellen aus öffentlichen Reden zweier ihrer vornehmsten Führer dienen, auf welche H. Stansbury hinweist*). Der Prophet Young sagte in einer Predigt: »Ich spreche es gegen jedermann aus: die Constitution der Vereinigten Staaten, wie sie von unseren Vätern abgefaßt ist, war geoffenbart, war ihnen vom Allmächtigen, der in der Mitte des Himmels thront, ins Herz gelegt. Obgleich sie es selbst nicht wußten, war sie ihnen durch Offenbarungen Jesu Christi dictirt, und ich sage euch im Namen Jesu Christi, sie ist so gut, wie ich sie nur wünschen kann... Ich sage euch, haltet die Gesetze heilig; es giebt kein Gesetz in den Vereinigten Staaten oder in der Constitution, welchem ich nicht alle Achtung zu beweisen bereit bin.« Und General D. H. Wells sprach in einer Rede zur vierten Jahresfeier des Einzugs der Mormonen in das Salzsee-Thal folgendermaßen: »Es haben manche Leute geglaubt, daß dieses Volk — geschmäht, mißhandelt, verhöhnt, beraubt, geplündert, gemordet und endlich geächtet und verbannt, wie es ist — natür-

---

*) Exploration of the Valley of the Great-Salt-Lake. p. 145 ff.

lich nicht geneigt sein würde, sein Geschick nochmals an das der Amerikanischen Republik zu knüpfen. . . . Kein Wunder, daß man glaubte, wir würden uns (während wir noch fortwährend verhöhnt und lächerlich gemacht werden) nicht wieder unterwerfen und die Oberhoheit unseres Geburtslandes anerkennen. Erinnert euch, daß wir nicht aus eigener freier Wahl, sondern durch einen Act unseres Vaterlandes aus dem Lande verbannt wurden, und bedenkt, wie gute Gelegenheit wir hatten, andere Verbindungen anzuknüpfen. Laßt dies an uns vorübergehen, während wir den Schleier lüpfen und die Politik zeigen, die uns leitete. Jenes Land, jene Verfassung, jene Institutionen, sie waren alle die unserigen; sie sind es noch. Unsere Väter waren die Helden der Revolution. Unter dem überwältigenden Geiste eines Adams, eines Jefferson und eines Washington erklärten und behaupteten sie ihre Unabhängigkeit, und unter der Leitung des Geistes der Wahrheit erfüllten sie die Sendung, weshalb sie aus der Nähe (Gottes) des Vaters auf die Erde gesandt wurden *). Sollten wir, weil Volksverführer aufgestanden sind und die Zügel der Gewalt ergriffen haben, unsere Theilnahme dem Lande entziehen, welches uns durch alle Bande der Verwandtschaft und Genossenschaft so theuer ist? . . . Diejenigen, welche uns solche Gesinnungen zugeschrieben haben, verstanden den Mormonismus schlecht, denn nimmer und nimmer werden wir die Sache unseres Vaterlandes verlassen, nimmer wird man uns auf der Seite seiner Feinde erblicken, wenn es sie auch selbst in seinen Armen trägt. Und sollte es selbst die Donner des Krieges schleudern, welche leicht auf sein eigenes Haupt zurückfallen könnten, so wollen wir doch nie und nimmer der Schwäche der menschlichen Natur gestatten, über unsere Liebe zum Vaterlande zu triumphiren und über unsere Hingebung gegen die Institutionen, welche von unseren Vorfahren auf uns herabgekommen und durch tausend liebe Erinnerungen uns theuer sind.

Aber trotz dieser loyalen Gesinnung, welche unpartheiische Beobachter keinesweges für erheuchelt hielten, fanden doch sowohl

---

*) Nach dem Glauben der Mormonen haben nämlich alle Menschen vor ihrer Geburt als Geister (spirits) in der Nähe Gottes gelebt. Sie werden nach und nach, wie es die göttlichen Absichten erfordern, auf die Erde gesandt und mit einer sterblichen Hülle (tabernacle) versehen.

Stansbury als Gunnison im Jahre 1850, daß bei den Mormonen der Entschluß feststand, sich die Wiederholung ähnlicher Ungerechtigkeiten, wie sie sie in Missouri und Illinois erduldet haben, nicht ohne die ernstlichste Gegenwehr gefallen zu lassen.

Capitel XXVI.

Verbesserung und Ausbreitung der Ansiedelungen in Utah.

Die mormonischen Ansiedelungen in Utah liegen fast ausschließlich in dem sog. Großen Basin, einer Gegend, die sich vom Wahsatch-Gebirge (westlich vom Felsengebirge) bis zur Sierra Nevada, der Grenze von Californien, ausgedehnt. Die Ebene dieses Basins, welches ungefähr 500 Meilen lang und 265 Meilen breit ist, liegt 4000 bis 4,300 Fuß über dem Meere und ist so von Gebirgen oder Höhenzügen umschlossen, daß die Flüsse sich nicht ins Meer ergießen können, sondern entweder in Landseen münden oder ohne sichtbaren Abfluß im Erdboden versinken. Der größte Theil dieses großen Landes ist eine Wüste, die nur zwischen den Bergketten, die es, hauptsächlich von Norden nach Süden, durchziehen, durch Flüsse bewässerte Thäler hat. Die Bergketten erheben sich meistens 2000 bis 3000 Fuß über der Ebene; nur einige wenige Spitzen sind höher und reichen in die Region des ewigen Schnees. In der östlichen Hälfte dieses Basins, welches die Mormonen zuerst in Besitz nahmen, liegt der Große Salzsee, der von Norden nach Süden eine Ausdehnung von 72 Meilen bei einer Breite von 30 bis 40 Meilen hat. Sein Wasser ist so stark mit Salz geschwängert, daß es am Ufer fortwährend dicke Salzkrusten absetzt und daß das Wasser so schwer ist, daß ein Mensch wie ein Kork auf demselben schwimmt und aufrecht stehend bis über die Schultern aus demselben hervorragt. Kommt der Badende aus dem Wasser, so ist er mit einer reinen weißen Salzkruste überzogen; will man daher das Vergnügen haben, in diesem einladenden, vollkommen klaren Wasser zu baden, so muß eine Quelle mit süßem Wasser in der Nähe sein, damit man das Salz wieder abwaschen kann. Es lebt kein Fisch in dem See. Mehrere Inseln, von denen zwei Berge von 2000

Fuß Höhe enthalten, machen die Gegend malerisch und dienen Hirten und Schäfern zum Aufenthalte, denn es fehlt nicht an Süßwasserquellen und der Graswuchs ist ausgezeichnet. Die ganze Gegend trägt die unverkennbarsten Spuren vulkanischer Einwirkung. Am Fuß der Höhen, welche den See umgeben, finden sich zahlreiche warme Quellen, welche den sie umgebenden Boden so erhitzen, daß im Winter kein Schnee liegen bleibt. An einigen Stellen finden sich warme und kalte Quellen dicht neben einander, und am Bear-River, der in den großen Salzsee fällt, sind in nur 30 Fuß Entfernung drei Quellen, von welchen eine eine heiße Schwefelquelle, die zweite eine lauwarme Salzquelle und die dritte eine kalte Quelle mit dem schönsten Trinkwasser ist. Sie vereinigen sich alle drei und fließen als ein ziemlich breiter Fluß durch die Ebene. Auch giebt es hier sog. „athmende Quellen", d. h. solche, welche periodisch Gas ausstoßen, ferner Stahl- und Gypsquellen, von hoher und von niedriger Temperatur.

Das unmittelbare oder eigentliche Thal des Salzsees ist fast ganz unfruchtbar, weil der Boden zu salzhaltig ist. Aber es stehen fruchtbare Nebenthäler mit demselben in Verbindung, wie das Bear-River-Thal, das Weber-River-Thal, das Jordan-Thal, das Tuilla- (oder Tooele-) Thal und das Quellen-Thal (Spring-Valley). Die drei letzten Thäler liegen südlich vom Salzsee und sind durch Bergketten, die von Süden nach Norden streichen, von einander getrennt. Das wichtigste derselben, das Jordan-Thal, ist östlich vom Wahsatch-Gebirge, nördlich vom Salzsee, westlich vom Oquirrh-Gebirge und südlich vom Traverse-Mountain (Quer-Gebirge) eingeschlossen, und wird vom Jordan-Fluß durchströmt, welcher aus dem weiter südlich gelegenen Utah-See kommt, in Stromschnellen sich durch das Traverse-Gebirge drängt, und dann, nachdem er das ganze, 30 Meilen lange Jordan-Thal durchströmt hat, sich in den Großen Salzsee ergießt. In diesem Thal des Jordan, 10 Meilen oberhalb der Mündung, liegt an der Ostseite des Flusses die Hauptniederlassung der Mormonen, die **Große-Salzsee-Stadt**. Sie hatte schon 1850 gegen 6000 Einwohner und an öffentlichen Gebäuden ein Gerichtshaus (Council-House), worin noch die gesetzgebende Versammlung ihre Sitzungen hielt, eine Münze, ein Waarenhaus für die Zehnten, ein Gesellschafts-Haus (Social Hall), in welchem Bälle, theatralische Vorstellungen und Gesellschaften gegeben werden, und ein Haus für den Präsidenten der Kirche; außerdem war ein großer Platz mit einem Schutzdach versehen und wurde einstweilen als Versammlungshaus gebraucht. Es wurde früher "The Bowery", jetzt "Tabernacle" genannt und dient bis zur Vollendung des Tempels zu gottes= dienstlichen, auch wohl zu anderen Versammlungen; an 3000 Menschen finden hier Schutz vor den Sonnenstrahlen und dem Wetter. Außer den oben genannten von Stein aufgeführten öf= fentlichen Gebäuden sind fast alle Häuser von adobes, d. h. an der Sonne getrockneten Ziegeln, erbaut. Für den zu erbauenden Tempel ist in der Mitte der Stadt ein großer freier Platz gelas= sen, auf dem bis jetzt noch das Tabernacle steht. Die Straßen sind breit, mit Trottoirs an beiden Seiten und mit einem Gar= tenplatz vor jedem Hause, der mit Bäumen, Sträuchen und Blu= men fast überall zierlich bepflanzt ist. Eine besonders gute Ein= richtung ist es, daß durch alle Straßen schönes reines Wasser geleitet ist, und sogar zu beiden Seiten der Straße, so daß jedes Gärtchen bewässert wird und jedes Haus das herrlichste Wasser vor der Thür hat. Die Umgegend an der Ostseite des Flusses, welche mit dem kalkhaltigen Jordan=Wasser oder mit dem Wasser der kleinen Bäche, die vom Wahsatch herabfließen, künstlich be= wässert wird, ist sehr fruchtbar und wohl angebaut, und längs dem Abhange der Wahsatch=Berge ist vortreffliches Weideland, auf dem der viehzuchttreibende Theil der Bevölkerung sich nieder= gelassen hat. Auf der Westseite des Jordan ist das Thal nur theilweise fruchtbar. In den guten Ackerbau=Districten wachsen auf einem Acre durchschnittlich 60 Bushel Weizen *), wenn ganz besondere Sorgfalt auf die Bewässerung gewandt wurde, sind schon 180 Bushel von einem Acre gewonnen. Kartoffeln, Rüben und andere Wurzelgewächse gedeihen ganz ausgezeichnet und errei= chen eine enorme Größe; ebenso Melonen, Kürbisse, Gurken u. dergl. Gunnison berechnet, daß hier sehr wohl 4000 Menschen auf Einer englischen Quadratmeile (= 640 Acres) leben könnten. Es mag dies übertrieben sein, aber anzunehmen ist, daß das ganze Territorium Utah einst mehrere Millionen Einwohner er= nähren wird; denn Gunnison irrt sich wieder darin, daß er an= nimmt, von je 10,000 Acres des ganzen Gebiets sei nur Einer

---

*) Ein Acre ist ungefähr 208½ Fuß in Quadrat (43,580 Q. Fuß) und ein Bushel Weizen wiegt 60—65 Pfund.

fruchtbar, denn wenigstens ist auf je 1000 einer der Cultur zu unterwerfen. Auch ist in den Gebirgen Wild, welches nutzbar zu machen ist, wie Antelopen und Hirsche; Bären, Panther und kleinere Raubthiere schweifen durch Berg, Thal und Wüste; wildes Geflügel, besonders Wasservögel, sind außerordentlich zahlreich, ihre Eier werden zu Tausenden gesammelt und gegessen; die schönsten Fische sind in allen Bächen, Flüssen und Süßwasser-Seen, wie Forellen, Barsche, Hechte ꝛc.

Die Umgegend der Salzsee-Stadt ist freilich von Natur in der Ebene ohne allen Baumwuchs, aber die nahen Gebirge machen sie dennoch interessant. Nördlich wird die Stadt begrenzt von dem ziemlich hohen Ensign-Mound, auf dessen Spitze das „Banner aller Völker" (tho flag of all nations) wehen soll, damit die Weissagung Jesaiä (II. 2. V. 26. XI. 12. XVIII. 3.) erfüllt werde. Im Südosten erhebt sich der 10,713 Fuß hohe Lone Peak (einsame Spitze) mit ein paar Säulen auf dem Gipfel, die ein offenes Portal bilden, das in die Riesensääle der Wolken zu führen scheint. Etwas nördlich davon stehen die Twin-Peaks (Zwillingsspitzen) dicht neben einander, wie ein Ehepaar, das sich noch nicht entschließen kann, die Erde zu verlassen, um in das einladende Himmelsthor einzutreten. In den tiefen Abgründen (cañones), welche die Flüsse und Bäche in die Berge eingegraben haben, wachsen Cedern, Fichten und Zwergahorn, auch wohl hin und wieder eine Eiche. Von da holen die Thalbewohner ihr Bau- und Brennholz, oft aus Entfernungen von 20 bis 40 Meilen.

In den abgelegeneren Theilen des Landes werden alljährlich die Gräser und Stauden in Brand gesteckt, um die Grillen oder Heuschrecken (crickets) und andere Insecten zu tödten und zu braten, die sie dann als Nahrung für den Winter einsammeln. Nicht selten klettert auch die Flamme die Hügelabhänge hinan und drängt in die bewaldeten Schluchten ein, wo sie die kostbaren Waldungen zum Theil zerstört. Die Abstellung dieser verheerenden Brände würde sehr zur Verbesserung des Landes beitragen.

Die Luft in dem Thale ist sehr rein und durchsichtig, so daß man sehr weit sehen kann; doch ist es eine große Uebertreibung, wenn manche behaupten, man könne einen Menschen 50 Meilen weit sehen. Auch ist dies vorzüglich nur im Winter der Fall, wenn der Boden mit Schnee bedeckt und die Luft sehr trocken ist, denn im Sommer ist die Luft gewöhnlich mit Wolken fliegender Insecten erfüllt, welche der Luft einen bläulichen Schein geben und dem Fernsehen hinderlich sind. Auf den wüsten Ebenen und in den dürren Thälern sieht man in der trockenen Jahrszeit oft Luftspiegelungen, welche die Gegenstände auf merkwürdige Weise vergrößern und verzerren. Bäume, Felsen, Seen, mit wilder Salbei (artemisia) bewachsene Flächen ꝛc. tanzen vor einem auf wie bezauberte Gärten; ein kleiner Stock ganz in der Nähe wird in der Ferne zu einem ungeheuren Riesenbaum und ferne Gegenstände treten einem ganz nahe und spotten des Wanderers, der sie jeden Augenblick zu erreichen hofft. Zuweilen wird ein einzelner Mann zu einem ganzen Heere, welches in einem gemessenen gleichmäßigen Schritt wie die besteingeübten Soldaten marschirt, und ein paar Reiter, die ohne alle Ordnung reiten, werden zu Schwadronen, die verschiedenerlei Evolutionen machen und schon manchen Schrecken eingejagt haben. — An den Eingängen zu den Bergschluchten genießt man zur Nachtzeit stets einen frischen, kühlenden Luftzug, der die dort gelegenen Häuser im Sommer zu einem angenehmen Aufenthaltsort macht, vorzüglich weil der Zugwind die Mosquitos und die noch weit lästigeren Sandfliegen oder brulés vertreibt, welche auf der Ebene ganz unausstehlich werden können *).

Außer der Haupt-Niederlassung in der Salzsee-Stadt wurden nach und nach in den fruchtbarsten Thälern Nebencolonien angelegt. So im Winter 1848—49 am Weber-River, einem klaren Bergstrom, welcher vom Wahsatch-Gebirge herabkommt und 50 Meilen nördlich von der Hauptstadt durch Gebirge bricht, um sich dann in den Großen Salzsee zu ergießen; ferner 1849 an der Mündung des Timpanogos, eines kleinen Flusses, der in den Utah-See fällt, Provo-City; 1850 am Ogden-Creek, einem Zufluß des Weber-River, Ogden-City; südlich vom Utah-See die Stadt Paysan und später auch Lehi am Utah-See; im Tuilla-Thal Tooele-City; im Quellenthal Springville; im San-Pete-Thal, über 100 Meilen weiter auf der Route nach Californien, die Stadt Manti; im Juab-Thal die Stadt Nephi und südlich davon Parowan; noch weiter südlich am kleinen Salzsee, 250 Meilen von der Salzsee-Stadt, Cedar-City,

---

*) Gunnison, The Mormons, p. 20 ff.

welche in einer wohlbewässerten und bewaldeten Gegend liegt, die Eisenerz, Allaun und wahrscheinlich auch Steinkohlen hat. Endlich ist noch Fillmore-City im Millard-County, 105 Meilen südwestlich von der Salzsee-Stadt, hinzugekommen. Dieser neuentstehende Ort ist zur politischen Hauptstadt des Territoriums, d. h. zum Sitz des Gouverneurs und der Legislatur erwählt worden. Er liegt auf einem Höherücken 4790 Fuß über dem Meere und unter 38° 59′ nördl. Breite in der Nähe des Nicollet-River. — Das ganze Territorium wird gegenwärtig in 12 Counties eingetheilt und hatte Ende 1852 zwischen 30,000 und 35,000 Einwohner.

Mit Ausnahme von Provo-City und Ogden-City, welche Städtchen von etwa 2000 Einwohnern sind, bestehen die obengenannten sog. Städte aus wenigen Häusern, nur ist das Terrain städtisch eingetheilt und in Bauplätze ausgelegt. Aber es ist dies doch der Anfang zur Cultivirung des Landes. Sind die Plätze für die neuen Ortschaften gut ausgewählt, so werden sie mit der Zeit wirkliche Städte werden, und die Mormonen gehen in Bezug auf solche Anlagen mit großer Umsicht zu Werke. Die Leitung der Colonisation geschieht von oben herab, durch die erste Präsidentschaft. Diese oder in ihrem Auftrage der Hohe Rath sendet zuerst eine Erforschungs-Expedition aus, um eine gute Lage für eine neue Ansiedelung auszuwählen. Ist eine solche gefunden, so wird ein Aeltester der Kirche mit einer kleinen Abtheilung Colonisten dorthin gesandt, mit dem Auftrage an Ort und Stelle die ersten Einrichtungen zu machen und über die Colonie den Vorsitz zu führen. Als Colonisten werden Freiwillige genommen, jedoch niemals solche ausschließlich, sondern die Präsidentschaft beruft Andere hinzu, die sich nicht weigern dürfen, dem Aufruf zu folgen. Bei der Auswahl nimmt die Präsidentschaft besonders darauf Rücksicht, daß die verschiedenen Beschäftigungen und Gewerbe in passenden Verhältnissen vertreten sind, damit die Colonie wo möglich allein durch sich selbst bestehen könne.

Die Mormonen beabsichtigen die ganze Route von der großen Salzsee-Stadt bis nach San Diego in Californien so zu besiedeln, daß wenigstens auf der ganzen Linie in bequemen Entfernungen Stationen für die Post und für die Reisenden vorhanden sind. Diese Straße soll dann auch vorzüglich zur Bequemlichkeit für die von Westen her einwandernden Mormonen

11*

dienen. Diesem Plane hat auch wohl die mormonische Colonie im Gebiete von Californien, San Bernardino, ihre Existenz zu verdanken. Es war hier eine alte spanische Mission, deren Land und Gebäude die Mormonen angekauft haben. Die Aufgabe, Wege-Stationen nach Californien zu errichten, ist gegenwärtig (1855) schon großentheils gelöst, und das General-Postamt zu Washington will in diesem Sommer eine Post von Salt-Lake-City bis Cetar City (250 Meilen) über Rephi, Fillmore City, Parragona und Parowan in Gang setzen, die, wenn nicht schon in diesem Jahre, so doch sehr bald bis San Diego ausgedehnt werden wird, da der diesjährige Congreß eine Post durch Utah nach Californien zu führen beschlossen und dafür eine ansehnliche Geldbewilligung gemacht hat.

Capitel XXVII.

Sociale Einrichtungen: Arbeit — Neger — Landwirthschaftliche Verhältnisse — Industrie — Geselliges Leben — Schul- und Unterrichtswesen.

Auf die meisten socialen Einrichtungen und auf das ganze Zusammenleben der Mormonen hat die Kirche einen entscheidenden Einfluß. Wir wollen dies in einzelnen Beziehungen hier näher darlegen.

Es ist ein ausdrücklicher Glaubensartikel der Mormonen, daß die Arbeit ehre, und daß der Faule und Träge, wenn auch nicht nothwendig verdammt sei, so doch auf einer für sein Seelenheil höchst gefährlichen Bahn wandele. Unter Arbeit aber wird körperliche Arbeit vorzugsweise verstanden und von jedem verlangt, daß er, wenigstens wenn er nicht auf Missionen ist, auch körperliche Arbeit verrichte. Nur der Prophet Joseph Smith hatte sich durch eine Offenbarung von aller körperlichen Arbeit befreien lassen; sonst hat ein jeder sein körperliches Geschäft zu treiben und davon seinen Zehnten zu entrichten. Selbst der Prophet Brigham Young unterwirft sich dieser Regel und hat sich keine Dispensation vom Himmel verschrieben. Er ist seines Handwerks ein Zimmermann und arbeitet als solcher in seinen eigenen Mühlenwerken *). Die Arbeit, wodurch man sich und seine Familie erhält, wird für ein Gott eben so wohlgefälliges Werk erklärt, wie Gebet und Gottesdienst, und Apostel, Aelteste und Bischöfe rühmen sich, daß sie wie Paulus der Zeltmacher im Schweiße ihres Angesichts ihr Brod äßen. Die Einkünfte der Kirche sind nicht zu ihrem Unterhalte bestimmt, sondern werden verwandt zum Tempelbau, zu Brücken= und Straßenbau, zum Unterhalt der Familien derer, welche auf Missionen abwesend sind, zur Unterstützung Kranker und Schwacher und zu ähnlichen Zwecken. Die allgemeine Sitte der körperlichen Arbeit Aller bringt die Gebildeten und Ungebildeten näher zusammen, füllt die Kluft aus zwischen Priester und Laien und lehrt die ersteren die Denk= und Handlungsweise der Menge besser verstehen und sich ihr wiederum verständlicher machen. Freilich werden die Priester auch nicht allein aus den Büchergelehrten genommen; ganz einfache ungebildete Männer werden sogar mit Glück als Missionaire gebraucht, denn man verläßt sich auf die Wirkung des Geistes (the moving of the spirit). So wurde ein Missionair Forsden, der ohne alle Bildung war, im Jahr 1851 nach Schweden gesandt, wo er auf den Straßen predigte, mehrmals verhaftet und bestraft und endlich mit Zwang nach Dänemark hinübergeschifft wurde. Er hatte aber in Schweden schon mehrere eifrige Schüler gewonnen, die dort eine beträchtliche Anzahl von Gemeinde=Mitgliedern angeworben haben und fortwährend zahlreiche Züge neuer Mormonen nach dem Salzsee schicken.

Obgleich die Mormonen die Arbeit so sehr in Ehren halten, so sind doch einige wenige unter ihnen, die Neger mitgebracht haben, welche ursprünglich Sklaven sind. Ist nun auch Utah für ein freies Territorium erklärt, so läßt man doch diese dienenden Neger in ihrem alten Verhältnisse, ohne sie ausdrücklich weder für Freie noch für Sklaven zu erklären. Da sie wie Familien= Mitglieder behandelt werden, so fühlen diese ungebildeten Menschen selbst nicht das Bedürfniß, die Frage über ihre bürgerliche Stellung zur Verhandlung und Entscheidung zu bringen. Doch scheint es, daß die streng abolitionistische Stellung, welche Joseph Smith einnahm, von seinem Nachfolger aufgegeben ist. Auch

---

*) Gunnison, The Mormons. p. 141.

giebt es dort einige anerkannt freie Neger, aber diesen gesteht weder die Territorial-Verfassung das Wahlrecht, noch die mormonische Kirche das Recht zu, Priester werden zu können. Die Jüngsten-Tags-Heiligen geben die Neger für Abkömmlinge Kains aus und sehen sie nicht für gleich berechtigt an, obgleich sie ihnen nicht wehren, als einfache Mitglieder in ihre Kirche einzutreten.

Von allen Betrieben ist die Landwirthschaft bei Weitem der wichtigste in Utah. Dennoch ist das Land, welches alles den Vereinigten Staaten gehört, d. h. Congreßland ist, noch nicht von Seiten des Landamtes vermessen, also auch noch nicht zum Verkaufe ausgeboten. Die Mormonen haben das Land theilweise in Besitz genommen, in der Hoffnung, daß die Generalregierung ihnen das, was sie bereits cultivirt haben, umsonst überlassen werde. Darin läge wohl nur eine billige Entschädigung für die Verluste, welche sie in Missouri und Illinois erlitten haben. Sollten sie sich aber in dieser Voraussetzung irren, so würde das Territorium oder der Staat, wenn es inzwischen ein solcher geworden, oder auch die Kirche das Land kaufen und den Einzelnen ihr Besitzrecht umsonst oder für eine sehr billige Vergütung bestätigen. Das Territorium ist fast dazu genöthigt, so zu handeln, weil es ein Territorial-Landregister eingeführt hat, in welches jedes erworbene Besitzrecht eingetragen werden muß und dadurch gewissermaßen bestätigt wird. Unmöglich ist es nicht, daß sich aus diesen Verhältnissen später einmal eine ernsthafte Differenz mit der Generalregierung ergeben wird.

Als die Mormonen zuerst nach Utah kamen, stritten sie nicht unter einander, wer die fruchtbarsten und besten Landstücke in Besitz nehmen sollte, sondern sie cultivirten gemeinschaftlich einen ganzen Landstrich und vertheilten nachher die Erndte unter billiger Berücksichtigung nicht blos der gethanen Arbeit und des gelieferten Saatkorns, sondern auch des Bedürfnisses der Familien. Diese Methode näherte sich freilich den communistischen Principien an, sie bestand aber nur interimistisch. Nachdem die Stadt in Bauloose ausgelegt war, erhielt jeder von der Präsidentschaft unter Zustimmung der Gesammtheit der Colonisten sein bestimmtes Baugrundstück nebst Garten. Aehnlich wurde das Ackerland behandelt. Es war nämlich südlich von der Stadt ein großes Feld von sechs Quadratmeilen gemeinschaftlich bebaut und eingehegt. Dies wurde in Stücke von 5 Acres eingetheilt und dann unter die Familienväter vertheilt, oder, wenn man sich nicht einigen konnte, verloost. Es erhielten die Familien nach verschiedenen Rücksichten 1 bis 8 solcher Fünf-Acker-Loose. Eine Armen-Farm von 40 Acres blieb in der Mitte liegen und wurde den Bischöfen zur Verwaltung übergeben. Sobald nun dieses Land von der Generalregierung zum öffentlichen Verkauf gebracht wird (also keine Schenkung erfolgt), wird die Civilregierung oder die Präsidentschaft das ganze Land kaufen, und die öffentliche Meinung wird niemand gestatten, diese Behörde zu überbieten, so daß das Land jedenfalls für den Minimum-Preis in Besitz des Gemeinwesens und durch dieses vielleicht zu noch mehr erniedrigtem Preise an die einzelnen Besitzer kommen wird.

Nach der Vertheilung des Landes fingen einige Einzelne an, mit den ihnen zugefallenen Landstücken zu speculiren. Dagegen erhob sich die geistliche Gewalt mit aller Kraft, indem sie behauptete, daß es niemand gestattet sei, sein Land für mehr zu verkaufen, als den Betrag der ersten Kosten und den Werth der Verbesserungen, denn, sagte die Kirche, das Land ist eigentlich im Eigenthum des Herrn und seine Heiligen sind nur Nutznießer, die nicht mehr davon besitzen dürfen, als ein jeder mit Vortheil bearbeiten kann. Dennoch geschehen ab und zu Speculations-Verkäufe in versteckter Weise.

Die Missionaire benutzen vielfältig die Landverhältnisse in Utah, um die armen abhängigen Bauern und Landarbeiter in Europa zur Auswanderung nach dem Salzsee zu bewegen, indem sie ihnen erzählen, daß dort das allerbeste Land für die bloßen Vermessungskosten und die Gebühr, um den Besitztitel in das Landregister eintragen zu lassen, zu haben sei. Dies wirkt natürlich oft mächtiger, als alles Predigen, besonders da auch die Missionaire den ganz Armen die Auswanderungs-Kosten aus dem „Emigrations-Fonds" vorschießen können *). So werden viele tüchtige Landarbeiter, besonders aus England und Wales und aus Skandinavien nach Utah gezogen, die dort die Landcultur mächtig befördern.

---

*) Es existirt eine eigene Gesellschaft, die „Perpetual Emigrating Fund Company", welche Geld zusammengeschossen hat, um den armen Heiligen, die nach Utah wandern wollen, Vorschüsse zu machen, welche sie am Salzsee durch Arbeit in den sog. Public Works zurückzuerstatten haben.

Alle nothwendigen oder von der Präsidentschaft für nützlich angesehenen Ackerbau= und Garten=Erzeugnisse suchen die Mormonen in ihrem eigenen Lande zu bauen, um vom „Auslande" völlig unabhängig zu werden. Außer den gewöhnlichen Getreide= Arten, Kartoffeln und mancherlei Gemüse, wird auch etwas Taback gebaut, und mit dem Weinbau, dem Anbau von Baumwolle und Zuckerrohr werden Versuche angestellt. — Ebenso suchen sie sich in industrieller Beziehung möglichst unabhängig zu machen. Außer vielen Spinnrädern und Handwebestühlen, welche Teppiche, Strümpfe und mehrere Tausend Yards Tuch alljährlich liefern, sind jetzt auch zwei größere Wollenfabriken im Gange; ferner sind drei Nägelfabriken (in Iron=County, Peto und der Salzsee= Stadt), eine Maschine zur Anfertigung von Kämmen, Gärbereien und Töpfereien vorhanden*). Eine mit großen Kosten angelegte Runkelrübenzucker=Fabrik hat kein Gedeihen, weil sich gezeigt hat, daß die Rüben zwar sehr groß werden, aber nicht Zuckerstoff genug enthalten, wahrscheinlich in Folge des zu sehr mit Salz geschwängerten Bodens. Mahl= und Sägemühlen sind sehr zahlreich. Eisen=Bergwerke sind seit 1850 eröffnet. Die gewöhnlichen Handwerks=Arbeiten werden großentheils in den sog. Public Works gemacht, welche aus einer Anzahl Werkstätten bestehen, die auf dem Tempel=Platz aufgeschlagen sind, und worin die armen Einwanderer beschäftigt werden, welche ihre Uebersiedelungs=Kosten noch an den Emigrations=Fonds zurückzuerstatten haben. Bis sie dahin gelangen, diese Schuld zu tilgen, erhalten sie alle Lebens= Bedürfnisse vom Zehnten=Amt in Abrechnung auf ihren Arbeits= Verdienst geliefert und der Rest ihres Verdienstes wird an den Emigrations=Fonds zurückgezahlt. Es befinden sich viele sehr geschickte Arbeiter, namentlich unter den aus Großbritannien Eingewanderten.

Im geselligen Leben der Mormonen ist eine barocke Mischung des Religiösen, des nüchtern Verständigen, des Epikureischen und des ausgelassen Lustigen, die für Fremde bald etwas Abstoßendes, bald etwas Anziehendes hat, aber allen in hohem Grade auffällig ist. Eine allgemeine Schilderung würde nicht leicht ein treffendes Bild davon geben, wir haben es deshalb vorgezogen, im Anhange No 6. den officiellen Bericht über die

---

*) Seventh Epistle of the Presidency d. d. 18. Apr. 1853.

letzte Neujahrs-Fête, welche der Gouverneur und die gesetzgebende Versammlung den in der Salzsee-Stadt anwesenden ausgezeichneten Fremden gab, aus den „Salt-Lake-City News" mitzutheilen. Man begreift, wie dergleichen Feste, zu welchen sehr zahlreiche „Einladungen" erfolgen, die aber dennoch die Lösung einer oft mehrere Thaler kostenden Eintrittskarte erfordern, für die Masse der Theilnehmer, die früher nach amerikanischer und englischer Weise wenig Geselligkeit gekannt haben, einen großen Reiz haben können. Solche, Volksfesten nahekommenden Gesellschaften finden in der Salzsee-Stadt häufig statt, wie dies auch der Bau eines eigenen Gebäudes für diesen Zweck (der Social Hall) auf Kosten des Kirchenschatzes, schon voraussetzen läßt.

Auf das Schul- und Unterrichtswesen wird viel Zeit und Geld verwendet, aber es ist fast ausschließlich Kirchensache. In der Salzsee-Stadt ist seit 1850 in jeder Ward (Quartier) eine Schule eröffnet, die mit den common schools (Volksschulen) in den meisten Staaten der Union gleichsteht. Ferner ist von dem Kanzler des Unterrichtswesens Spencer eine sog. Parents school eingerichtet, welche zur Fortbildung der Erwachsenen bestimmt ist. Der Präsident Young soll bei der Errichtung dieser Anstalt die Absicht ausgesprochen haben, diese Schule selbst als Schüler zu besuchen, was ihm von den Mormonen sehr zum Ruhme angerechnet wird. Der Professor Orson Pratt hielt im Winter 1852 bis 53 eine Reihe Vorlesungen über populäre Astronomie. Die Errichtung einer Universität ist schon seit 1850 ernstlich im Plane und dieses Institut von der Territorial-Legislatur incorporirt. Der Bauplatz für das Universitäts-Gebäude, ein Platz für einen botanischen Garten und für eine Sternwarte sind schon angewiesen. Mit einer Bibliothek ist ein Anfang gemacht und selbst der Congreß hat zur Vermehrung derselben eine Summe ausgesetzt. Alle über der ganzen Erde zerstreuten Missionaire haben die Instruction, Bücher, wissenschaftliche Instrumente und dergl. zu senden oder nach der Salzsee-Stadt mitzubringen. In Besitz eines schönen Telescops, mehrerer Microscope, Erd- und Himmelsgloben, geognostischer Sammlungen, Probiertiegel u. d. m., welche fast sämmtlich von Orson Pratt aus England mitgebracht sind, ist die „Regentschaft der Universität" bereits, und die Missionaire können, wenn sie thätig sind, diese schon werthvollen Sammlungen rasch vermehren.

So viel Neigung zur wissenschaftlichen Ausbildung unter den Mormonen auch vorhanden ist, so steht ihnen doch die Eitelkeit sehr im Wege, alle Wissenschaften ganz eigenthümlich behandeln und unter Verkennung der bereits gewonnenen Resultate voreilig neue Entdeckungen machen zu wollen. Ob der Nachtheil, der aus diesem übertriebenen Streben nach Originalität entspringt, mit der Zeit ausgeglichen werden wird durch die nicht immer ganz unbegründeten Zweifel, welche sie dem Auctoritäts-Glauben der bisherigen Gelehrtenwelt in der Regel entgegenstellen, kann nur die Zukunft entscheiden.

Capitel XXVIII.

Die mormonische Philosophie.

Die Theologie der Jüngsten-Tags-Heiligen war ursprünglich, wie ihr oben (Cap. XII.) mitgetheiltes Glaubensbekenntniß zeigt, nicht so ganz außerordentlich verschieden von den Glaubenssätzen mancher anderen christlichen Bekenntnisse. Im Verlaufe der Zeit wurde dieselbe aber mit einer Geister- und Engel-Lehre und mit einer erweiterten Genealogie der Götter ausgeschmückt, die von Unsinn strotzt. Indessen scheint diese bunte, oft schwer unter sich in Uebereinstimmung zu bringende Dogmatik vorzüglich darauf berechnet zu sein, die Masse anzuziehen. Für die Gebildeteren fühlte man das Bedürfniß, ein philosophisches System aufzustellen, ein Werk, welches Orson Pratt übernahm, ein Mann, der die Geschichte der Philosophie studirt hat, und der nun aus Bruchstücken, die ihn besonders angesprochen haben mochten, ein Ganzes reconstruirte. Denn Originalität ist eigentlich in seinem atomistisch-pantheistischen Systeme nicht anzutreffen. Er hat dasselbe im sechsten Bande des „Millonnial Star" und in einer Controversschrift gegen einen englischen Geistlichen *) ziemlich ausführlich dargestellt. Das Wesentlichste seiner Metaphysik und

---

*) Absurdities of Immaterialism, or A Reply to T. W. P. Taylder's Pamphlet entitled: „The Materialism of the Mormons examined and exposed."

Religionsphilosophie, die andere Mormonen und namentlich der Prophet Brigham Young gleichfalls anerkennen, möchte in folgenden Sätzen zusammengefaßt sein:

Alles was ist, ist materiell; rein Geistiges, d. h. solches, was an keiner Materie haftet, giebt es nicht, vielmehr ist die Intelligenz nur eine Modification der Materie. Diese ist ewig, sowohl a parto ante als a parte post, und besteht ursprünglich aus Atomen, welche die Principien aller Dinge sind. Die Materie kann nicht geschaffen sein, denn jedes Wesen, welches als früher existent gedacht wird, hätte wieder aus Materie bestehen müssen, da ein immaterielles, ganz einfaches, an keinen Raum gebundenes Wesen gar kein Wesen ist, keine Existenz hat. Wenn man sagt: "Gott existirt nicht irgendwo" (d. h. nicht in irgend einem Raume, wo es auch sei), so ist es dasselbe, als wenn man sagt: "Gott existirt nirgendwo." Die Immaterialisten sind daher gleich den Atheisten, nur daß die letzteren aufrichtiger sind. Die Atheisten läugnen einfach die Existenz Gottes, die Immaterialisten geben seine Existenz in abstracto zu, läugnen aber seine Existenz in concreto, immer und an jedem Orte; ihr Begriff ist völlig leer. Der immaterielle Gott oder die immaterielle erste Ursache aller Dinge ist also nichts. Auch passen alle Merkmale, die die Immaterialisten dem reinen Geiste beilegen, auf "das Nichts." Beide sind weder hier noch dort, also nirgends; sie sind weder jetzt noch dann, also niemals; sie nehmen beide keinen Raum ein, sie sind beide untheilbar. Alles, was man von dem einen behaupten kann, kann man mit gleichem Rechte und mit gleicher Wahrheit von dem anderen behaupten. Es sind zwei Ausdrücke, aber derselbe Begriff. Es ist nicht absurder zu sagen: "Nichts" sei eine Substanz, und es mit der Allmacht zu bekleiden, als dasjenige zu einer Substanz zu machen, was gleich "Nichts" ist, und diesem die Allmacht beizulegen. Ein immaterieller Gott ist daher ein "vergöttertes Nichts" und alle seine Anbeter sind "atheistische Götzendiener."

Da die Intelligenz etwas an der Materie Haftendes, mit ihr Verbundenes ist, so muß sie entweder eine Eigenschaft des materiellen Atoms sein, oder auch das Resultat der Combination oder der Berührung mehrerer Atome unter sich. Welches von beiden der Fall sei, hält O. Pratt für eine intrikate, schwer zu lösende Frage, doch entscheidet er sich dahin, daß jedes einzelne

Atom ein intelligentes, mit Selbstbestimmung versehenes (having self-moving powers), aber nach der Natur und dem Grade seiner Intelligenz auf gewisse Kreise und Arten der Thätigkeit (modes of action) beschränktes Wesen ist, und daß diese Intelligenz nicht die Wirkung, sondern die Ursache der Verbindung mit anderen Atomen ist; eine Intelligenz, die also nicht vorhanden ist, weil etwas von außen her vorgenommen ist (derived from experience), sondern durch sich selbst existent und ewig ist.

Man behauptet, daß die Anziehung eine **Eigenschaft der Materie** sei. Man sagt, jedes Atom ziehe jedes andere Atom mit einer Kraft an, die sich umgekehrt verhalte, wie das Quadrat seiner Entfernung. Aber diese Art Anziehung ist unmöglich, denn kein Atom kann wirken, wo es nicht ist. Die Erscheinung ist unläugbar, aber die Erklärung liegt nicht in der Anziehungskraft. Es ist evident, daß intelligente, sich selbst bestimmende Atome, die in ihren Bewegungen auf einen bestimmten nothwendigen Umkreis beschränkt sind, ganz dieselben Wirkungen hervorbringen können. Die sich selbst bewegenden Atome sind nämlich folgendem Gesetze unterworfen: Jedes Atom bewegt sich selbst (von innen heraus) jedem anderen Atome zu und zwar mit einer Kraft, die sich umgekehrt verhält, wie das Quadrat seiner Entfernung *).

Nach diesem System sind nun natürlich Gott, die Engel, die Geister eben so gut materiell, wie die Menschen, nur daß ihre Materie feiner ist als die unserige, und daß sie einen größeren „Kreis der Selbstbestimmung und Bewegung" haben als wir Men-

---

*) Es ist behauptet worden, daß Orson Pratt und die Mormonen überhaupt, die Newton'sche Gravitationstheorie bestritten. Dies scheint uns doch nur uneigentlich behauptet werden zu können, denn Pratt nimmt offenbar die ganze Theorie an und sucht nur eine andere Erklärung für dieselbe, welche mit seinem Systeme intelligenter Atome in Uebereinstimmung ist. Uebrigens sehen wir aus dem letzten Satze des Textes, daß seine Atome, „die Principien aller Dinge" doch „Gesetzen unterworfen" sind. Steht das Gesetz nicht über den Atomen? Ist es nicht das logische prius? Oder wie verhält sich dieses Gesetz zu den materiellen Atomen? Daß dies unaufgeklärt bleibe, ist eine große Lücke im Systeme! — Uebrigens scheint es consequent materialistisch, wenn Pratt annimmt, daß nur eine unmittelbare (keine fernwirkende) Einwirkung von Materie auf Materie stattfinden könne, und die Intelligenz nur unmittelbar auf die Materie, der sie anklebt, und nur durch diese Materie auf andere Materien einwirken könne.

schen. So sagt Pratt von Gott: „Er ist eine materiell organisirte Intelligenz, die sowohl einen Körper als Theile hat, und nicht zwei verschiedene Räume zu gleicher Zeit einnehmen, also auch nicht allgegenwärtig sein kann." Christus „kann den Raum durcheilen und von Welt zu Welt gehen, wie der Vater, aber er kann nicht zwei Plätze zugleich einnehmen." Die Geister sind „materielle Organisationen, Intelligenzen, die einen Körper und Theile haben, die aber nicht aus Fleisch und Bein bestehen, sondern aus einer Substanz, die für unsere groben Sinne in diesem Leben weniger wahrnehmbar (tangible) sind, die aber von denjenigen, die mit ihnen aus gleichen Elementen bestehen, sehr wohl wahrnehmbar sind. Sie sind Menschen im Embryo — Intelligenzen, die darauf warten, in die materielle Welt eingeführt zu werden und Fleisch und Bein anzunehmen, damit sie durch Geburt, Tod und Auferstehung in der materiellen Organisation vollkommener werden mögen. So war Jesus Christus und so waren wir, ehe wir in diese Welt kamen, Geister, und so werden wir wieder Geister sein in dem Zeitraume zwischen dem Tode und der Auferstehung." Die Menschen sind „die Kinder Gottes und Brüder von Jesus Christus. Sie waren einst intelligente Geister in der Nähe Gottes (in the presence of God), und sie waren bei ihm, ehe die Erde gebildet wurde. Sie sind in einem solchen Grade der Intelligenz und der Erhöhung fähig, daß sie mit einem solchen Körper, wie Christus ihn hat, vom Tode auferstehen, unsterbliche Leiber besitzen und Götter und Söhne Gottes werden können, die mit denselben Kräften, Eigenschaften und Fähigkeiten begabt sind, wie ihr himmlischer Vater und Jesus Christus sie haben."

Obgleich die Menschen, als Geister, von Gott geschaffen sind, so ist ihr Dasein doch fast eben so alt, als das Gottes selbst. Durch die irdische Geburt geht mit ihnen eine Umwandlung vor und sie bekommen eine Hülle (tabernacle). Nach dem Tode werden sie wieder Geister, und wenn sie „ihre Erhöhung" gehabt haben, „so haben sie dann die Macht, ihre Art im Geiste fortzupflanzen", und diese geht in der anderen Welt vor sich wie auf Erden. „Adam muß auch dort seine Eva haben, um das Werk der Zeugung zu beginnen" *). Diese Lehre oder Glaube scheint

---

*) Brigham Young in Deseret News Extra. Sept. 14. 1852.

die Grundlage der sog. spiritual wifery zu sein, welche ursprünglich keine anerkannte irdische Polygamie sein sollte.

Die neuere philosophische Doctrin tritt in manchen Puncten mit dem früheren Glaubensbekenntniß der Kirche in Widerspruch*). Denn nach dem alten Glauben, wie er im Buche Mormons und in den Lectures on Faith (im Book of Doctrine and Covenants) vorgetragen wird, ist es z. B. Gott, der die Welt "durch das Princip des Glaubens" (faith)*) erschaffen hat, der ausdrücklich "allgegenwärtig" genannt wird, und von einem atomistischen Systeme finden sich nur noch wenig Spuren. Aber der Prophet Young predigt, etwa seit 1852, ganz dieselbe Doctrin, obgleich sie noch nicht förmlich als kirchlich "authorativ" proclamirt ist. Da unter den Mormonen Manche Neigung zu metaphysischen Studien zu haben scheinen, und bei ihnen auf speculative Philosophie mehr Werth gelegt wird, als anderswo in Amerika und unter den Völkern angelsächsischer Abstammung, so werden ihre philosophischen Ideen wahrscheinlich noch große Umbildungen erfahren, schwerlich aber diese Studien sobald ganz bei Seite gelegt werden. Selbst die neuere deutsche Philosophie, namentlich die Hegel'sche, ist ihnen nicht ganz unbekannt, und man findet zuweilen einen einzelnen Satz von Hegel citirt.

Wie aber neben dem eigenen, selbstständigen Denken auf die Länge die unbedingte Auctorität der Kirche Bestand haben soll, ist schwer einzusehen, und in der That zeigen sich auch schon neue Spaltungen in der Kirche, welche freilich die Kirche, die sich die rechtgläubige nennt, vorzüglich seit des Propheten Joseph Smith

---

*) Freilich werden die abgekürzten Glaubensbekenntnisse nur für die Masse und für die "Heiden" abgefaßt. Kürzlich ist ein neues Glaubensbekenntniß ausgearbeitet (S. The Mormon — eine in New-York erscheinende neue Mormonenzeitung — vom 17. Febr. 1855), welches freilich sehr in der Form, aber wenig seinem wesentlichen Inhalte nach von dem früheren, Cap. XII. mitgetheilten abweicht. Die wichtigste Abänderung scheint uns fast die, daß der Glaube "an alle anderen guten Bücher" (außer der Bibel und dem Buche Mormons) weggelassen und dafür hinzugefügt ist: "Wir glauben auch, daß keine neue Offenbarung der alten widersprechen wird."

**) Faith wird in der Doctrine and Covenants erklärt als "die bewegende Ursache alles Thuns und aller Macht intelligenter Wesen, sowohl im Himmel, wie auf Erden." Der Glaube scheint daher die bewegende Urkraft zu sein, die nach Pratt's Lehre in jedem Atom vorhanden ist.

Tode stets zu bekämpfen gehabt hat und siegreich aus dem Kampfe hervorgegangen ist. Ehe wir jedoch über die neueren inneren Streitigkeiten ausführlicher berichten, müssen wir die fernere Geschichte der „eigenthümlichen" Institution der Mormonen nachholen, mit welcher jene Zwistigkeiten und Spaltungen in Verbindung stehen.

Capitel XXIX.

Die Polygamie. Der angebliche Orden der Kloster-Heiligen. Der Gaddenismus.

Wir haben im Capitel XIII. erzählt, wie der Prophet Joseph im Widerspruch mit den Vorschriften im Buche Mormons und im Buche der Doctrine and Covenants, aber in Uebereinstimmung mit einer angeblichen neueren Offenbarung vom 12. Juli 1843 die Polygamie unter dem Namen der „geistlichen Ehe" (spiritual wife system) gestattet, diese Neuerung aber möglichst geheim gehalten habe. Durch die inneren Streitigkeiten der Mormonen und durch die Veröffentlichungen der Abtrünnigen John C. Bennett, William Law, Dr. Forster u. And. wurde es zwar auch den „Heiden" bekannt, daß eine Art Polygamie unter den Mormonen existiren solle; aber es blieb noch immer Vielen zweifelhaft, ob diese Behauptungen der Mormonen-Feinde wirklich begründet seien. Denn nicht einmal alle Heiligen waren in das Geheimniß eingeweiht, und die Missionaire waren instruirt, die Existenz der Polygamie auf das Bestimmteste abzuläugnen. Auch erschienen neue Ausgaben des Buches Mormon und der Doctrine and Covenants, worin das Gebot der Monogamie und die Verdammung der Vielweiberei abgedruckt waren, ohne alle Andeutung, daß diese Vorschriften eine Aenderung erfahren hätten. Dieses System der Lüge erhielt besonders die Proselyten im Auslande über die Existenz der Polygamie in der Mormonen-Kirche in Unwissenheit. Nachdem sich nun die Mormonen in Utah gehörig festgesetzt und ihr eigenes Gesetzbuch gemacht hatten, worin die Bigamie als Verbrechen gestrichen ist, trat endlich Orson Pratt in der Salzsee-Stadt am 29. Aug. 1852 öffentlich mit der Ankündigung von

Smith's Offenbarung von 1843 hervor und suchte sie in einer langen Predigt zu rechtfertigen. Am folgenden 14. Septbr. wurde darauf auch diese Offenbarung zum ersten Male gedruckt und mit Pratt's Predigt in das Journal „Deseret News" aufgenommen.

Während des neunjährigen Zeitraums der Geheimhaltung hatte die Polygamie schon sehr an Festigkeit und Ausdehnung gewonnen. Hochgestellte Personen in der Kirche, wie Dr. Richards (jetzt Mitglied der ersten Präsidentschaft), welche anfänglich Gegner der neuen Lehre waren, wurden bald dafür gewonnen, und die Vielweiberei blieb nicht, wie Anfangs, auf die Hohen Priester und die Präsidenten der verschiedenen Ränge der Geistlichkeit beschränkt, sondern breitete sich über alle Wohlhabenderen aus. Einzelne Männer blieben jedoch stets Opponenten der geistlichen Ehe. Darunter zeichnete sich besonders ein gewisser Gladden Bishop aus, der schon zu Lebzeiten Joseph Smith's sich der Neuerung heftig widersetzte, und nicht nur in Bezug auf die ehelichen Verhältnisse, sondern auch hinsichtlich anderer Veränderungen in der Glaubenslehre streng das Alte aufrecht erhalten wollte. Er wurde neunmal aus der Kirche ausgestoßen und neunmal wieder aufgenommen und aufs Neue getauft. Er machte auch dem Propheten Young viel zu schaffen, über den er eine Superiorität einzunehmen trachtete, und nicht undeutlich zu erkennen gab, daß er der wiedererschienene Christus selbst sei. Die Zahl der Anhänger dieses Fanatikers war nicht groß, aber sie waren heftig und unermüdlich in ihren Angriffen auf die abgefallene Kirche, wie sie die große Mehrzahl der Jüngsten-Tags-Heiligen nannten. Auch nach Gladden's Tode haben sie ihr Streben und ihre Richtung nicht aufgegeben.

Die Polygamie, wie sie jetzt unter den Mormonen besteht, hat ungefähr folgende Form. Trägt ein Mann auf eine zweite oder folgende Ehe an, so muß er zuerst die Einwilligung des ledigen Frauenzimmers, welches er heirathen will, und ihrer Eltern haben, bevor er des Propheten Zustimmung einholt. Ob dieser sie ertheilen will, scheint ganz von seinem Belieben oder von seiner Gunst abzuhängen. Dann muß auch noch seine erste Frau zustimmen; dies ist aber fast eine reine Formalität, denn weigert sie sich, so wird sie aus der Kirche ausgestoßen. Die Copulation heißt bei der geistlichen Ehe „the sealing" (wörtlich: die Besiegelung), verleiht aber den so Verbundenen dieselben Rechte und

Pflichten, wie eine Copulation bei einer ersten Ehe. Es kann aber auch der Antrag auf eine geistliche Heirath von dem unverheiratheten Frauenzimmer ausgehen, weil nach der Mormonen-Lehre jedes Weib das Recht hat, verheirathet zu werden, da sie ohne Heirath nicht selig werden kann. Die Schrift sage: "Der Mann ist nicht ohne das Weib und das Weib nicht ohne den Mann"; dies schließe in sich, daß jeder Mann wenigstens Eine Frau heirathen müsse, und daß die Frau nicht in das Himmelreich kommen könne, ohne einen Ehemann, der sie in dasselbe einführe. Der Präsident oder Prophet habe nun die Pflicht, für jedes Frauenzimmer auf ihre Bitte für einen Mann zu sorgen. Wohl steht der Frau ein Vorschlag, aber nicht das Recht der Wahl des Mannes zu; dagegen hat der Prophet die Gewalt, jedem Manne, von dem er überzeugt ist, daß er noch eine Frau ernähren kann, zu befehlen, das eheluftige Frauenzimmer vermöge des sealing zu heirathen (to seal her to himself in marriage). Der Mann, welcher einen solchen Befehl erhält, kann sich diesem Gebote nur entziehen, wenn er einen gerechten Entschuldigungsgrund und ein bestimmtes Hinderniß nachweisen kann; ist er dies zu thun nicht im Stande, und bleibt er dennoch ungehorsam, so läuft er Gefahr, vom Hohen Rathe mit Kirchenstrafe belegt zu werden (he is in danger of the council) *).

Zur Begründung ihrer Vielweiberei (sehr häufig blos „plurality" genannt) berufen sie sich auch darauf, daß dieselbe nicht blos nach dem alten Testament bestanden habe, wie Jakobs, Davids und Salomos Beispiel beweise, sondern auch nach dem neuen Testamente, denn Jesus selbst sei auf der Hochzeit zu Kana der Bräutigam gewesen und habe drei Frauen gehabt: Maria, Martha und die andere Maria, die Jesus lieb hatte **).

Natürlich weisen die Mormonen jede Andeutung, als sei die geistliche Ehe um des sinnlichen Genusses willen eingeführt, weit von sich, und versichern, es sei dies nur der religiösen Zwecke wegen (as a part of our religious creed) geschehen. Daneben behaupten sie, daß ihr System das beste Mittel sei, die Zügello-

---

*) Gunnison, The Mormons, p. 69 ff.
**) Diese letzte Behauptung ist, soviel wir wissen, zuerst aufgestellt vom Apostel Orson Hyde im „Guardian" vom 26. December 1851, später aber sehr häufig wiederholt.

sigkeit und die moralische und physische Erniedrigung, welche aus der Ehelosigkeit und aus der Verletzung der Heiligkeit der Ehe entstehe, aus der Welt zu verbannen. Sie könnten mit Recht Verführer und Ehebrecher aufs Strengste bestrafen, ja sie machten es sogar zu einer religiösen und socialen Pflicht, daß der Mann, dessen Frau, Tochter oder Schwester verführt worden, den Verführer tödte. Den Heiden halten sie dagegen die moralische Verderbniß, besonders in ihren großen Städten vor, und das so vielfach geduldete Concubinat ihrer Großen, Mächtigen und Reichen.*). Endlich berufen sie sich auch auf die Nothwendigkeit oder die Pflicht, ihr noch so wenig angebautes Land so rasch wie möglich zu bevölkern.

Die Gegner des Mormonismus haben schon lange in der Polygamie ihren hauptsächlichsten und wirksamsten Angriffspunct auf die ihnen in jeder Beziehung verhaßte Secte erkannt. Es ist offenbar, daß, ganz abgesehen von ihrer religiösen Begründung, die natürlich keine profane Kritik ertragen kann, ihre Vertheidigung sehr schwach ist. Sie haben eigentlich nur zwei politisch-sociale Gründe für ihre Institution anzuführen, nämlich: die Nützlichkeit einer schnelleren Bevölkerung des Landes und die Verminderung des Anreizes zur Verletzung der ehelichen Treue und zu außerehelichen geschlechtlichen Verbindungen. Was den ersten Grund anbelangt, so ist schwerlich irgendwo eine größere Bevölkerung die Folge der Polygamie, da die beiden Geschlechter im Allgemeinen in gleichem numerischen Verhältnisse vorhanden sind. Sicher kann diese Folge aber nicht in Utah eintreten, wo nach der letzten Zählung (1851) ungefähr 700, d. i. etwa 10 Procent weniger Frauen als Männer vorhanden waren. Nimmt man an, daß von den Frauen die Hälfte heirathsfähig war, so würden schon bei gesetzlicher Monogamie gegen 350 Männer aus Mangel an Frauen unbeweibt bleiben müssen. Da nun gegenwärtig manche der vornehmen Mormonen 8 bis 10, ja einzelne (wie dies namentlich vom Propheten Young gilt) 40 und mehr Weiber haben, so wird die Zahl der im gezwungenen Cölibat lebenden Einflußlosen und minder Vermögenden noch sehr bedeutend erhöht. Der so entstehende Ausfall in den Geburten kann aber lange nicht gedeckt werden durch die größere Zahl der Kin-

---

*) The Mormon (News Paper). New-York, Febr. 17. 1855.

der Eines Mannes mit einer Anzahl Frauen. So soll z. B. Young 30 Kinder haben. Von diesen sind 8 aus seinen beiden successiven monogamischen Ehen, es kommen also auf seine etwa 38 spiritual wives nur 22 Kinder. Hätten die 38 Frauen in Monogamie geheirathet, was bei dem Mangel an Weibern in Utah ohne Zweifel stattgefunden hätte, wenn keine Polygamie erlaubt gewesen wäre, so würden sie höchst wahrscheinlich allerwenigstens die dreifache Anzahl von Kindern geboren und am Leben erhalten haben; denn daß die Monogamie im Allgemeinen stärkere Kinder hervorbringt und ihnen bessere Pflege angedeihen läßt, ist schwerlich zu läugnen. Außerdem würden 38 heirathsfähige Männer nicht unter dem System, welches sie jetzt unbeweibt läßt oder ihnen erst später Heirathen gestattet, zu leiden haben. Die Polygamie ist ihrem Wesen nach aristokratisch und kann bei einer ausgebildeten Demokratie gar nicht bestehen. Uebrigens soll die Zahl der Ehemänner, welche mehr als eine Frau haben, bis jetzt höchstens ein Viertel der verheiratheten Männer betragen und von diesen hat wieder die Mehrzahl nicht mehr als zwei oder drei Frauen.

Ebensowenig kann die Polygamie in Utah der Unsittlichkeit hindernd entgegentreten, denn die Beispiele der Sittenverderbtheit, welche die Mormonen anführen, sind alle aus dicht bevölkerten Ländern und namentlich aus großen Städten hergenommen, passen aber gar nicht auf ein schwach bevölkertes, meist ackerbautreibendes Land mit den allereinfachsten natürlichen Verhältnissen. Zustände wie in London, Paris und New-York, die die Mormonen beschreiben, würden sie in Utah in den ersten hundert Jahren sicher noch nicht zu befürchten haben, wenn sie dieselben nicht selbst durch ihre verkehrten Institutionen herbeiführen. Uebrigens sagen ihre Gegner auch mit Recht, daß es den reicheren und höhergestellten Mormonen leicht sei, in puncto sexti innerhalb des Gesetzes zu bleiben, wenn sie das Gesetz nach ihrer Neigung machten und sich auf Kosten anderer so viel Spielraum reservirten, daß aller Grund noch darüber hinauszugehen für sie wegfiele.

Aber das System der „plurality" zerrüttet auch das ganze Familienleben. Gegenseitige bittere Gefühle und Streitigkeiten können unter den verschiedenen Frauen desselben Mannes nicht ausbleiben, auch dann nicht, wenn, wie in der Salzsee-Stadt häufig, für die späteren Frauen eigene Häuser mit von einander getrennten Wohnungen gebaut werden. Dies führt dann wieder zu Zank und Zwistigkeiten mit dem Mann, was sehr häufige Scheidungen veranlaßt. Daraus folgt wieder bei dem verhältnißmäßigen Mangel an Frauen rasche Wiederverheirathung. Zu welchen sittlichen Zuständen solche Praxis, die sich in der That einer Weiber-Gemeinschaft annähert, führen muß, läßt sich leicht erachten. Nach des besonnenen und unpartheiischen Gunnison Auffassung ist bei den älteren Frauen wenig oder gar keine Abneigung gegen das System bemerkbar, desto mehr aber bei den jungen Frauen und den unverheiratheten Mädchen. Er erzählt, es sei ein junges Mädchen gefragt, ob sie je darin willigen könne, Mistreß Blank № 20. zu werden, oder ob sie es ruhig ertragen würde, wenn sie in ihrer Jugend einen Mann ihrer Wahl geheirathet habe, der ihr Alles sei, und dann, nachdem die erste Blüthe ihrer Schönheit verschwunden sei, ihr Mann sie nach mehreren Wochen, wo er sich nicht habe sehen lassen, sie einmal wieder besuche und ihr sage: »Es freut mich sehr dich zu sehen und ich möchte gern ein Stündchen bei dir bleiben, aber — à propos, hast du meine neuste Braut № 17. schon gesehen, ist sie nicht ein allerliebstes Mädchen? — wahrhaftig es thut mir leid, aber ich muß jetzt wieder fort.« Ihre Antwort kam aus dem Grund ihrer Seele und war ein ernstes: »Nein, ich wollte lieber sterben.« Gunnison erzählt ferner, daß schon manche der an der Grenze wohnenden Frauen ihren »angesiegelten« (sealed) Ehemann verlassen und sich unter den Halbblut-Indianern und Jotawatomies wieder verheirathet habe, so das Leben in einer Indianerhütte von Nebraska den aufreibenden Gefühlen oder der Langenweile einer Mormonenehe vorziehend. Aber auch die jungen Männer sind großentheils unzufrieden, denn sie müssen nothwendig eifersüchtig werden, wenn ein junges Mädchen, welches vielleicht den Rathschlägen ihrer ehrgeizigen oder abergläubischen Mutter nachgiebt, ihn ausschlägt und einen alten Präsidenten oder Apostel heirathet, um eine Zeitlang eine hohe Stelle einzunehmen oder dereinst eine himmlische Königin zu werden. Der Fanatismus, welcher bei den älteren Mormonen dahin wirkt, sich allen Anordnungen des Propheten ohne Murren zu fügen, scheint bei den jüngeren nicht mehr in dem Grade vorhanden zu sein, und das Regiment zu führen, wird deshalb immer schwie=

riger. Auch hat die Macht des Präsidenten über die häuslichen und innersten Familienangelegenheiten durch die angemaßte Gewalt, die „plurality" jedem zu gewähren oder zu verweigern, ja sogar aufzuzwingen, eine sehr gefährliche Höhe erreicht. Brigham Young mag durch sein persönliches Ansehen sein Machtsystem aufrecht erhalten, aber die Stellung seines Nachfolgers wird außerordentlich schwierig werden.

Wir erinnern noch daran, daß die Polygamie der Mormonen sich wesentlich unterscheidet von der orientalischen und jeder anderen, bei welchen die Weiber abgesperrt oder mehr oder weniger zu Sklavinnen gemacht werden. Die Mormonen gestatten den Frauen trotz der Polygamie eine Freiheit und eine gesellschaftliche Stellung, wie sie sie in Europa einnehmen. Sie machen daher auch in dieser Beziehung ein ganz neues Experiment. Es scheint ihnen aber sehr anzurathen, wenn es noch möglich ist, dasselbe aufzugeben und zur Monogamie zurückzukehren, denn das System droht sie immer tiefer in den Abgrund zu führen. Schon berichten mormonische Apostaten von einem neuen Fortschritt in der auflösenden Richtung. Sie sagen nämlich, es bestehe ein sog. „Orden der klösterlichen Heiligen" (Order of the Cloistered Saints), über den sie Folgendes mittheilen*):

„Wenn ein Apostel, Hoher Priester, Aeltester oder Schriftgelehrter in eine Frau verliebt ist und sich ihrer Gegenliebe versichert hält, so theilt er seine Liebschaft dem Propheten im Vertrauen mit und bittet ihn, bei dem „Herrn" anzufragen, ob es recht und passend für ihn sei, diese Frau zu seinem spiritual wife zu machen. Bei dieser Art geistlicher Ehe ist es dann kein Hinderniß, wenn ein Theil oder beide Theile schon anderweitig gesetzlich verheirathet sind. Der Prophet stellt dann dem Herrn diese eigenthümliche Frage, und erhält er eine bejahende Antwort, was stets der Fall ist, wenn die Partheien bei ihm in Gunst stehen, so erscheinen sie mit einem gehörig autorisirten Geistlichen im Logenzimmer des Ordens, knieen vor dem Altar nieder, und der Geistliche beginnt die Feierlichkeit mit folgender Anrede: „Ihr zusammen und jeder einzeln verpflichtet euch und macht euch im

---

*) Ferris, Utah and the Mormons, p. 265 ff. und Bowes, Mormonism Exposed (eine in England erschienene Schrift, die wir nicht selbst gesehen haben und die manche Uebertreibungen zu enthalten scheint).

Namen Jesu Christi, des Sohnes Gottes, feierlich verbindlich, daß ihr von der heiligen Handlung, die hier vor sich gehen soll, nichts offenbaren wollt, wodurch irgend einem Heiden (Nicht= Mormonen) etwas von dem heiligen Zwecke dieses Ordens zur Kenntniß kommen könnte, oder wodurch die Heiligen Verfolgungen ausgesetzt werden möchten, bei Verlust eures Lebens." Dann folgt die Copulation und beide verlassen das sog. Kloster, regel= mäßig in dem festen Glauben, wenigstens von Seiten der Frau, daß die Ceremonie heilig und gültig sei. Sie betrachten sich dann als in geistlicher Ehe vereinigt, die dieselben Rechte und Pflichten giebt, wie jeder andere Ehevertrag."

Die Existenz dieses schändlichen Instituts, welches angeblich vorzüglich dazu dienen soll, mit Heiden verheiratheten Mormo= ninnen durch diese geheime zweite Heirath mit einem Mormonen für das Himmelreich zu gewinnen, beruht freilich nicht auf un= partheiischen und völlig glaubwürdigen Aussagen; aber dasselbe war anfangs mit der Thatsache der spiritual wifery überhaupt der Fall, die auch zuerst durch beleidigte Apostaten bekannt ge= macht wurde und später sich als vollkommen wahr erwies. Das= selbe könnte mit diesem sog. Klosterorden der Fall sein; doch hal= ten wir bis weiter diese Beschuldigung für erdichtet *).

Die Institution der Polygamie scheint es auch gewesen zu sein, welche die Hauptveranlassung zu einem heftigen Zusammen= stoß mit den Gladdeniten im Frühling 1853 wurde. Gladden's Anhänger haben sich nämlich nicht aus Utah vertreiben lassen und bekämpfen den Young'schen Mormonismus auf seinem eige= nen Gebiet. Es trat zu dieser Zeit der Gladdeniten=Führer Smith in der Salzsee=Stadt selbst auf und predigte gegen die Polygamie und gegen jede Abweichung vom Buche Mormons, welches er außer der Bibel als das einzige kanonische Buch anzuerkennen scheint, indem er selbst dem "Buch der Lehre und Bündnisse" nur beschränkte Gültigkeit zugesteht. Dies machte den Propheten Young und seine unbedingten Anhänger ernstlich besorgt. Am Sonntage den 20. März 1853 wollte dieser Bekämpfer der herrschenden Kir= che, der sich für rechtgläubiger hielt, als den Stifter der Kirche

---

*) Zu dieser Ansicht bewegt uns noch besonders die Art, wie der Ober= richter Kinney sich ganz kürzlich über den Zustand der Moralität in der Salzsee=Stadt ausgesprochen hat. S. Anhang № 6. am Ende.

selbst, wieder auf der Straße eine Predigt halten, und hatte eine
Menge Menschen um sich versammelt, die in keiner Weise die
Ruhe störten. Aber kaum hatte er angefangen zu predigen, als
der Stadt-Marschall im Auftrage des Propheten-Gouverneurs da-
zwischen trat und die Versammlung auseinander trieb. Dadurch
nicht abgeschreckt lud Smith die Versammlung wieder auf den
folgenden Sonntag ein; doch zur bestimmten Stunde erschien
abermals der Marschall, verhaftete den ketzerischen Prediger und
hielt ihn so lange gefangen, bis er versprach an demselben Tage
keinen ferneren Versuch zum Predigen zu machen. Während dies
geschah, hielt der Prophet Young eine Predigt im Tabernakel,
worin er auf grobe und gemeine Weise auf die Glabbeniten
schimpfte und fast geradezu zur Gewaltthätigkeit und zur Vertreibung derselben aufforderte. In gleichem Sinne sprach nach ihm
Parley Pratt und am folgenden Sonntage die Aeltesten Era-
stus Snow und Amasa Lyman *). Smith versuchte nochmals

---

*) Young sagte in seiner Predigt u. A. von Smith, der einen Hausir-
handel trieb, und von seinen Anhängern: "Ich sage euch, Bischöfe, erlaubt
ihnen nicht, in euren Wards zu predigen. Wer hat die Wege nach diesen
Thälern geöffnet? Thaten es dieser kleine schäbige (nasty) Smith und sein
Weib? Nein, die trieben sich in St. Louis herum, während wir es thaten,
hausirten mit ihrem Buud und küßten die Helden. Ich weiß auch, was sie
hier getrieben haben; sie haben ganz übertriebene Preise für ihre schäbigen,
stinkigen Bänder gefordert (Stimmen: "Das ist wahr!"). Wir haben die
Straßen nach diesem Lande gebrochen. Nun, ihr Glabbeniten, haltet das
Maul, damit ihr nicht zu Nichte werdet, ehe ihr es euch verseht!... Ich
sage, lieber als daß ich die Apostaten hier ihr Wesen treiben sehen will, will
ich mein Bowie-Messer ziehen und siegen oder sterben (Große Bewegung in
der Versammlung; allgemeine Beifallsbezeugungen). Nun, ihr schäbigen Apostaten, macht, daß ihr fortkommt, oder ein strenges Gericht soll über euch ergehen! (allgemeines Geschrei: Ja, ja, das soll's!). Wenn ihr sagt, daß es
so recht ist, so strecket die Hände empor (alle Hände erheben sich). Laßt uns
den Herrn anflehen, daß er uns bei diesem wie bei jedem guten Werke seinen
Beistand leihe!" — Pratt schloß seine Rede: "Man predigt euren Untergang... Es ist klug, nicht zu warten, bis man euch todtschlägt, sondern
euch zu wehren, so lange ihr noch am Leben seid. Ich habe hierüber genug
gesagt!" — Snow sagte geradezu, er hoffe, daß Gott die Glabbeniten vernichten werde, und versprach Allen, die die göttliche Gerechtigkeit in diesem
Falle in Ausführung bringen und die Glabbeniten mit Weib und Kind vom
Erdboden vertilgen würden, die himmlische Krone; und Lyman meinte, es
sei dies eine Gelegenheit, wo "gewisse Mitglieder" die ihnen besonders übertra-

eine Versammlung in seinem eigenen Hause zu halten, aber eine große Menge Youngianer sammelten sich um das Haus und verjagten alle Glabbeniten, die hineingehen wollten, mit Steinwürfen und Schlägen. So wurde Smith mit Gewalt verhindert, seine religiösen Ueberzeugungen vor einer größeren Anzahl Gleichgesinnter auszusprechen, doch blieb er von körperlichen Mißhandlungen verschont. Das Beispiel zeigt aber, daß die Mormonen, wo sie in der Mehrzahl sind, Andersdenkenden so wenig religiöse Freiheit praktisch gewähren, wie sie ihnen in den Staaten zugestanden worden ist, wenn auch die Glaubensbekenntnisse, wie die Constitution der Vereinigten Staaten, das Gegentheil in theoretischer Allgemeinheit aussprechen. Doch haben sie bis jetzt ihre Gegner noch nicht mit solcher Brutalität behandelt, wie die Missourier und Illinoiser gegen sie verfuhren.

Capitel XXX.

Das Verhältniß zu den Indianern und zur Bundes-Regierung.

Die Indianer, welche das nordöstliche Utah bewohnten, als die Mormonen dort anlangten, gehörten den Stämmen der Utah's und der Shoshonees an; andere Stämme, wie die Apaches, Crows und Ogallallas durchstreiften das Land ab und zu, ohne feste Wohnsitze dort zu nehmen. Den ersten beiden Stämmen gehören der Abstammung nach die sog. "Wurzel-Gräber" (root-diggers) an, welche aus den Hauptstämmen der Utah's und Shoshonees oder Snakes ausgestoßen sind und auf der allerniedrigsten Stufe der Cultur stehen, worauf menschliche Wesen stehen können. Sie leben größtentheils, wie ihr Name sagt, von wilden Wurzeln, die sie aus der Erde graben, sowie von dem Samen verschiedener

---

genen Pflichten in Ausübung zu bringen hätten — worin, wie man glaubte, eine Anspielung auf den Orden der "Daniten" oder der "Brüder Gideons", wie sie in neuerer Zeit auch genannt werden, liegen sollte. Vergl. Ferris (der diese Reden selbst mit angehört zu haben scheint) in seinem "Utah and the Mormons", p. 327—334.

Pflanzen, den sie zwischen zwei Steinen zerreiben. Da die Gegend von jagdbarem Wild wenig besucht wird und sie auch schlechte Jäger sind, beschränkt sich ihre animalische Nahrung auf Eidechsen, Heuschrecken und dergl. kleine Thiere; nur eine Abtheilung von ihnen, die sog. Pah-Utahs, d. i. Wasser-Utahs, die etwas südlicher, am Ricollet-Fluß und See und weiter südlicher wohnen, beschäftigen sich mit dem Fischfange. Das Jordan-Thal, in welchem die Mormonen ihre erste Niederlassung machten, war das Kriegs- und Jagd-Revier der Snake-Diggers, d. h. der Wurzel-Gräber vom Snake- oder Shoshonee-Stamme und der Utahs. Diese fühlten sich zwar durch die neuen Eindringlinge beeinträchtigt, wagten aber nicht, sich ihrer Niederlassung sofort mit den Waffen zu widersetzen, zogen sogar, wie wir schon oben erwähnt haben, hin und wieder Nutzen von den Colonisten. Bis zum Winter 1849—50 wurde der Frieden nicht gestört. Da aber trieben die Utahs die Viehdiebstähle in großer Ausdehnung, drangen auch ab und zu in die Häuser der Ansiedler im Utah-Thale und ertrotzten sich Lebensmittel und andere Sachen. Dies zwang die zerstreuten Farmer, sich in das Fort Utah zurückzuziehen und sich um Schutz an die Präsidentschaft zu wenden. Diese war sehr abgeneigt, den Krieg mit den Indianern zu eröffnen und suchte durch Unterhandlungen mit dem ersten Häuptling des Stammes, Old Elk genannt, den Frieden aufrecht zu erhalten. Die Utahs legten dies als Schwäche aus und wurden nur noch übermüthiger. Unter diesen Umständen und unter Zurathen des Chefs der Vermessungs-Expedition, Capitain Stansbury, der den Winter in der Salzsee-Stadt zubrachte, entschloß sich endlich die Präsidentschaft, den im Fort Utah vorhandenen Streitkräften zwei Compagnien zu Hülfe zu schicken und einen Angriff anzuordnen. Die Indianer warteten den Angriff nicht ab, sondern flohen in die Bergschlüchte, wo sie im strengen Winter und bei hohem Schnee ein kümmerliches Leben fristeten. Krankheiten entstanden und viele starben, worunter Old Elk selbst. Eine große Parthei wurde endlich gezwungen sich zu ergeben, als sie aber die Waffen abliefern sollte, weigerte sie sich und nun wurde ein großes Blutbad unter ihnen angerichtet. Nur wenige entkamen. Der neue Chef Stick-in-the-head (Stich-in-den-Kopf) bat nun um Frieden; doch wurde eine große Zahl Gefangener, meistens Weiber und Kinder, nach Fort Utah gebracht und dort besser verpflegt, als sie

jemals sich selbst hatten versorgen können. Man suchte sie auch
an allerlei Arbeiten und Dienstleistungen zu gewöhnen, aber es
war ein vergebliches Bemühen, sie zu »zähmen«. So wie sich
eine Gelegenheit zeigte, entflohen sie wieder nach ihren Schnee=
wohnungen in den Schluchten und nach und nach ließ man sie
alle frei.

Indessen hatte die den Utahs ertheilte Züchtigung die Folge,
daß auch die Snakes sich ruhig hielten, und daß, einige kleine
Reibungen abgerechnet, ein friedliches Verhältniß mit allen In=
dianern eintrat. Der Utah=Chef Walker (eigentlich Wah=kah)
zeigte sich den Mormonen besonders geneigt und ließ sich auch
einmal taufen, dies war aber nur eine Gefälligkeit, die er seinen
Freunden erzeigte, ohne daß er sich dadurch irgendwie gebunden
fühlte. Alles Proselytenmachen unter den Indianern ist den Mor=
monen eben so sehr mißglückt, als den Missionairen der andern
christlichen Secten, die immer nur sehr geringen Erfolg gehabt
haben.

Erst im Sommer 1853 beunruhigten die Utahs wieder die
entlegeneren Mormonen=Niederlassungen, raubten viel und tödte=
ten einzelne weiße Einwohner. Eine allgemeinere Beachtung fan=
den diese Gewaltthätigkeiten aber erst, als der Chef einer der
Expeditionen zur Aufsuchung des besten Eisenbahn=Tracts nach
dem stillen Meere, der Capitain Gunnison mit sieben seiner Be=
gleiter am 27. Octbr. 1853 in der Nähe des Nicollet=Sees von
den Indianern überfallen und getödtet wurden. Durch des Gou=
verneurs Young Vermittlung und rasches Einschreiten wurden
vom Utah=Chef Walker ein Theil der Papiere und Instrumente
der Ermordeten wieder herbeigeschafft; dieser selbst aber hatte we=
der an dem Ueberfall Theil genommen, noch denselben gebilligt;
jedoch erklärte er sich außer Stande, die Schuldigen auszuliefern.
Seit dieser Zeit haben die Kämpfe mit den Indianern und na=
mentlich den Utahs im Mormonen=Lande nicht wieder aufgehört
und Walker selbst erklärte sich bald auch als Feind der Mormo=
nen. Obgleich die letzteren natürlich im Allgemeinen siegreich
waren, sahen sich die kleineren Ansiedelungen doch häufig hart
bedrängt und die Bewohner mußten sich in die Forts und die
größeren Niederlassungen zurückziehen. Gegen Ende 1854 hatte
sich freilich die feindselige Stimmung der Indianer etwas gelegt,
da aber alle westlichen Indianer sehr gegen die Weißen aufgeregt

sind und, wie es scheint, ein Bündniß zur Bekämpfung der Weißen geschlossen haben, so wird auch dem Frieden mit den Indianern in Utah nicht zu trauen sein. In diesem Frühjahr ist eine verhältnißmäßig starke Vereinigten-Staaten-Armee (4100 Mann) gegen die Indianer in Nebraska und Kansas commandirt, schwerlich wird dieselbe aber bis nach Utah vordringen, eine Hülfe, welche die Mormonen bis jetzt weder nöthig haben, noch auch wünschen, denn sie scheuen jede Berührung mit der bewaffneten General-Regierung.

Das Verhältniß nämlich, worin die Mormonen zur General-Regierung oder wenigstens zu deren Beamten in Utah stehen, ist nicht immer ein sehr freundliches gewesen, trotz den bundestreuen Gesinnungen, welche die Mormonen wenigstens äußerlich zur Schau tragen (Cap. XXV.). Die Schuld davon trifft ebensosehr oder mehr die dorthin geschickten Beamten, als den Mormonen-Gouverneur und sein Volk. Den vom Präsidenten zuerst ernannten Richtern für das Territorium scheint es an aller Gewandtheit oder an aller Lust, sich den Eigenthümlichkeiten des Volks, unter dem sie leben sollten, ein wenig anzubequemen, gefehlt zu haben; in ihren amtlichen Beziehungen ist ihnen nichts Schlimmeres widerfahren, als daß die Mormonen ihre Dienste gar nicht begehrten, sich nie zur Entscheidung von Rechtsstreitigkeiten an sie wandten, sondern bei ihren kirchlichen Behörden Recht nahmen, was der Civil-Regierung gegenüber wie eine Vereinbarung über ein Schiedsgericht zu betrachten und daher völlig erlaubt war. Sie fühlten sich aber so vernachlässigt und so unbehaglich, daß sie nach kurzem Aufenthalt (1851) plötzlich von der Salzsee-Stadt abreisten, ohne abberufen zu sein und ohne ihr Amt niederzulegen. Der Präsident der Verein. Staaten billigte diese Handlungsweise nicht und ernannte neue Richter für Utah. Die vom Präsidenten ernannten Staatssecretaire für Utah haben es auch immer nur kurze Zeit am Salzsee ausgehalten. So kehrte Benjamin Ferris schon nach sechsmonatlichem Aufenthalte über Californien wieder nach dem Osten zurück. Die Schilderung, welche er in seinem mehrfach von uns angeführten Werke von den Mormonen entworfen, zeigt deutlich, wie unbefriedigt er sich unter ihnen fühlte, und dieses Gefühl hat ihn oft zu offenbarer Partheilichkeit gegen sie verleitet. Die jetzigen Richter sind dagegen sehr zufrieden mit den Verhältnissen in Utah, namentlich lobt der Oberrichter John

F. Kinney die öffentlichen Zustände im Lande, namentlich auch die Moralität der Bewohner aufs Entschiedenste.

Die Gouverneure der Territorien werden vom Präsidenten der Vereinigten Staaten immer nur auf vier Jahre ernannt. Brigham Young war im October 1850 ernannt, seine Amtszeit war also im October 1854 abgelaufen. Der jetzige Präsident Pierce wurde gedrängt, diesmal nicht wieder einen Mormonen zum Gouverneur von Utah zu ernennen, theils weil die jetzt öffentlich erklärte Polygamie dies unziemlich mache, theils weil Brigham Young ausgesprochen haben solle, er werde doch Gouverneur bleiben, wenn auch der Präsident jemand anders zu seinem Nachfolger ernenne, woraus klar hervorgehe, daß die Mormonen sich von der Union unabhängig machen wollten. Obgleich nun eine solche Aeußerung Youngs weder constatirt, noch ihr Sinn deutlich ist, da dieselbe, wenn sie wirklich geschehen ist, schwerlich bedeuten soll, daß er sich mit Gewalt im Gouverneurs-Amte behaupten wolle, sondern daß er als geistliches Oberhaupt die größte Macht in Utah behalten werde, wenn auch ein Nicht-Mormone Gouverneur sei: so ging doch Pierce auf diese Ansicht ein und ernannte den Nicht-Mormonen Oberst Steptoe, welcher in der Salzsee-Stadt das Commando über eine kleine Abtheilung Vereinigten-Staaten-Truppen hat, zum Gouverneur für die nächsten vier Jahre. Die Anzeige von dieser Ernennung ist erst spät im Winter nach der Salzsee-Stadt gelangt, und nach den letzten Nachrichten von dort hatte Steptoe sich noch nicht entschieden, ob er das Amt annehmen wolle oder nicht. Young ist deshalb noch immer rechtmäßiger Gouverneur. Steptoe's Bedenklichkeit ist leicht erklärlich, denn es würde ihm schwerlich gelingen, sich in seinem Amte populär zu machen und Verdrießlichkeiten und Schwierigkeiten aller Art würden nicht ausbleiben. Aber eine Wahrscheinlichkeit, daß man ihn nicht anerkennen würde, wenn er sich zur Annahme des Gouvernements entschlösse, ist durchaus nicht vorhanden *).

---

*) Nach den neuesten Nachrichten vom Salzsee ist von dort eine große Petition an den Präsidenten der Vereinigten Staaten abgegangen, worin gebeten wird, er möge Brigham Young wieder zum Gouverneur von Utah ernennen. Der designirte neue Gouverneur, Oberst Steptoe, soll selbst diesem Gesuche der Mormonen beigetreten sein.

Freilich bleiben Reibungen zwischen den Mormonen und den Sendlingen der Generalregierung noch immer nicht aus. So kam es am Neujahrstage 1855 zu einem ernsthaften Zusammenstoß zwischen den Vereinigten=Staaten=Soldaten und den Bürgern der Salzsee=Stadt. Der Streit brach in Trinkhäusern aus, deren gänzliche Aufhebung übrigens schon vom Stadtrath beschlossen ist. Es kam zur Anwendung von Schießgewehr und 7 bis 8 Personen wurden verwundet, darunter zwei Soldaten schwer, so daß man an ihrem Aufkommen zweifelte. Besonders ernsthaft wurde aber die Sache dadurch, daß die Mormonen ihre ganze Legion aufstellten und das Bataillon der Vereinigten=Soldaten=Truppen, welches unter Oberst Steptoe's Commando in der Salzsee=Stadt stationirt ist, niederzumachen drohten. Das aus drei Compagnien bestehende Bataillon mußte drei Tage unter Waffen bleiben und sich förmlich verschanzen, jeden Augenblick eines Angriffs von Seiten der Legion gewärtig. Endlich gelang es besonnener Vermittelung, es durchzusetzen, daß die Feindseligkeiten beiderseits eingestellt wurden.

Inzwischen hat der Präsident Pierce eine kleine Armee von reichlich 4000 Mann aufgeboten und unter das Commando des Generals Harney gestellt, um die unruhigen Indianer auf den Ebenen zwischen dem Missouri und dem Felsengebirge zu Paaren zu treiben. Da diese Truppenzahl größer ist, als man sie seit langer Zeit auf einmal und in einen Truppenkörper vereinigt gegen die Indianer mobil gemacht hat, so haben einige Politiker gemuthmaßt, daß General Harney zugleich auch eine Demonstration gegen die Mormonen möge machen sollen, wozu vielleicht die geheimen Berichte Steptoe's die Veranlassung gegeben haben könnten. Diese bloßen Muthmaßungen sind in unsern Augen ohne allen Grund.

Uebrigens befindet sich General Harney's Hauptquartier noch jetzt (Mitte April 1855) in St. Louis am Mississippi, und er würde, wenn er erst die Indianer zu bekämpfen hat, schwerlich vor dem Anfang des nächsten Winters das Wahsatch=Gebirge erreichen können.

Capitel XXXI.

Der numerische Bestand der Mitglieder der Mormonen-Kirche.

Es ist keinem Zweifel unterworfen und wird von den Mormonen selbst zugegeben, daß die Zahl der Mitglieder der Kirche zur Zeit des Todes des Propheten Joseph und bis zum Exodus aus Nauvoo größer war als später und ohne Zweifel noch jetzt. Die Vertreibung aus Illinois, die dadurch veranlaßte größere Sterblichkeit, der Mangel an einem Centralpunkte, welcher mehrere Jahre dauerte, und die große Abgelegenheit des später gewählten am Salzsee — Alles dies mag dazu beigetragen haben, daß die Zahl der "Heiligen" sich verminderte. Auch haben die Spaltungen, die Excommunicationen und Apostasien zur Folge hatten, dazu mitgewirkt, und noch fortwährend sind Ausschließung aus der Kirche und freiwilliger Austritt, namentlich von Neubekehrten, periodisch eben so wirksam, die Mitgliederzahl zu reduciren, wie die Thätigkeit der Missionaire, sie zu vergrößern. Aber es läßt sich auch nicht läugnen, daß Joseph Smith eine größere Anziehungskraft besaß als Brigham Young.

Unsere Nachrichten über den numerischen Bestand der Kirche reichen nur bis zu Anfang des Jahres 1853 und sind sehr unvollständig. Es wird nämlich die Gesammtzahl der Jüngsten-Tags-Heiligen um diese Zeit vom "Deseret Almanac" auf die runde Zahl von 150,000 angegeben, aber nur für die in Utah und die in Großbritannien werden specielle Zahlen angegeben. Wir wollen den Versuch machen, nach einzelnen anderen Daten, die uns zu Gebote stehen, die Zahl der Mormonen in allen Ländern einzeln abzuschätzen.

In dem Hauptlande Utah waren Anfang 1853 nach dem Deseret Almanac, herausgegeben von W. W. Phelps, zu der Zeit Sprecher des Hauses der Repräsentanten, "etwas über 30,000 Mormonen", nach Orson Pratt's "Seer" aber 30 bis 35,000. Danach mag die gegenwärtige Zahl unter Berücksichtigung der fortwährenden Einwanderung 38,000 betragen. Im übrigen Gebiet der Vereinigten Staaten waren an folgenden Orten Stakes oder Gemeinden: in Jowa zu Council-Bluff-City, Burlington und Keokuk; in Missouri zu St. Louis; in Louisiana zu New-Orleans; in Illinois zu Alton; in Ohio zu Cincinnati; in Pennsylvanien zu Philadelphia, vielleicht auch zu Pittsburg; in New-York in der Stadt New-York; in Connecticut zu Hartford; in Massachusetts zu Boston; in Maine zu Portland und in Californien zu San Francisco und San Bernardino. Außerdem leben manche zerstreut auch in den übrigen Staaten. Wir schätzen die Zahl derselben folgendermaßen ab: Jowa, in den drei Gemeinden und zerstreut im Lande, 3000; Missouri, im St. Louis-Stake allein 1800, im Ganzen 2000; Illinois, wo abgesehen von der Gemeinde in Alton, manche zerstreut wohnende von der Nauvooer Periode her zurückgeblieben sein werden, 1500; Louisiana, worüber bisher die Haupteinwanderung ihren Weg nahm, 1000; Ohio, wo Cincinnati ein wichtiger Stake ist, 2000; Pennsylvania, wo unter den zahlreichen Arbeitern in den Eisenfabriken immer viele Mormonen sind, 3800; Connecticut 300; Massachusetts 800; Maine 500; California, wo außer den beiden großen Gemeinden in San Bernardino und San Francisco viele Mormonen in den Bergwerks-Districten zerstreut leben, 4000; New-York, wo eine eigene Mormonen-Zeitung erscheint und welches von jetzt an der Hauptplatz für die mormonische Einwanderung sein wird*), 5000; endlich alle übrigen Staaten und Territorien der Union 1600.

---

*) Am Ende des vorigen Jahrs hat der Prophet Young an den mormonischen Auswanderungs-Agenten, Aeltesten J. D. Richards, „Präsidenten der europäischen Kirche", die Instruction erlassen, die Auswanderung nach Utah nicht mehr, wie bisher, über New-Orleans zu leiten, weil dort und auf der Fahrt auf dem weiteren Mississippi so viele Erkrankungen vorfielen. Er habe künftig Schiffe nach Philadelphia, Boston und New-York für die Beförderung zu wählen und zwar in der Ordnung, wie die Städte hier genannt sind, dem Bestimmungsort den Vorzug zu geben. (Natürlich wird dennoch die Mehrzahl über New-York befördert werden). Sollten aber einige Emigranten aus besonderen Gründen wünschen, über New-Orleans zu gehen, so dürften sie wenigstens nicht später als bis zum 1. December eingeschifft werden, damit sie vor der Zeit der Krankheiten den Mississippi hinaufkämen. Es sei ihnen zu rathen, von New-Orleans unverweilt nach Missouri oder Jowa zu gehen, und sich dort so lange aufzuhalten und Arbeit zu suchen, bis sie den Zug über die Ebenen (nach Utah) anzutreten Gelegenheit hätten.

Außerhalb der Union sind in Nordamerika nur in den britischen Provinzen, namentlich in Neu-Schottland und Ober-Canada Mormonen in größerer Anzahl. Wir schätzen sie auf etwa 5000. In Südamerika ist, soviel wir wissen, nur eine Mission in Chile (Valparaiso); für das ganze übrige Amerika (Südamerika und Westindien) werden daher schwerlich mehr als 200 veranschlagt werden dürfen.

In Europa ist Großbritannien das Land, wo die meisten Mormonen leben und die größte Zahl von Proselyten gemacht wird; weniger werden im katholischen Irland gewonnen. Nach Orson Pratt waren Anfang 1853 in Großbritannien und Irland 30,690 Mormonen; wir werden jetzt sicher 32,000 rechnen dürfen. Dann liefert Skandinavien die meisten Mormonen und zwar früher Norwegen, jetzt Schweden. Die ganze Zahl in Dänemark, Schweden und Norwegen schlagen wir auf 5000 an. In Deutschland werden fortwährend Missionen unterhalten und in der Schweiz war wenigstens bis 1853 eine Mission, aber in beiden Ländern hat die Bekehrung sehr geringe Fortschritte gemacht. Die Zahl der in diesen Ländern lebenden Mormonen wird nicht höher als auf 1000 anzuschlagen sein. Aehnlich verhält es sich mit Frankreich, wohl noch in höherem Grade, so daß wir es nur auf 500 schätzen können. In allen übrigen europäischen Ländern (denn die Mormonen haben fast überall festen Fuß zu fassen versucht) mögen höchstens noch 500 vorhanden sein. Das Buch Mormons ist übersetzt ins Wallisische, Dänische, Deutsche, Französische, Italienische und jetzt wahrscheinlich auch ins Spanische.

In Asien wurde zuerst eine Mission in Palästina errichtet, jedoch allem Anschein nach mit schlechtem Erfolg; ferner in Ostindien und zwar in Calcutta und Madras, wo auch ihre heiligen Schriften, wenigstens auszugsweise, in zwei hindostanische Dialecte (Tamil- und Telugu-Sprache) übersetzt sind, sowie in Siam. Endlich sind in neuerer Zeit Missionaire nach China geschickt. Dennoch wird die Zahl der Heiligen in Asien schwerlich 1000 übersteigen.

Nach Afrika sind freilich auch Missionaire geschickt, aber ihre Wirksamkeit ist nie von Bedeutung gewesen. Sollten dort (Liberia?) überhaupt Mormonen sein, so wird ihre Zahl gewiß nicht 100 überschreiten.

In Australien und Polynesien sind Missionen in Neu-Süd-Wales (Sidney), auf den Sandwichs-Inseln und auf den Gesellschafts-Inseln. Von allen wird gerühmt, daß sie sehr gut gedeihen. Auf den Sandwichs-Inseln sind jedoch nach den eigenen neuesten officiellen Angaben der Mormonen nicht mehr als etwa 800 Bekehrte. Die auf Neu-Holland und den Gesellschafts-Inseln werden wahrscheinlich nicht zahlreicher sein, wir veranschlagen daher die Gesammtzahl auf 2400.

Außerdem sind nun fortwährend eine nicht geringe Anzahl nach Utah wandernder Mormonen unterwegs, sowie auch eine nicht ganz kleine Zahl von Missionairen. Wir wollen sie auf 1800 ansetzen.

Nun bleiben noch die Schismatiker übrig, die freilich der Deseret Almanac schwerlich mit in seiner Gesammtzahl von 150,000 berechnet hat. Unter diesen fallen jedoch die Gladdeniten weg, denn sie leben, soviel wir wissen, alle in Utah und sind jedenfalls mit unter den 38,000 Mormonen in diesem Territorium befaßt. Es bleiben dann noch übrig die Strangiten in Beaver Island und Umgegend in Michigan, deren Zahl 2500 betragen mag, die Anhänger Rigdon's in Pittsburg und Umgegend wohl höchstens 500, und die Anhänger Wight's und Anderer in Texas, wahrscheinlich auch nicht mehr als 500. Also Gesammtzahl der Schismatiker: 3500. Hieraus ergiebt sich folgende

Uebersicht der Zahl der Mormonen auf der ganzen Erde.

Amerika.

Vereinigte Staaten:
Utah	38,000
Jowa	3,000
Missouri	2,000
Louisiana	1,000
Illinois	1,500
Ohio	2,000
New-York	5,000
Pennsylvania	3,800
Connecticut	300
Massachusetts	800
Maine	500
	57,900

Amerika.

	Uebertrag:	57,900
Verein. Staaten: California		4,000
Alle übrigen Staaten u. Territorien der Union		1,600
		63,500
Britisches Nordamerika (Neu-Schottland, Ober-Canada ꝛc.)		5,000
Das übrige Amerika (Südamerika und Westindien ꝛc.)		2000
Ganz Amerika		68,700

Europa.

Großbritannien und Irland	32,000	
Skandinavien	5,000	
Deutschland und die Schweiz	1,000	
Frankreich	500	
Das übrige Europa	500	
Ganz Europa		39,000

Asien.

Palästina, Ostindien, China	1,000

Afrika.

Im ganzen Welttheil	100

Australien und Polynesien.

Neu-Süd-Wales, Sandwichs-Inseln und Gesellschafts-Inseln		2,400
Auf der Reise		1,800
Schismatiker: Strangiten	2,500	
Rigdoniten	500	
Wightiten	500	
		3,500
Gesammtzahl auf der ganzen Erde		116,500

Wir halten es für möglich, daß wir uns bei der Abschätzung um Tausende versehen haben, aber nicht um Zehntausende, und wir sind deshalb der Ueberzeugung, daß die Angabe der Mormonen von 150,000 (schon 1853) eine Uebertreibung ist. Es können allerhöchstens 120,000 Mormonen vorhanden sein.

Chronologische Uebersicht der Geschichte der Mormonen.

1805.	Dec. 25.	Joseph Smith's Geburt zu Sharon in Vermont.
1815.		Sein Umzug nach Palmyra in New-York.
1822.		Seine erste Vision.
1823.	Sept. 23.	Seine zweite Vision.
—	„ 24.	Ein Engel zeigt Jos. Smith die „Goldplatten."
1824 — 1827.		Vorbereitung die Goldplatten würdig zu empfangen. — In diese Zeit fällt auch Joseph's Verheirathung mit Emma Hale.
1827.	Sept. 22.	Die Goldplatten werden dem Propheten Joseph Smith überliefert.
1829.	Mai 15.	Beginn mit der Uebersetzung der Goldplatten-Schrift.
1830.	Frühling.	Herausgabe der sog. Goldenen Bibel oder des Buchs Mormon.
—	April 6.	Gründung der Mormonen-Kirche zu Manchester im Staate New-York.
—	August.	Parley P. Pratt's Bekehrung.
1831.	Januar.	Sidney Rigdon's Bekehrung.
—	Mai.	Verlegung des Sitzes der Kirche nach Kirtland in Ohio (Shinahar).
—	Juli.	Offenbarung, nach welcher die Kirche nach Independence, Jackson-County, in Missouri (Mount Zion) verlegt werden soll.
1832.	Januar.	Der Prophet zu Hiram in Ohio getheert und gefedert.
1833.	Juli 20.	Beschluß der Anti-Mormonen in Jackson-County, die Mormonen aus dem County zu vertreiben.
—	November.	Vertreibung der Mormonen nach Clay-County in Missouri.
1834.	Mai.	Die Mormonen-Kirche mit dem Namen „Kirche der Jüngsten-Tags-Heiligen" belegt.
—	Mai.	Der Prophet zieht mit bewaffneter Mannschaft von Kirtland nach Clay-County.
—	Juli.	Rückkehr nach Kirtland.

1836.		Der Tempel in Kirtland vollendet.
		Die Mormonen in Missouri ziehen von Clay-County nach Caldwell- und Daviess-County (Hauptort: Far West).
1837.		Die Kirtland-Bank errichtet.
1838.	Januar.	Die Bank wird bankerott. Der Prophet, Rigdon ꝛc. fliehen nach Far West.
—		Der „Big Fan" oder Danaiten-Orden errichtet.
—	August.	Unruhen bei den Wahlen in Gallatin, Daviess-County.
—	November.	Vertreibung der Mormonen aus ganz Missouri. Gefangenschaft von Joseph Smith u. Andern. Metzelei zu How's Mills.
1838. Nov. — 1839. März.		Exodus aus Missouri.
1839.	April.	Smith's Befreiung aus der Gefangenschaft.
1840.		Gründung der Stadt Nauvoo in Illinois.
1841.	Frühling.	Der Stadt Nauvoo große Vorrechte bewilligt.
—	Herbst.	Smith's Verhaftung in Missouri verlangt.
1842.	Anfang.	Die Whigs fangen an gegen die Mormonen zu intriguiren.
—		Der Tempelbau zu Nauvoo begonnen.
1843.	Juni.	Joseph Smith im Staate Missouri des Mordversuchs gegen den Er-Gouverneur Boggs angeklagt. Smith verhaftet und wieder befreit.
—	Juli 12.	Die Polygamie durch eine Offenbarung erlaubt, die jedoch selbst vor der großen Masse der Mormonen geheim gehalten wird.
1844.	Januar.	Joseph Smith tritt als Candidat für die Präsidentschaft der Vereinigten Staaten auf.
—	Mai.	Heftige Opposition von William Law u. A. gegen den Propheten und seine Regierung. Die Druckerei des Expositor zerstört.
—	Juni 17.	Vereitelter Versuch, den Propheten und Genossen zu verhaften. Allgemeine Bewaffnung gegen die Mormonen.
—	Juni 24.	Der Prophet, sein Bruder Hiram u. m. stellen sich freiwillig dem Gerichte in Carthage.
—	Juni 27.	Ermordung des Proph. Jos. Smith u. d. Patriarchen Hiram Smith im Gefängnisse zu Carthage.

1844.	Herbst.	Brigham Young zum Propheten erwählt. Rigdon, Strang, William Smith und Lyman Wight excommunicirt.
—	October 25.	Staatstruppen unter General Hardin besetzen Hancock=County, um die Ruhe aufrecht zu erhalten.
1845.	Anfang.	Die Mormonen=Privilegien widerrufen.
—	August.	Zurückberufung aller Missionaire. Vorbereitungen zum Auszuge aus Illinois.
—	Herbst.	Zerstörung der Mormonen=Ansiedelungen in Green=Plains.
1846.	Januar 20.	Definitiver Beschluß, Nauvoo zu räumen.
—	Febr. 3.	Ausmarsch des Vortrabs nach dem Missouri-Bottom.
—	Frühling.	Exodus der großen Masse der Mormonen.
—	Anf.Sommers.	Einweihung des Tempels in Nauvoo.
—	Juli.	Die Mormonen am Missouri stellen ein Bataillon zum mexicanischen Kriege.
—	"	Rüstungen der Anti=Marmonen gegen Nauvoo.
—	September.	Angriff auf die zurückgebliebenen Mormonen in Nauvoo.
—	Sept. 16.	General Brockman besetzt mit den Illinoiser Freiwilligen die Stadt.
1847.	April 4.	Abzug des Vortrabes aus den Lagern am Missouri nach dem Felsengebirge.
—	Juni 24.	Ankunft der Präsidentschaft am großen Salzsee.
1848.	Juni.	Heuschreckenplage. — Hungersnoth.
—	Nov. 19.	Der Tempel zu Nauvoo durch eine Feuersbrunst zerstört.
1849.	März 5.	Constitution des Staates Deseret.
		Städte=Anlagen.
1850.	Januar.	Die Utah=Indianer gezüchtigt.
—	Juli 2.	Erste gesetzgebende Versammlung in Deseret.
—	Septemb.	Das Territorium Utah vom Congreß organisirt.
—	October.	Brigham Young zum Gouverneur ernannt.
—	Decbr. 13.	Zweite gesetzgebende Versammlung von Deseret. Universität incorporirt, Schulen eröffnet.
1851.		Erster Census aufgenommen.

1851.		Die Vereinigten=Staaten=Richter treffen ein, werden bald unzufrieden und reisen wieder ab.
—	November.	Die Zeitung Deseret News begonnen.
1852.	Mai 6.	Einweihung des Tabernakels.
—	Sept. 14.	Die Polygamie proclamirt.
—	Sept. 23.	Die gesetzgebende Versammlung verlegt die Regierung des Territoriums nach Fillmore City.
1853.	Frühling.	Der Tempelbau in der Salzsee=Stadt begonnen.
—	März. April.	Streitigkeiten mit den Glabbeniten.
1854.	October.	Oberst Steptoe an Youngs Stelle zum Gouverneur von Utah ernannt.
1855.	Januar 1.	Unruhige Auftritte zwischen den Vereinigten=Staaten=Soldaten und den Bürgern in der Salzsee=Stadt.
—	Januar.	Oberst Steptoe empfängt seine Ernennung, erklärt sich aber nicht bestimmt über die Annahme, sondern bittet den Präsidenten Pierce, Gouverneur Young im Amte zu lassen.

Anhang.

I. **Certificate der bei Kinderhook, Illinois, aufgefundenen Metall=Platten mit Glyphen.**

An die „Times and Seasons" in Nauvoo, Illinois.

Am 16. April 1843 fing ein angesehener Kaufmann Namens Robert Wiley an, in einem großen Hügel in der Nähe dieses Ortes zu graben. Er gelangte zu einer Tiefe von 10 Fuß und stieß hier auf Stein. Da es gerade zu regnen anfing, arbeitete er nun nicht weiter. Am 23. desselben Monats ging er mit einer Anzahl Bürgern, worunter auch ich mich befand, nach dem Hügel. Wir machten nun eine größere Oeffnung und fanden eine Menge Steine, von denen die meisten das Ansehen hatten, als wenn sie stark dem Feuer ausgesetzt gewesen wären. Nachdem wir nun reichlich zwei Fuß von diesen Steinen weggeräumt hatten, fanden wir eine Menge Holzkohlen und Asche, wie auch menschliche Gebeine, die angebrannt zu sein schienen, und neben dem Kopfende lag ein Bündel von sechs messingenen Platten (Plates of brass) in Form einer Glocke, von welchen jede ein Loch an dem schmalen Ende hatte, und durch alle ging ein Ring und heftete sie mit zwei Häkchen (clasps) zusammen. Der Ring und die Häkchen waren von Eisen und sehr stark oxydirt; die Platten schienen zuerst von Kupfer zu sein, und sahen aus, als seien sie mit Charakteren bedeckt. Die Gesellschaft vereinigte sich dahin, daß ich die Platten reinigen sollte. Ich nahm sie daher mit nach Hause und wusch sie mit Seifenwasser und einem wollenen Lappen; da ich sie aber hiermit nicht gehörig reinigen konnte, behandelte ich sie mit verdünnter Schwefelsäure, was sie vollkommen rein machte. Nun sah man deutlich, daß sie vollständig mit Schriftzügen bedeckt waren, die noch niemand hat lesen können. Vom Wunsche beseelt, daß die Welt diesen Fund so bald als möglich erfahren möge, habe ich diese Thatsachen aufgeschrieben, in der Hoffnung, daß Sie dieselben in Ihrem vortrefflichen Journal mittheilen, denn wir sind alle recht neugierig, den wahren Sinn der Platten zu erfahren. Die Veröffentlichung der Thatsachen wird vielleicht eine getreue Uebersetzung zur Folge haben. Sie wurden, wie ich meine, über zwölf Fuß tief unter der Oberfläche der Spitze des Hügels gefunden.

Ich bin hochachtungsvoll

ein Bürger von Kinderhook,

W. P. Harris, Dr. med.

Zu gleicher Zeit erschien folgendes Zeugniß:

"Wir, Bürger von Kinderhook, deren Namen unterzeichnet sind, bescheinigen und erklären, daß am 23. April 1843 Herr Wiley bei dem Ausgraben eines großen Hügels nahe bei unserem Orte sechs messingene Platten von Glockenform und mit alten Schriftzügen bedeckt aus dem gedachten Hügel nahm. Die Platten waren sehr stark oxydirt. Die Bänder und Ringe an den gedachten Platten zerfielen bei dem geringsten Druck in Staub."

Robert Wiley.	G. W. F. Ward.	Fayette Grubb.
George Dickenson.	J. R. Sharp.	W. P. Harris.
W. Longnecker.	Ira S. Curtis.	W. Fugate.

2. Aus der Offenbarung an Joseph Smith, Nauvoo, 12. Juli 1843.

— — — "Und wiederum (sage ich, der Herr, dein Gott), in Betreff des Gesetzes von der Priesterschaft: "Wenn ein Mann eine Jungfrau heirathet und wünscht noch eine zu heirathen und die erste giebt ihre Einwilligung; und wenn er eine zweite heirathet, und sie sind Jungfrauen und keinem anderen

Manne verlobt, so ist er gerechtfertigt; er kann keinen Ehebruch begehen, denn sie sind ihm gegeben; denn er kann keinen Ehebruch begehen mit denen, die ihm gehören und keinem anderen. Und hätte er zehn Jungfrauen, die ihm nach diesem Gesetze gegeben, so kann er keinen Ehebruch begehen, denn sie gehören ihm und sind ihm gegeben; deßhalb ist er gerechtfertigt. Wenn aber irgend eine von den zehn Jungfrauen, nachdem sie mit ihm verlobt ist, mit einem anderen Manne zu thun hat, so hat sie Ehebruch begangen und soll des Todes sein*), denn sie sind ihm gegeben, damit sie sich vermehren und die Erde bevölkern nach meinem Gebot, und um die Verheißung zu erfüllen, die mein Vater vor Erschaffung der Welt gegeben, und um sie zu erhöhen in den ewigen Welten, auf daß sie mögen tragen die Seelen der Menschen; denn dadurch wird das Werk meines Vaters fortgesetzt, damit sein Name verherrlicht werde.

"Und wiederum, wahrlich, wahrlich, ich sage dir, wenn ein Mann, der die Schlüssel dieser Gewalt (der Priesterschaft) hat, eine Frau hat und er lehrt ihr das Gesetz meiner Priesterschaft in Bezug auf diese Dinge, dann soll sie glauben und ihm zu Willen sein, oder sie soll des Todes sein, sagt der Herr, euer Gott; denn ich will sie vernichten, denn ich will meinen Namen verherrlichen in allen denen, welche mein Gesetz empfangen und es halten. Deßhalb soll es bei mir gesetzlich sein, daß, wenn sie dieses Gesetz nicht annimmt, er alles erhalten soll, was ich, der Herr, sein Gott, ihm geben werde, weil sie nicht glaubete und ihm nicht zu Willen war nach meinem Worte; und sie ist dann die Sünderin und er ist frei von dem Gesetze der Sarah, die Abraham zu Willen war nach dem Gesetze, als ich Abraham befahl, die Hagar zum Weibe zu nehmen. Und was nun dieses Gesetz anlangt, wahrlich, wahrlich, ich sage euch, ich werde euch mehr offenbaren späterhin; bis dahin laß dies genug sein für jetzt. Siehe! ich bin das Alpha und das Omega. Amen!"

---

*) Dies ist wohl nicht wörtlich zu verstehen, denn nach einem anderen Gesetze der Mormonen ist die Strafe des Ehebruchs nur Ausstoßung aus der Kirche, und auch diese tritt nicht ein, wenn der Uebertreter nach dem ersten Fehltritt Reue zeigt; bei der zweiten Uebertretung aber unbedingt. Vergl. The Mormons etc. London 1852. p. 308 f.

3. Joseph Smith's Correspondenz mit den Präsidentschafts-Candidaten Henry Clay und J. C. Calhoun.

Nauvoo, Illinois, 4. Novbr. 1843.

"An den Ehrenwerthen Henry Clay.

Lieber Herr! Da wir erfahren, daß Sie bei der nächsten Wahl ein Candidat für die Präsidentschaft sind, und da die Jüngsten-Tags-Heiligen (häufig Mormonen genannt, welche jetzt eine zahlreiche Klasse in der politischen Schule dieser großen Republik ausmachen) vom Staate Missouri einer sehr großen Masse von Eigenthum beraubt sind und namenloses Elend erduldet haben, und im Widerspruch mit unseren National-Verträgen mit Gewalt der Waffen aus den Grenzen jenes Staates vertrieben sind, und wir mit allen verfassungsmäßigen, gesetzlichen und ehrenwerthen Mitteln vergebens versucht haben, bei den Gerichten, bei den Executiv-Behörden und in den Hallen der Gesetzgebung dieses Staates Gerechtigkeit zu erlangen, sowie wir auch beim Congreß ohne Erfolg petitionirt haben, daß unsere Beschwerden näher untersucht werden möchten: so haben wir es rathsam erachtet, Ihnen diese Mittheilung zu machen, und Sie um eine schleunige, eingehende und aufrichtige Antwort zu bitten auf die Frage:

Wie wird Ihr Verhalten in Bezug auf unser Volk sein *), falls das Glück Ihre Erhebung zu der höchsten Magistratur begünstigen sollte?

Mit der größten Hochachtung, mein Herr, Ihr Freund und der Freund vom Frieden, guter Ordnung und constitutionellen Rechten
Joseph Smith,
im Namen der Kirche Jesu Christi von den Jüngsten-Tags-Heiligen."

"Dem Ehrenwerthen Henry Clay, Ashland, Kentucky."

Ein im Wesentlichen gleichlautendes Schreiben erging an Herrn J. C. Calhoun zu Fort Hill in Süd-Carolina.

Die Antworten auf diese Briefe lauteten folgendermaßen:

---

*) Die in diesen Actenstücken gesperrt gedruckten Stellen sind im Originale unterstrichen.

Ashland, 15. Novbr. 1843.

"Joseph Smith, Esq.

Lieber Herr! Ich habe Ihr Schreiben Namens der Kirche Jesu Christi von den Jüngsten=Tags=Heiligen erhalten, worin Sie sagen, daß Sie erfahren hätten, ich sei ein Candidat für die Präsidentschaft, und mich befragen, wie mein Verhalten in Bezug auf Ihr Volk sein werde, wenn ich erwählt werden sollte.

Ich erkenne mit tiefgefühltem Danke an, daß das Volk sich so vielfach und entschieden dahin ausspricht, daß es mich als Candidaten für die Präsidentschaft der Vereinigten Staaten wünscht; aber ich selbst betrachte mich nicht so. Das hängt von künftigen Ereignissen und von dem ab, was ich für meine Pflicht halten werde.

Sollte ich Candidat werden, so kann ich gegen irgend einen besonderen Theil des Volkes der Vereinigten Staaten keine Verpflichtungen eingehen, keine Versprechungen machen, keine Bürgschaften geben. Sollte ich jemals dieses hohe Amt bekleiden, so müßte ich frei und ungebunden in dasselbe eintreten, ohne andere Garantien, als solche, die aus meinem ganzen Leben, Charakter und Benehmen entnommen sind.

Es ist nicht in Widerspruch mit dieser Erklärung, daß ich mit lebhaftem Interesse die Fortschritte der Jüngsten=Tags=Heiligen beobachtet habe, daß ich mit ihren Leiden, die, wie mir scheint, ungerechter Weise auf sie gehäuft sind, Mitgefühl gehabt habe, und daß ich meine, sie müßten wie alle übrigen religiösen Genossenschaften die Sicherheit und den Schutz der Verfassung und der Gesetze genießen.

Ich bin mit großer Achtung Ihr Freund und gehorsamer Diener H. Clay."

Fort Hill, 2. Decbr. 1843.

"Mein Herr!

Sie fragen mich, wie mein Verhalten in Bezug auf die Mormonen oder Jüngsten=Tags=Heiligen sein werde, wenn ich zum Präsidenten erwählt werden sollte. Ich antworte darauf, daß ich, wenn ich erwählt werden sollte, darnach streben werde, die Regierung in Uebereinstimmung mit der Verfassung und den Gesetzen der Union zu führen, und daß ich, wie sie keinen Un=

terschied zwischen Bürgern verschiedener religiösen Glaubens machen, auch keinen machen würde. Soweit wie es von der Executivgewalt abhängt, sollten Alle den vollen Genuß beider haben und niemand sollte von ihren Wirkungen ausgeschlossen sein.

Da Sie aber auf den Fall in Missouri Bezug nehmen, so erfordert es die Redlichkeit, Ihnen offen zu wiederholen, was ich Ihnen in Washington sagte, daß der Fall nach meiner Ansicht nicht zu der Gerichtsbarkeit der Bundesregierung gehört, die nur beschränkte und specifische Gewalten hat.

Mit Hochachtung bin ich rc.   J. C. Calhoun.

Smith beantwortete zuerst den Brief von Calhoun in folgender Weise:

Nauvoo, Illinois, 2. Januar 1844.

"Mein Herr!

Ihre Antwort auf meinen Brief vom vorigen November in Betreff Ihres Verhaltens gegen die Jüngsten-Tags-Heiligen, falls Sie zum Präsidenten erwählt würden, ist in meinen Händen, und damit Sie und Ihre in der fraglichen Angelegenheit gleichgesinnten Freunde sich nicht in Bezug auf mich oder meine Ansicht in einer so ernsthaften Sache getäuscht fühlen, erlauben Sie mir als einem gesetzliebenden Manne, als einem, der den constitutionellen Rechten und der Freiheit ewige Dauer wünscht, und als einem Freund der freien Verehrung des allmächtigen Gottes von Allen, nach den Vorschriften des Gewissens eines jeden Einzelnen, es auszusprechen: ich bin erstaunt, daß ein Mann, oder Männer, in den höchsten Stellungen des öffentlichen Lebens sich eine so schwache "Ansicht" von einem Fall gebildet haben, denn es giebt nicht einen auf der ganzen Welt, der so folgenschwer ist für das Glück der Menschen in dieser wie in jener Welt. Freilich der erste Absatz in Ihrem Briefe steht sehr gefällig und schön auf dem weißen Blatt Papier, und welcher Mann, der nach Größe und Macht ehrgeizig ist, würde nicht dasselbe gesagt haben. Ihr Eid würde Sie binden, die Constitution und die Gesetze aufrecht zu halten, und wie alle Glaubensbekenntnisse und Religionen gleich geduldet sind, so müssen sie natürlich auch alle gerechtfertigt oder verdammt sein, nach ihrem Werthe oder Unwerthe; aber warum, sagen Sie, warum sind alle die Hauptpersonen, denen man eine öffentliche Stellung geben will, so überaus vorsichtig, daß sie der Welt nicht mittheilen, daß sie ein gerechtes Urtheil sprechen wollen — es sei nun Gesetz oder nicht, denn die Gesetze und Meinungen drehen sich wie die Wetterhähne nach dem Winde. Ein Congreß macht ein Gesetz und ein anderer widerruft es; ein Staatsmann sagt, die Constitution meint dies, ein anderer das; und wer weiß nicht, daß Alles verkehrt sein mag? Die Meinung und das Versprechen also, welches in dem ersten Absatz Ihrer Antwort auf meine Frage liegt, sieht zuerst, wie der von der Maschine eines Dampfboots ausgestoßene Dampf, wie eine helle Wolke aus, wenn er aber mit der reineren Atmosphäre in Berührung kommt, löst er sich in gemeine Luft auf.

Ihr zweiter Brief zeigt Sie sich selbst in Ihrer Blöße, wie ein Bild im Spiegel, wenn Sie sagen, daß „Ihrer Ansicht nach die Bundesregierung nur beschränkte und specifische Gewalten" und keine Gerichtsbarkeit in dem Fall der Mormonen hat. So? dann kann ein Staat zu jeder Zeit einen Theil seiner Bürger ungestraft vertreiben, und in der Sprache Hrn. Van Buren's, mit Ihrer gnädigen „Ansicht von dem Fall" überfroren, „wenn die Sache auch noch so gerecht ist, so kann die Regierung doch nichts für sie (die Mormonen) thun, weil sie keine Macht dazu hat."

Denn, Missouri, fahre nur fort, wenn eine andere Klasse von Einwohnern (gleichwie die Jüngsten=Tags=Heiligen thaten) 2 oder 300,000 Dollar in Land angelegt und ausgedehnte Bauten darauf gemacht hat — fahre dann nur fort, sage ich, die Besitzer und Eigenthümer daraus zu verbannen oder sie zu ermorden, wie die Aufrührer es mit vielen Jüngsten=Tags=Heiligen machten, und ihr Land und Eigenthum als eine Beute zu dir zu nehmen, und laß die Gesetzgebung, wie sie im Mormonen=Fall that, ein paar hunderttausend Dollar auswerfen, um die Aufrührer für ihre Thaten zu belohnen, denn — der berühmte Senator von Süd=Carolina, Herr J. C. Calhoun, sagt: Die Gewalten der Bundesregierung sind so specifisch und beschränkt, daß sie keine Gerichtsbarkeit über den Fall hat. O, ihr Völker, die ihr unter dem Druck der Tyrannen seufzt, ihr vertriebenen Polen, die ihr die eiserne Hand der russischen Gewaltherrschaft gefühlt habt, ihr Armen und Unglücklichen aller Nationen, kommt nach dem „Asyl der Bedrückten", kauft euch Land von der General-Regierung, zahlt euer Geld in den Schatz, um die Armee und die Marine zu verstärken, verehrt Gott nach eurem Gewissen, zahlt eure Steuern, um die Häupter einer "glorreichen" Nation zu unterhalten; aber denkt wohl daran, ein "souverainer Staat" ist so viel mächtiger, als die Vereinigten Staaten, der Mutter-Staat, daß er euch nach Gefallen in die Verbannung treiben, euch ungestraft "mobben", euer Land und Eigenthum confisciren und dies durch seine Gesetzgebung sanctioniren kann; ja, sie kann euch sogar morden, wie das Edict eines Kaisers, und sie thut nicht Unrecht, denn der edle Senator von Süd-Carolina sagt: Die Gewalt der Bundes-Regierung ist so beschränkt und specifisch, daß sie keine Gerichtsbarkeit in dem Falle hat! Was denkt ihr von diesem imperium in imperio?

Ihr Geister aller Gesegneten aller Zeiten, hört! Ihr Schatten abgeschiedener Staatsmänner, lauscht! Abraham, Moses, Homer, Socrates, Solon, Salomon und alle ihr, die ihr über Recht und Unrecht nachdachtet, schaut herab von eurem Standpunkte, wenn ihr solchen einnehmt, denn in der Mitte der Staatsberather, heißt es, ist Sicherheit; und wenn ihr erfahren habt, daß 15,000 unschuldige Bürger, die ihr Land von den Vereinigten Staaten gekauft und bezahlt haben, aus dem "souverainen Staat" auf Befehl des Gouverneurs mit der Spitze der Bayonette vertrieben, ihnen ihre Waffen von derselben Behörde genommen, und ihr Recht, in diesen Staat einzuwandern, bei Strafe von Geißelung, Beraubung, Mißhandlung und sogar Tod versagt, ihnen auch keine Gerechtigkeit oder Vergütung zugestanden wurde; und wenn ihr Alle erklären hört, von der Gesetzgebung mit dem Gouverneur an der Spitze herab bis auf den Friedensrichter, mit einer Flasche Branntewein in der einen und einem Bowin-Messer in der andern Hand, daß es keine Gerechtigkeit für einen Mormonen giebt in dem Staat: und dann sprecht einen gerechten Spruch und sagt mir, wann die Tugend aus den Staaten gestohlen ward, wo die Ehre der Generalregierung begraben liegt und was einen Senator mit Weisheit kleidet? O, du nullificirendes Carolina! O, du kleines stürmisches Rhode Island! würde es nicht gut für die großen Männer der Nation sein, die Fabel vom partheiischen Richter zu lesen, und wenn ein Theil der freien Bürger eines Staats gegen die Constitution vertrieben, gemißhandelt, beraubt, geplündert und viele von ihnen gemordet sind, dann, statt aufzustöbern, wie mit Johanna Southcolt, Anna Lee, den französischen Propheten, den Quäkern in Neu-England und den aufrührerischen Negern in den Sklavenstaaten verfahren ist, beide Theile zu hören und dann zu urtheilen, lieber als den Aerger zu haben, zu sagen: "Oh, ist es mein Stier, der deinen Ochsen gestoßen hat? das ist ganz etwas anders! Ich muß den Fall untersuchen, und wenn, und wenn —?

Wenn die General-Regierung keine Macht hat, vertriebene Bürger wieder in ihre Rechte einzusetzen, so wird von dem sauern Erwerb des Volkes eine heuchlerische Mißgeburt ernährt und gemästet! Ein wahrer Popanz, von Schmeichlern umgeben! und wie ihr auch den Priestern zuwinkt zu brandmarken, die Trunkenbolde aufgewiegelt zu fluchen und ein Geschrei zu erheben von Betrieger, falschem Propheten, gottverfluchtem alten Joe Smith, so bedenket wohl, daß wenn die Jüngsten-Tags-Heiligen nicht wieder eingesetzt werden in alle ihre Rechte und für alle ihre Verluste Bezahlung erhalten, nach den Regeln der Gerechtigkeit und der gemeinen Ehrlichkeit unter den Menschen, daß dann Gott aus seiner Verborgenheit hervortreten und diese Nation mit einer schweren Heimsuchung treffen wird; ja, der verheerende Zorn eines beleidigten Gottes wird durch das Land fahren mit eben soviel Noth und Wehe, wie die Unabhängigkeit der Nation Freud und Wohlsein brachte. Wo ist die Kraft der Regierung geblieben? Wo ist der Patriotismus eines Washington, eines Warren, eines Adams? und wo ist ein Funke von dem Wachtfeuer von '76, um ein Licht daran anzuzünden, das auf das Gebiet der Demokratie einen Schimmer wirft? Zwar kann man sagen, daß Ein Mann nicht ein Staat und Ein Staat nicht die Nation ist. Als Frankreich in den Tagen des Generals Jackson seine erste Einzahlung unser Schadensersatz-Forderung verweigerte, da war Macht, Stärke und Ehre genug vorhanden, Ungerechtigkeit und Beleidigung zu vergelten und das Geld kam; und soll nun Missouri, voll von Negertreibern und Weißen-Menschen-Dieben "ungeschlagen von der Gerechtigkeit" davon kommen für zehnmal größere Sünden als Frankreich beging? Nein, wahrlich nein! So lange ich Kraft habe an Leib und Seele, so lange das Wasser fließt und das Gras wächst, so lange die Tugend lieblich und das Laster häßlich ist, und so lange noch ein Stein einen geheiligten Fleck zeigt, wo einst ein Bruchstück amerikanischer Freiheit war, so lange werden ich und meine Nachkommenschaft die Sache der gekränkten Unschuld verfechten, bis Missouri alle seine Sünden sühnt, — oder in Schimpf und Schande oder zur Hölle verdammt dahin sinkt, „wo der Wurm nicht stirbt und das Feuer nimmer erlischt."

Wie, Herr, die Macht, die den Vereinigten Staaten nicht übertragen ist, und die Staaten gehören dem Volk, und der Congreß, abgesandt um des Volkes Angelegenheiten zu besorgen, haben alle Gewalt; und sollen 15,000 Bürger im Exile schmachten? O, eitle Menschen, wollt ihr nicht, wenn ihr ihnen nicht ihre Rechte und zwei Millionen Dollar Werth an Eigenthum wiedergebt, ihnen (den Jüngsten-Tags-Heiligen) als einer Körperschaft, ihren Antheil an der Gewalt, der ihnen nach der Constitution gehört, abtreten? Die Gewalt hat ihre Vortheile, aber auch ihre Nachtheile. „Die Welt war nicht gemacht für Cäsar allein, sondern für Titus auch."

Ich will Ihnen eine Parabel geben. Ein Herr hatte einen Weingarten in einem schönen Lande; darin arbeiteten Leute nach ihrem Gefallen. Einige friedfertige Männer gingen auch hin und kauften für Geld von den Haupt-Leuten, die dort nach Gefallen arbeiteten, ein Stück Land in dem Weingarten, in einem entlegenen Theile desselben, und sie fingen an das Land zu bauen und die Früchte davon zu genießen. Da kam gemeines Volk, das weder die Menschen noch den Herrn des Weinbergs achtete, stürzte sich auf die friedfertigen Männer, beraubte sie und vertrieb sie aus dem Garten, wobei mehrere getödtet wurden. Diese Barbarei machte großen Aufruhr und alle die Leute in dem Theil des Weinbergs, aus welchem die armen Menschen verjagt waren, hielten eine große Versammlung mit ihren Hauptleuten an der Spitze, die die That zuerst befohlen hatten, und nun vereinigten sich alle, für die grausame That keine Vergütung zu leisten, sondern den Raub zu behalten und nicht zu erlauben, daß die friedfertigen Leute den Weingarten wieder beträten. Diese suchten nun in ihrer Bedrängniß Hülfe gegen diese bösen Männer auf jede mögliche Weise, aber sie erlangten keine. Sie wandten sich an die Hauptleute, welche den Weinberg inne hatten und die Gewalt hatten, ihn zu verkaufen und zu vertheidigen, aber diese liebten die Gunst der Menge mehr, als den Ruhm des Herrn des Weinbergs und sagten: "Eure Sache ist gerecht, aber wir können nichts für euch thun, denn wir haben keine Gewalt." Da nun der Herr des Weinbergs sahe, daß Tugend und Unschuld nicht geachtet werde und sein Weinberg von bösen Menschen eingenommen sei, sandte er Leute aus und nahm den Besitz wieder selbst an sich und vernichtete die ungetreuen Diener.

Und lassen Sie mich es aussprechen: Alle, die sagen, der Congreß habe keine Macht, die Rechte seiner Bürger zu vertheidigen und wiederherzustellen, besitzen keine Wahrheitsliebe. Der Congreß hat die Macht, die Nation zu beschützen gegen fremde Angriffe und innere Unruhen, und wenn diese Körperschaft eine Acte passirt, das Recht mit aller Gewalt zu behaupten oder das Recht eines Theiles seiner Bürger wiederherzustellen, so ist es das höchste Gesetz des Landes, und sollte sich ein Staat weigern, sich dem zu unterwerfen, so macht sich dieser Staat des Aufruhrs und der Rebellion schuldig, und der Präsident hat eben so viel Gewalt, ihn mit den Waffen zu bekämpfen, wie Washington hatte gegen "die Whisky-Jungen von Pittsburgh" marschiren zu lassen, oder General Jackson eine bewaffnete Macht zur Unterdrückung der Rebellion in Süd-Carolina zu entsenden.

Schließlich möchte ich Ihnen rathen, bevor Sie sich durch Ihre "Redlichkeit" wieder verleiten lassen, über einen Gegenstand zu schreiben, der so groß ist wie die Erlösung des Menschen, so folgenreich wie das Leben des Erlösers, so weitgreifend wie die Grundsätze der ewigen Wahrheit und so kostbar wie der Edelstein der Ewigkeit, daß sie in der 8ten Section des 1sten Artikels der Constitution der Vereinigten Staaten die erste, vierzehnte und siebenzehnte "specifische", eben nicht sehr "beschränkte" der Bundesregierung übertragene "Gewalt" durchlesen *). Sie werden daraus sehen, was gethan werden kann, um das Leben, das Eigenthum und das Recht eines tugendhaften Volkes zu beschützen,

---

*) Diese drei Stellen enthalten die Bestimmungen: 1) daß der Congreß sorgen soll für die gemeinschaftliche Vertheidigung und für die allgemeine Wohlfahrt der Vereinigten Staaten. 2) Daß er Anordnungen für die Verwaltung und Organisation der Land- und Seemacht treffen kann. 3) Daß er ausschließliche Gesetzgebung in allen Sachen im District Columbia und in den Forts und andern Militair-Etablissements haben soll. Wie S. die letzte Bestimmung hierher ziehen konnte, ist am wenigsten zu begreifen.

wenn die Gesetz=Verwalter und Gesetz=Macher durch Bestechung unverkauft, durch Gönnerschaft unbestochen, durch Gold unver=lockt, durch Furcht uneingeschüchtert und durch verstrickende Ver=bindungen unbeschmutzt sind, wie Cäsar's Weib nicht nur un=befleckt, sondern auch unverdächtig, und Gott, der die Glut von Nebukadnezars feurigem Ofen kühlte, und den Rachen der Löwen vor Daniel's Ehrenhaftigkeit verschloß, wird Sie von dem beschränkten Verständniß, als habe die Generalregierung keine Macht, zu der hohen Idee erheben, daß der Congreß, mit dem Präsidenten als ausführende Gewalt, eben so allmächtig in sei=nem Kreise ist, wie Jehovah in dem seinigen.

Mit großer Hochachtung habe ich die Ehre zu sein

Ihr gehorsamer Diener

Joseph Smith."

Dem Ehrenwerthen („Hrn."!) J. C. Calhoun, Fort Hill, S. C.

Die Antwort an Clay, welche ein Muster von dem unge=schliffenen Talent des Propheten ist, erfolgte erst spät, nachdem er schon selbst als Präsidentschafts=Candidat aufgetreten war. Es lautet so:

Nauvoo, Illinois, 13. Mai 1844.

„Mein Herr!

„Ihre Antwort auf meine Anfrage: „Wie würde Ihr Ver=halten gegen die Jüngsten=Tags=Heiligen sein, wenn Sie zum Präsidenten der Vereinigten Staaten gewählt werden sollten"? unterliegt seit vorigem November meiner Erwägung in der eitlen Erwartung, daß Sie dem Lande (wie jeder ehrenhafte Bürger ein Recht hat zu verlangen) ein Manifest ihrer Ansichten über die besten Mittel und Wege geben würden, wie dem Volke, dem ganzen Volke, die größte Freiheit, die größte Wohlfahrt, die größte Einigung, der größte Reichthum, der größte Ruhm im Lande und die größte Ehre außerhalb Landes mit den geringsten Kosten gesichert werden könne; aber ich habe vergebens gewartet. In soweit Sie öffentliche Erklärungen gemacht haben, waren sie, wie Ihre Antwort auf mein Schreiben, weich, um dem Volke zu schmeicheln, anstatt fest, um ihm eine nährende Kost zu bieten. Sie scheinen alle frühere Politik aufzugeben, die Sie zur Erfül=lung der Pflicht eines Staatsmannes angetrieben haben würde zu der Zeit, wo die Kraft der Einsicht und die Stärke der Tugend eine dauernde Stätte für die Freiheit zu erwählen schien; wo Sie als ein weiser Mann, ein treuer Patriot und ein Freund der Menschheit sich entschlossen haben würden, einen Zustand unseres blutenden Vaterlandes, wie den jetzigen, durch einen mächtigen Plan voll Weisheit, Rechtschaffenheit, Gerechtigkeit, Güte und Milde zu verbessern und die goldenen Tage der Jugendkraft unserer Nation wieder zurückzuführen; wo das Glück die Anstrengungen der jugendlichen Republik krönte, als der zu erstrebende Gedanke der Söhne der Freiheit, der war: "Wir sind eins"!

In Ihrer Antwort vom vorigen Herbst zeigt sich in der Erklärung: "Wenn Sie jemals jenes hohe Amt bekleiden sollten, so müßten Sie frei und ungebunden in dasselbe eintreten, ohne andere Garantieen als solche, die aus Ihrem ganzen Leben, Charakter und Benehmen entnommen wären" jener besondere Tact moderner Politiker, der dem Aushängeschilde eines Lotterie=Loos=Verkäufers so sehr ähnlich ist: die Glücksgöttin auf einem Wagen rittlings auf einem Füllhorn sitzend und die muthigen Rosse der Glückseligkeit ohne Zaum und Zügel treibend. Ich kann mich nicht enthalten auszurufen: O, schwacher Mann, was hast du gethan, was dich erhöhen soll? Ist aus Ihrem Leben, Charakter oder Benehmen irgend etwas auszulesen, was werth wäre, den Blicken der Nation als ein Muster von Tugend, Menschenliebe oder Weisheit vorgehalten zu werden? Sind Sie nicht das Bild einer Lotterie mit mehr als zwei Nieten auf einen Gewinn? Lassen wir das, was Sie vor dem Genter Friedenstractat gethan; aber laß die Welt diesen Ihren Tractat betrachten und sehen, wo die Weisheit, die Ehre und der Patriotismus ist, welche die Bevollmächtigten der einzigen freien Nation auf dem Erdboden hätten charakterisiren sollen? Ein Viertel Jahrhundert lange Unterhandlung, um unser Recht an der nordöstlichen Grenze zu erlangen, und die buntscheckige Manier, in welcher versucht wird, Oregon als ein amerikanisches Territorium scheinen zu lassen, verbunden mit Ihrem Rennen nach der Präsidentschaft und der zufällig erhaschten Staats=Secretairschaft im J. 1825 — alles muß die Freunde der Freiheit, die goldenen Patrioten der Jefferson'schen Demokratie, die Freihandels= und Schifffahrts=Rechts=Leute und die Beschützer von Person und Eigenthum überzeugen, daß ein ehrenvoller Krieg besser ist, als ein unehrenvoller Friede.

Aber hätten Sie wirklich das Bedürfniß gefühlt, die Weisheit und Milde, das Wohlwollen und die Würde eines großen Mannes zu zeigen, als in dieser vielgerühmten Republik 15,000 freie Bürger aus ihren Häusern, von ihren Ländereien und Eigenthum im wundervoll patriotischen Staate Missouri vertrieben wurden und Sie auf Ihren Eid und Ihre Ehre die hohe Stellung eines Senators im Congreß als Vertreter des hochherzigen Staats Kentucky bekleideten; warum zeigten Sie denn nicht damals der Welt Ihre Loyalität für Gesetz und Ordnung, indem Sie alle ehrenhaften Mittel in Anwendung brachten, um den Unschuldigen wieder zu ihrem Rechte und zu ihrem Eigenthum zu verhelfen? Nun, mein Herr, je mehr wir in Ihren Charakter und in Ihre Handlungsweise eindringen, um so mehr müssen wir mit der heiligen Schrift sagen: "An ihren Früchten sollt ihr sie erkennen"!

Und nun weiter; statt wie ein ehrlicher Mann dem Volke zuzusichern, was Sie thun wollen, im Fall Sie zum Präsidenten erwählt würden, "können Sie auf keine Verpflichtung eingehen, kein Versprechen machen und keine Bürgschaft geben" für das, was Sie thun wollen. Wohl, es mag sein, daß irgend ein heißblutiger Partheimann sich solcher Nichtsgebe-Theorie (nothingarianism) anvertraut, aber Männer, die wissen, was sie thun, und selbst Frauen, würden sich durch ein solches Der-Zukunft-entschlüpfen-wollen insultirt finden. Wenn ein Sturm bevorsteht, soll man sich nicht auf ihn rüsten und in der Sprache des Dichters ausrufen:

> "Dann laß die Prüfung nah'n, und siehe Du,
> Ob mich ein Grausen packt, ob ich erbebe,
> Ob meine Kraft erlahmt, dem Sturm zu trotzen,
> Wenn mich sein Ungestüm erfaßt."

Wahre Größe wanket nie: als aber durch Sie das Missouri-Compromiß eingegangen wurde zur Begünstigung der Sklaverei, da schrumpfte die westliche Ehre gewaltig zusammen, und von dem Tage an, mein Herr, haben der echte Yankee, der ringende Abolitionist und der feste Demokrat mit einer großen Anzahl von freisinnigen Whigs Sie als einen Politiker, der ein falsches Spiel spielt, gezeichnet, der sich eine Gelegenheit absieht, sich in den Präsidentenstuhl hineinzuschmuggeln, um mit den Geschicken unseres geliebten Vaterlandes ein großes Spiel zu spielen, welches endigt mit: "Horch, von den Gräbern den kläglichen Ton"! Erschrecken Sie nicht vor diesem Bilde, denn Ihr "ganzes Leben, Charakter und Benehmen" sind mit Thaten befleckt, die einem tugendhaften Patrioten das Blut in die Wangen treiben würden. So müssen Sie denn mit Ihrem Loose zufrieden sein, während Verbrechen, Feigheit, Habsucht oder niedrige List Sie von dem hohen Thurme eines Staatsmanns in die finstere Höhle eines Spielers herabgebracht hat. Ein Mann, der eine Herausforderung annimmt oder ein Duell ausficht, ist nichts mehr und nichts weniger als ein Mörder, denn die heilige Schrift erklärt, daß "wer Blut vergißt, deß Blut soll wieder vergossen werden", und wenn der notorische Henry Clay in der berühmten Stadt Washington von der Höhe eines Senators zu der Gosse eines Schurken herabsinkt, um die Mensur eines Randolph zu betreten, so hat er nicht nur seinen eigenen Ruf, seine Familie und seine Freunde verunehrt, sondern er hat das sanctum sanctorum des amerikanischen Ruhms befleckt, und die königlichen Schufte in der ganzen Welt weisen mit höhnenden Fingern auf das gerühmte "Asyl der Unterdrückten" und zischen die amerikanischen Staatsmänner aus als vornehme Vagabunden und Mörder, die den Oelzweig des Friedens in der einen Hand und eine Pistole zum Todtschießen in der andern Hand halten. Wohl möchte der Erlöser den Häuptern dieser Nation sein "Wehe! euch Schriftgelehrten, Pharisäern und Scheinheiligen"! zurufen, denn die Regierung und der Congreß der Vereinigten Staaten sind mit wenigen Ausnahmen den Weg Kains gegangen und müssen in ihren Widersprüchen zu Grunde gehen, wie Korah und seine gottlose Rotte. Und die redlichen Leute aller Zonen, und die Unschuldigen, Armen und Unterdrückten, Heiden und Indianer, allenthalben, die hoffen konnten, daß der Baum der Freiheit einige köstliche Früchte für die hungerige Menschheit tragen und Balsamblätter zur Heilung der Völker bringen würde, haben längst alle Hoffnung auf Rechtsgleichheit und Gerechtigkeit, auf Treue und Tugend aufgegeben, nachdem solche befleckte, eitle, himmelsstürmende, falsche Patrioten in die erste Reihe der Regierung gestellt sind, um das Schicksal von Millionen zu bestimmen. Laßt den Himmel trauern, die Erde im Sack und in der Asche Buße thun und die Hölle ein Siegeslied kreischen zum Andenken an die gefallene Größe! denn der Ruhm Amerika's ist dahin und Gott wird mit flammendem Schwerte den Baum der Freiheit bewachen lassen, während solche gelderpressende Herodesse wie Van Buren, Boggs, Benton, Calhoun und Clay ausgestoßen werden aus dem Reiche der Tugend, als passende Unterthanen für das Reich der gefallenen Größe; vox reprobi, vox Diaboli! In Ihren letzten Adressen an das Volk von Süd-Carolina, wo Aufruhr keimte, aber nicht zur Blüthe kommen konnte, entsagten Sie dem „Ultraismus", „hohen Tarifen" und stießen sogar Ihr „Banksystem" von sich für die mehr Sicherheit bietende Standarte der „öffentlichen Meinung." Dies ist alles sehr gut und zeigt die Absichten eines Politikers, die Berechnungen eines Demagogen und das Segelstreichen eines schlauen Schiffers eben so getreulich an, wie der Wetterhahn auf dem Thurme, wenn der Wind sich dreht. Tribünen für den Süden, Wahlschmäuse für den Westen, vertrauliche Briefe für den Norden, und das „amerikanische System" *) für den Osten:

>"Schlafe, mein Kindchen, schlaf ein,
>Wenn der Wind weht, wiegt er dich fein."

Gesetzt Sie nähmen Ihr „ganzes Leben, Charakter und Benehmen" in Betracht und störten die alte „Clay-Parthei", die „National-republikanische Parthei", die „hohe Schutzzolltarif-Parthei", und die dahingeschiedene „Waschbären-Fell-Parthei" wieder auf mit allen ihren Paraphernalien, dem Ultraismus, dem Ne plus Ultraismus, dem Sine qua non, die alle mit Ihnen großgewachsen, erstarkt und wieder eingeschrumpft sind, wie Sie sich klein machten, und fragten dann das Volk dieser aufgeklärten Republik, was es von Ihren „Gewalten" und von Ihrer Politik als ein Staatsmann dächte? wahrlich es würde nach allen Ueberbleibseln der Partheien, der Politiken, der Projecte und Traumbilder den Anschein haben, als wenn Sie der Thon (clay) und das Volk der Töpfer wären, und da immer einige Töpfe unter der Hand des Töpfers verdorben werden, so ist der natürliche Schluß der, daß Sie ein Gefäß der Unehre sind.

Sie mögen darüber klagen, daß eine genaue Untersuchung Ihres „ganzen Lebens, Charakters und Benehmens" Sie in eine arge Klemme bringt, aber, mein Herr, wenn die Nation bei jeder Umdrehung der großen Räder der Union immer tiefer in den

---

*) d. i. das Schutzzollsystem.

Schlamm gesunken ist, während Sie einer der hauptsächlichsten
Fuhrleute waren, so wird es die strenge Pflicht des ganzen Ge=
meinwesens, Ihnen bei jeder Wendung der Regierung wie Ein
Mann ins Ohr zu raunen, jeden Act Ihres Lebens aufzudecken
und zu untersuchen, welche gewaltigen Handlungen Sie zu Gun=
sten der Nation gethan haben, wie sehr Sie die Münze gezehntet
haben, um Ihrer Lust zu fröhnen, und warum die Lappen Ihrer
Kleider an den Dornen am Wege hängen als Zeichen, sich vor
Schaden zu hüten.

Aber Ihr Zurückziehen ist wahrhaft wundervoll! Nicht
allein Ihr Banksystem und Ihr hoher Tarif sind wie ein Gespenst
vor Ihren Augen verschwunden, sondern auch die "Annexation
von Texas" hat Ihr pathetisches Zartgefühl von Nationalstolz
so empfindlich berührt, daß die armen Texaner, Ihre lieben
Brüder, wieder unter die grausame Behandlung von Mexico
zurückfallen oder auf Auction an britische Börsenspeculanten ver=
kauft werden mögen; und Alles ist gut; denn "Ich", der alte
Senator von Kentucky, fürchte, es würde gegen mein Interesse
im Norden laufen, die Grenzen der Union im Süden zu erwei=
tern. Wahrlich, "ein armes artiges Kind ist besser, als ein kindi=
scher König, der keinen guten Rath mehr annehmen will." Wer
hat je von einer Nation gehört, die ein zu großes Gebiet gehabt
hätte? War es je eine schlechte Politik, sich Freunde zu machen?
Ist je ein Volk zu gut geworden, um Gutes zu thun! Nein,
niemals; aber der Ehrgeiz und die Eitelkeit gewisser Leute ist mit
ihrer Weisheit und ihrem Urtheil davongeflogen und hat für eine
edle Seele ein rasselndes Skelett zurückgelassen.

Freilich, mein Herr, ist der Zustand der ganzen Welt ein
kläglicher. Texas fürchtet die Zähne und die Krallen von Mexico.
Oregon hat Rheumatismus in Folge des fürchterlichen Wechsels
von Hitze und Kälte der britischen und amerikanischen Biberfän=
ger. Canada hat sich bei der außerordentlichen Anstrengung in
dem patriotischen Kriege stark erkältet. Südamerika hat Kopfweh
von den starken Stößen gegen den Balken des Katholicismus und
der spanischen Oberherrschaft. Spanien hat Bauchgrimmen vor
Altersschwäche und Inquisition. Frankreich zittert und wird schwach
in Folge ansteckender Krankheiten. England stöhnt unter seinem
Podagra und der Kopf ist ihm schwer. Italien und die deutschen
Staaten sind blaß und haben die Auszehrung. Preußen, Polen

und die kleinen angrenzenden Dynastien, Herzogthümer und Herrschaften haben den Mums so stark, "daß der ganze Kopf krank und das ganze Herz schwach ist." Rußland hat die Krämpfe, sie sind bei ihm erblich. Die Türkei ist an allen Gliedern gelähmt. Afrika hat unter dem Fluch Gottes den Gebrauch seiner Glieder verloren. China hat den Kropf und der Rest von Asien leidet fürchterlich an den Pocken, die ihm englische Hausirer zugetragen haben. Die Inseln in der See hat der Skorbut schon halb todt gemacht. Die Indianer sind blind und lahm. Und die Vereinigten Staaten, welche mit "Balsam von Gilead" und einem "Asyl für die Unterdrückten" die anderen kuriren sollten, haben im Rathssaale der Regierung eine Clique politischer Spieler genährt und hegen und pflegen sie noch, die um die alten Kleider einer kranken Welt spielt und "keine Sicherheit, kein Versprechen irgend einem besonderen Theile des Volkes giebt, daß die rechtmäßigen Erben jemals einen Pfifferling von ihres Vaters Nachlaß bekommen"! Fort mit solchen sich wichtig dünkenden, eingebildeten und eigenwilligen Demagogen! Ihre Freundschaft ist kälter, als das Polar=Eis; die Verdammniß der Hölle ist besser, als ihre Gelübde.

O Mensch! wenn so große Fragen, wenn so große Zuckungen der Reiche die Erde vom Mittelpunkt bis zum Umkreise bewegen; wenn Burgen, Gefängnisse und Zellen zu Gott aufschreien über die Grausamkeit der Menschen; wenn der Schmerz der Wittwen und der Waisen im Himmel Angst erweckt; wenn der Arme jeder Nation Tag und Nacht um Brod und um ein Obdach gegen Hitze und Sturm schreit, und wenn der erniedrigte schwarze Sklave seine gefesselte Hand dem großen Staatsmanne der Vereinigten Staaten entgegenstreckt und singt:

> O, Freiheit, wo ist deiner Schönheit Reiz,
> Den Weise mir so lockend vorgemalt?

und wenn funfzehn tausend freie Bürger der edlen Republik von Nordamerika geplündert und von einem Staat in den andern getrieben werden ohne Hülfe und Genugthuung: dann ist es nicht blos Zeit für einen Candidaten der Präsidentschaft sich zu verpflichten, redlich Gerechtigkeit zu üben, das Gesetz sei wie es wolle, sondern es ist seine strenge Pflicht als Mensch, für die Ehre eines beschimpften Vaterlandes und für die Rettung eines einst tugendhaften Volkes alle ehrlichen Männer zu einem Bünd=

niß aufzurufen und durch Handlungen der Weisheit, Heiligkeit und Tugend den Zorn Gottes zu besänftigen. Das inbrünstige Gebet eines Rechtschaffenen hilft viel.

Vielleicht denken Sie, ich ginge zu weit in meinen Bemerkungen und Andeutungen, weil Sie am Schlusse Ihres Schreibens sagen: "es sei nicht im Widerspruch mit Ihrer Erklärung, daß Sie mit lebhaftem Interesse die Fortschritte der Jüngsten-Tags-Heiligen beobachtet, daß Sie mit ihren Leiden, die, wie Ihnen schiene, ungerechter Weise auf sie gehäuft seien, Mitgefühl gehabt hätten, und daß Sie meinten, sie müßten wie alle übrigen religiösen Genossenschaften die Sicherheit und den Schutz der Verfassung und der Gesetze genießen. Wenn Worte nicht Wind, und Einbildungen nicht Rauch wären, so würde solche Beobachtung "mit lebhaftem Interesse" vielleicht einzelne Mormonen-Stimmen erschmeicheln können, solches Mitgefühl mit ihren Leiden möchte einige Kranke unter ihnen heilen, Todte wiedererwecken und das geraubte Eigenthum vom Staate Missouri zurückerlangen können; und endlich wenn das Meinen nicht ein Blendwerk wäre, so möchten wir wie andere religiöse Genossenschaften, wie Sie meinen, Sicherheit und Schutz von der Constitution und den Gesetzen haben. Aber zehn Jahre lang, seitdem die Jüngsten-Tags-Heiligen geblutet haben, geplündert und von ihrem Lande vertrieben sind, Oceane von Geld in den Schatz gezahlt haben, um Ihre Berühmtheit und andere für das Gesetzgeben und für das Austheilen von gleichen Rechten und Vergünstigungen mit denen anderer religiöser Genossenschaften zu bezahlen — haben sie vergebens gewartet und gehofft! Wenn Sie einigen Patriotismus besäßen, so war er von Ihrer Popularität ganz verhüllt, aus Furcht, die Heiligen möchten sich in seine Reize verlieben. Blinde Mildthätigkeit und stumme Gerechtigkeit thun nie viel um die Noth des Dürftigen zu lindern; aber der Strohhalm zeigt, woher der Wind kommt. Ein umlaufendes Gerücht sagt, daß Ihr letztes Mittel für die Jüngsten-Tags-Heiligen das ist, daß sie nach Oregon oder Californien auswandern sollen. Solche grausame Menschlichkeit, solche edle Ungerechtigkeit, solche ehrenwerthe Feigheit, so thörichte Weisheit und eine so lasterhafte Tugendhandlung konnte nur von Clay her stammen. Nachdem die Heiligen für drei bis vier Millionen an Land und Eigenthum vom Volk und den Staatsgewalten des souverainen Staats Missouri beraubt sind — nachdem sie um Schutz und Genugthuung vom County-Gericht bis an den Congreß gegangen und vom religiösen Vorurtheil und priesterlicher Würde zurückgewiesen sind, — nachdem sie mit ungeheurem Aufwand an Arbeit und Geld eine Stadt und zwei Tempel gebaut haben — nachdem sie von Hunderten zu Hunderttausenden angewachsen sind — und nachdem sie Missionaire an alle Nationen der Erde gesandt haben, um, nach den Prophezeihungen aller heiligen Propheten seit der Schöpfung der Welt, Israel zu versammeln: da kommt der große bevollmächtigte Minister, der berühmte Staatssecretair, der unwürdige Duellant, der Spieler-Senator und Whig-Candidat für die Präsidentschaft, Henry Clay, der weise Jurist aus Kentucky, und räth den Jüngsten-Tags-Heiligen nach Oregon zu gehen, um Gerechtigkeit zu erlangen und ihre eigene Regierung einzusetzen. O, ihr gekrönten Häupter aller Nationen, ist nicht Hr. Clay ein weiser Mann und sehr patriotisch? Nun, du großer Gott, um 200,000 Menschen durch eine endlose Prairie über das Felsengebirge nach Oregon zu transportiren, eine Entfernung von ungefähr 2000 Meilen, würde mehr als vier Millionen kosten, oder sollten sie um Kap Horn zu Schiff nach Californien gehen, so würde das mehr als zwanzig Millionen kosten! Und alles dies blos deshalb, um die Verein. Staaten davor zu bewahren, daß sie nicht die Schande von Missouri wegen des ungestraften Mordes und Raubes, den sie an den Heiligen begingen, erben mögen. Benton und Van Buren, die kein Geheimniß daraus machen, daß wenn sie die Gewalt erlangten, sie Bogg's Vernichtungsplan ausführen wollten, um das Land von den Jüngsten-Tags-Heiligen zu befreien, sind "kleine Milch-Krüglein" im Vergleich zu Clay's großen Scheide-Wasser-Krügen. Ja, er ist in der That ein wahrer Riese an Humanität. Die Mormonen nach Oregon senden und Missouri von seiner Schuld und Schande befreien! Ach ja, Herr! lassen Sie diese Lehre durch die ganze Welt gehen, daß, wie Van Buren sagt, "wir wohl wissen, daß ihre (der Mormonen) Sache gerecht ist, aber daß die Vereinigten-Staaten-Regierung nichts für sie thun kann, weil sie keine Gewalt hat." "Ihr müßt nach Oregon gehen und euch Gerechtigkeit von den Indianern holen"!

Ich traure über die Verworfenheit der Welt; ich verachte die Scheinheiligkeit des Christenthums; ich hasse die Schwäche der amerikanischen Staatsmänner; ich verabscheue das feige Zurückweichen der Aemter-Candidaten vor Verpflichtungen und Verantwortung; ich sehne mich nach dem Tage der Vergeltung, wo der, welcher das Recht hat zu herrschen, dem Armen sein Urtheil geben und den Schwachen mit Billigkeit zurechtweisen wird, und ich bete zu Gott, der unseren Vätern verheißen hat, daß in den jüngsten Tagen eine vollkommene Regierung auf Erden sein werde, daß er die Herzen der Menschen reinige und den erwünschten Tag bald herbeiführe.

Mit der größten Hochachtung vor Tugend und unverfälschter Freiheit, habe ich die Ehre zu sein

Ihr gehorsamer Diener
Joseph Smith.

Dem ehrenwerthen H. Clay, Ashland, Kentucky.

4. General Smith's Ansichten über die Regierung und die Politik der Vereinigten Staaten.

Geboren in einem Lande der Freiheit und eine Luft athmend unverdorben von dem Sirokko barbarischer Klimate, fühle ich stets die doppelte Besorgniß für das Wohlergehen aller Menschen, sowohl in der Zeit als in der Ewigkeit. Meine Gedanken haben mich, wie Daniel, lange beunruhigt, wenn ich die Lage der Menschen auf der ganzen Welt betrachte, und besonders die in diesem übelgerühmten Reiche, wo die Unabhängigkeits-Erklärung „diese Wahrheiten für keines Beweises bedürftig halten, daß alle Menschen gleich geboren sind; daß ihnen von ihrem Schöpfer gewisse unveräußerliche Rechte verliehen sind; daß zu diesem Leben, Freiheit und das Streben nach Wohlfahrt gehört": wo aber zu gleicher Zeit zwei bis drei Millionen Menschen als Sklaven auf Lebenszeit gehalten werden, weil der Geist in ihnen mit einer dunkleren Haut, wie die unserige, bedeckt ist, und wo Hunderte unseres Geschlechts wegen des Bruches oder vermutheten Bruches dieses oder jenes überweisen Gesetzes im Dunkel eines Gefängnisses eingesperrt werden, oder die Seelenqual zu erdulden haben, welche Begnadigung zu enger Haft gewährt, während der Duellant, der Wüstling, der Unterschlager von Millionen und andere Verbrecher bei Festen den obersten Rang einnehmen, oder wie die Wandervögel durch die Flucht einen ihnen mehr zusagenden Himmelsstrich finden.

Die Weisheit, welche die freieste, weiseste und edelste Nation des neunzehnten Jahrhunderts charakterisiren sollte, müßte wie die Sonne in ihrem Mittagsglanze jeden Gegenstand in ihrem Lichte erwärmen, und die Haupt=Anstrengung ihrer Beamten, welche nichts mehr oder weniger sind, als die Diener des Volkes, müßte darauf gerichtet sein, den Zustand Aller, Schwarzer wie Weißer, Sklaven wie Freier zu verbessern, denn das beste der Bücher sagt: "Gott hat alle Menschen gleich erschaffen, auf daß sie wohnen auf der ganzen Erde."

Unser gemeinsames Vaterland gewährt allen Menschen dieselben Vortheile, dieselben Bequemlichkeiten, dieselben Belohnungen, und so auch die Constitution ohne Heuchelei; denn sie sagt: "Wir, das Volk der Vereinigten Staaten, um einen vollkommenen Bund zu bilden, um Gerechtigkeit herzustellen, um Ruhe zu sichern, für die gemeinsame Vertheidigung zu sorgen, allgemeine Wohlfahrt zu fördern, und den Segen der Freiheit für uns selbst und für unsere Nachkommenschaft zu sichern, verordnen und stellen fest, diese Constitution für die Vereinigten Staaten von Amerika", meinte sie gerade, was sie sagt, ohne Beziehung auf Farbe oder Stand ad infinitum. Das Streben und die Erwartung eines tugendhaften Volkes, umgeben mit einem so weisen, so freisinnigen, so tiefen, so umfassenden und so hohen Charakter des gleichen Rechts, wie er sich in dieser Constitution zeigt, muß von denen, welche mit der Verwaltung der Gesetze betraut sind, mit so großer Heiligkeit behandelt werden, wie die Gebete der Heiligen im Himmel, damit Liebe, Vertrauen und Einigkeit, wie Sonne, Mond und Sterne, Zeugniß geben, daß

"Göttlich die Hand, die uns erschuf"!

Einheit ist Macht, und wenn ich an ihre Wichtigkeit für die Beständigkeit aller Regierungen denke, so bin ich erstaunt über die thörichten Bemühungen von Personen und Partheien, Zwietracht zu erregen, damit sie im Strome der Volksaufregung in den Hafen der Macht einlaufen können; und nicht weniger erstaunt bin ich über die Ausdehnung der Gewalt oder die Beschränkung der Rechte, welche nur zu oft als Acte der Gesetzgeber auftreten, um den Weg zu irgend einem politischen Lieblingsplan zu ebenen, der eben so leer an innerem Werth ist, als das

Herz des Wolfes an menschlichem Wohlwollen. Ein Franzose würde sagen: Presque tous aiment richesses et pouvoir (Fast alle lieben Reichthum und Macht).

Ich muß länger bei diesem Gegenstande verweilen, als andere. Vor beinahe hundert Jahren entwarf der herrliche Patriot, Benjamin Franklin, einen Plan für die damaligen Colonien Groß-Britanniens, die nun eine so unabhängige Nation sind. Dieser Plan enthielt unter anderen weisen Bestimmungen für gehorsame Kinder unter ihres Vaters etwas rauher Hand folgende: "Sie mögen die Gewalt haben, Gesetze zu machen, allgemeine Abgaben, Auflagen oder Steuern aufzulegen und zu erheben, wie sie ihnen am billigsten und gerechtesten scheinen (in Betracht der Fähigkeit und anderer Umstände bei den Bewohnern der verschiedenen Colonien) und wie sie mit der geringsten Unbequemlichkeit für das Volk erhoben werden können, lieber solche, die den Luxus entmuthigen, als solche, die die Industrie mit unnöthigen Bürden belasten." Großbritannien fehlte sicher die lobenswerthe Menschlichkeit und die schonende Milde, einen so gerechten Unionsplan zu bewilligen, aber die Gesinnung, woraus der Plan hervorging, findet noch Anwendung als ein Vorbild für weise Männer, nämlich auszufinden, was dem Volke am meisten zusagt, und nicht, was dem Cabinet am bequemsten ist.

Und einer der edelsten Väter unserer Freiheit und des Ruhms unseres Vaterlandes, groß im Kriege, groß im Frieden, groß in der Meinung der Welt und groß im Herzen seiner Landsleute — der erhabene Washington — sagte in seiner ersten Inaugural-Adresse an den Congreß: "Ich bin vollkommen sicher, daß, wie einerseits keine locale Vorurtheile und Zuneigungen, keine einseitige Ansichten oder Parthei-Leidenschaften den umfassenden und gerechten Ueberblick, der über diese große Versammlung von Gemeinwesen und Interessen zu wachen hat, mißleiten wird: so auch auf der anderen Seite die Grundlagen unserer nationalen Politik in den reinen und unwandelbaren Grundsätzen der Privatmoral gesetzt werden müssen, und daß die Vorzüglichkeit einer freien Regierung durch alle Eigenschaften, welche die Liebe ihrer Bürger gewinnen und die Achtung der Welt fordern kann, anschaulich gemacht werden muß." Wahrlich hier glänzt die Tugend und die Weisheit eines Staatsmannes in so hellem Lichte, daß wenn jeder spätere Congreß in allen seinen Berathungen und Beschlüssen diese inhaltsreiche Instruction zum Wohl des ganzen Gemeinwesens und der einzelnen Gemeinwesen, woraus dasselbe besteht, daß dann kein Schrei der Rebellion in Süd-Carolina, kein Bruch in Rhode Island, kein Pöbelaufruhr in Missouri, der seine Bürger durch die executive Gewalt vertreiben ließ; keine Corruption bei den Stimmurnen; kein Grenzkrieg zwischen Ohio und Michigan, keine schlimme Zeiten und Theurungen, keine Aufstände in den Hauptstädten, kein Mord, Raub, Unterschlagung, Geldklemme und tausend andere Uebelstände die Bande der Union würden zerrissen, das Vertrauen zerstört und die große Masse des Volks betrübt haben über Unglücksfälle und Armuth, die durch eine bestechliche Gesetzgebung in der Stunde verderbten eitlen Strebens nach Selbsterhebung über sie gekommen sind. Der große Washington räth nach der vorhergehenden treuen Ermahnung, für das gemeine Wohl der Nation zu sorgen, dem Congresse ferner: „Unter den vielen anziehenden Gegenständen, welche Ihre Aufmerksamkeit fesseln werden, muß auch der für die gemeinsame Vertheidigung zu sorgen, Ihre besondere Berücksichtigung verdienen. Zum Kriege gerüstet zu sein, ist eines der wirksamsten Mittel, den Frieden aufrecht zu erhalten." Wie der Italiener sagt: „Buono aviso" (Guter Rath).

Der ältere Adams giebt in seiner Inaugural-Adresse dem Nationalstolze eine so großartige Rechtfertigung, daß jeder redliche Bürger mit einem zustimmenden Lächeln auf die Kindheit der Vereinigten Staaten zurückblicken und sich darüber freuen wird, daß Vaterlandsliebe der Lenker, Tugend des Volkes und günstiges Geschick der Union einst die hoffnungsreichen Erwartungen krönte, die Sophisterei der Heuchler entschleierte und die Thorheit der Feinde zum Schweigen brachte. Herr Adams sagt: „Wenn Nationalstolz jemals zu rechtfertigen oder zu entschuldigen ist, so ist es dann, wenn es nicht aus Machtgefühl oder Reichthum, Größe oder Ruhm, sondern aus der Ueberzeugung nationaler Unschuld, aus Bildung und Wohlwollen entspringt." Unzweifelhaft war dies der Fall mit unserem jungen Reiche am Schlusse des vorigen Jahrhunderts. Friede, Glück und Einigkeit erfüllte das Land mit religiöser Duldsamkeit, weltlichem Wohlstand und tugendhaftem Unternehmungsgeist, und als auch nach und nach der tödtliche Winter der Stempel-Acte, der Thee-Acte und anderer Acte, um uns mit der Krone eng zu verbinden, den Wachsthum der Rede-, Preß- und Gewissens-Freiheit gehemmt hatte, prangten

doch noch Licht, Freiheit und Treue wie die Cedern Gottes. —
— Der geachtete und ehrwürdige Thomas Jefferson zeigte in seiner Inaugural=Adresse vor mehr als vierzig Jahren, welch schöne Aussicht eine unschuldige, tugendhafte Nation in den Augen eines Weisen gewährt, wenn sie Raum hat für Unternehmungen, Hände für Gewerbfleiß, Köpfe für Helden und Herzen für moralische Größe. Er sagt: "Eine aufstrebende Nation, die über ein weites und fruchtbares Land ausgebreitet mit den reichen Producten seiner Industrie alle Meere befährt, und mit Nationen, welche ihre Macht fühlen und das Recht vergessen, — eine solche Nation, die mit reißender Schnelligkeit Geschicken entgegeneilt, die über den menschlichen Gesichtskreis hinausliegen; wenn ich diesen erhabenen Gegenstand betrachte, und die Ehre, das Glück und die Hoffnungen dieses geliebten Landes von der Entscheidung und den Auspicien dieses Tages abhängig gemacht sehe, so schaudert mir vor dem Gedanken und ich beuge mich vor der Größe eines solchen Unternehmens." Eine solche Aussicht erschütterte in der That den redlichen Mann, aber "seitdem die Väter in Schlaf gefallen sind", haben böse und listige Menschen die Regierung ihres Ruhmes beraubt, und das Volk hat, wenn auch nicht im Sack und in der Asche, so doch in Armuth, seine vergangene Größe zu beklagen, während Demagogen im Norden und im Süden, im Osten und im Westen Feuere anzünden, um ihre Geister bis auf bessere Zeiten aufrecht zu erhalten. Aber Jahr auf Jahr vergeht, und dem Volke bleibt nichts als die Hoffnung, bis selbst der Name des Congresses oder der Staats=Gesetzgebung dem fühlenden Freunde seines Vaterlandes zum Abscheu wird, wie "König Blaubart" den Kindern. Wenn das Volk äußerlich gesichert, wenn seine Rechte gehörig geachtet sind, dann bedürfen die vier Pfeiler der öffentlichen Wohlfahrt: Ackerbau, Manufactur, Schifffahrt und Handel, der pflegenden Sorgfalt der Regierung; und in einem so glücklichen Lande, wie dem unserigen, wo der Boden, das Klima, die Flüsse, die Seen und die Meeresküste, die Erzeugnisse, der Wald, die Mineralien und die Bewohner so verschiedenartig sind, daß eine angenehme Abwechselung eines jeden Geschmack, Geschäft oder Berechnung befriedigt, — da ist es sicher eine Umkehr aller natürlichen Verhältnisse, den ganzen Norden und Süden, Osten und Westen, die Mitte und den Umkreis des Reiches unter einen Zolltarif zu bringen. Ein altes Sprich=

wort sagt: »Wünschest du Achtung zu genießen, so achte dich selbst«!

»Ich will einen Ausspruch in Madison's Inaugural-Adresse zu dem meinigen machen: »Den Frieden zu lieben und freundlichen Verkehr mit allen Nationen zu haben, die gleiche Neigungen haben; aufrichtige Neutralität zu beobachten zwischen kriegführenden Nationen; in allen Fällen freundschaftliche Auseinandersetzung und billigen Vergleich Intriguen und heimlichem Partheiergreifen, so erniedrigend für jedes Land, so verderblich für ein freies Volk, vorzuziehen; den Geist der Unabhängigkeit zu erhalten, zu gerecht, die Rechte Anderer anzutasten, zu stolz, die eigenen preiszugeben; die Union der Staaten als die Basis ihres Friedens und ihres Glückes festzuhalten; die Constitution, die die Union zusammenhält, sowohl in ihren Beschränkungen, als in ihren Gewalten aufrecht zu erhalten; die den Staaten und dem Volke vorbehaltenen Rechte zu achten; auch den kleinsten Eingriff in die Gewissensfreiheit und die Beziehungen der Religion, die so weise der Civiljurisdiction entzogen sind, zu vermeiden; die übrigen heilsamen Bestimmungen über Privat- und persönliche Rechte, sowie die Freiheit der Presse in voller Kraft zu erhalten; das sind Zielpuncte, die so viel Gutes versprechen, daß die ganze Energie aller redlichen Bürger in Anspruch zu nehmen ist, wenn sie durch Gegenseitigkeit, freundliche Bündnisse, weise Gesetzgebung und ehrenvolle Verträge sich erreichen lassen.«

Die Regierung war einst blühend unter der Führung getreuer Diener. Der ehrenwerthe Herr Monroe sagte zu seiner Zeit von der Constitution redend: »Unser Handel mit fremden Nationen und der Bundesstaaten untereinander ist weise regulirt; neue Staaten sind in die Union aufgenommen worden; unser Gebiet ist durch redliche und ehrenhafte Verträge zum großen Vortheil der ursprünglichen Staaten erweitert; die Staaten, unter einer Nationalregierung, unter mildem väterlichen System gegen äußere Gefahren geschützt, genießen durch eine weise Theilung der Gewalten in ihrem eigenen Kreise einen gerechten Antheil an der Souverainetät, haben ihre innere Sicherheit erhöht, ihre Ansiedelungen erweitert, und eine Stärke und Reife gewonnen, die die Güte ihrer Gesetze und die zweckmäßige Ausübung derselben am besten beweisen. Und wenn wir auf die Lage der Einzelnen sehen, welches stolze Bild rollt sich vor unseren Augen auf? Wer ist irgend eines persönlichen Rechtes oder seines Eigenthums beraubt? Wer in seiner Gottesverehrung beschränkt? Es ist bekannt, daß alle diese Segnungen jedem vollkommen zu Gute gekommen sind, und ich füge mit besonderer Befriedigung hinzu, daß kein einziges Beispiel einer Kapitalstrafe wegen Hochverraths vorgekommen ist." Welch ein köstliches Gemälde von der Macht, der Politik und dem Glücke dieser Nation? Wahrlich das weise Sprichwort hat Grund: „Sedaukauh teromain gog, veh-kasade le-umeein khahment" *) (Gerechtigkeit erhöhet ein Volk, aber die Sünde ist der Völker Verderben).

Aber dies ist nicht Alles. Derselbe ehrenwerthe Staatsmann giebt nach vierzigjähriger Erfahrung in der Regierung folgende empfehlende Versicherung, daß die Magna Charta ihrem Zweck: "Das Volk und seine Rechte zu beschützen" wirksam entspreche. "Dies ist die glückliche Regierung, unter der wir leben; eine Regierung, die jedem Zwecke entspricht, um dessentwillen der Gesellschaftsvertrag eingegangen wurde; eine Regierung, die in allen ihren Zweigen durch Wahl zur Geltung kommt, worin jeder Bürger durch sein Verdienst die höchste Stufe erringen kann; welche in sich selbst keinen Keim zur Zwietracht enthält, keinen Theil des Gemeinwesens mit dem anderen in Widerstreit bringt; eine Regierung, die jeden Bürger im vollen Genuß seiner Rechte beschützt und im Stande ist, die Nation gegen Ungerechtigkeiten fremder Mächte zu schützen."

Wiederum sagt der jüngere Adams im silbernen Zeitalter des ansteigenden Ruhmes unseres Vaterlandes in seiner Inaugural-Adresse (1825) die Majestät der jugendlichen Republik erläuternd: "Das Jubeljahr der ersten Bildung unserer Union ist vorüber — das der Unabhängigkeits-Erklärung steht nahe bevor. Daß wir dies erreicht haben, ist die Wirkung der Constitution. Seit jener Zeit ist die Bevölkerung von vier Millionen auf zwölf gestiegen. Das Gebiet, welches vom Mississippi begrenzt war, erstreckt sich jetzt von Meer zu Meer. Neue Staaten sind in die Union aufgenommen, an Zahl fast eben so stark, wie die der ersten Conföderation. Friedens-, Freundschafts- und Handels-Verträge sind mit den Hauptmächten der Erde abgeschlossen. Das Volk anderer

---

*) Diese Worte sind auch im Urtext, wie hier, mit lateinischen Buchstaben geschrieben.

Nationen, die Bewohner von Landstrecken, die wir nicht durch Eroberung, sondern durch Verträge mit uns vereinigt haben, nehmen gleichen Theil an unseren Rechten und Pflichten, unseren Lasten und unseren Segnungen. Der Wald ist vor der Axt unserer Pioniere gefallen, dem Boden haben unsere Farmers Erndten abgenöthigt, unser Handel bedeckt alle Meere mit seinen weißen Segeln; die Herrschaft des Menschen über die physische Natur ist durch die Erfindungen unserer Künstler erweitert, Freiheit und Gesetz gehen Hand in Hand. Alle Zwecke der menschlichen Vergesellschaftung sind so gut erfüllt, wie unter irgend einer anderen Regierung, und dies kostet uns in einer ganzen Generation kaum mehr als anderen Nationen in einem einzigen Jahr."

Uebereinstimmend mit so edlen Gesinnungen sagte General Jackson bei der Besteigung des Präsidentenstuhls: "So lange unsere Regierung zum Wohle des Volks verwaltet und nach seinem Willen geleitet wird, so lange sie uns die Rechte der persönlichen Rechte und des Eigenthums, die Freiheit des Gewissens und der Presse sichert: so lange ist sie werth, vertheidigt zu werden; und so lange sie werth ist, vertheidigt zu werden, so lange wird auch eine vaterlandsliebende Miliz eine undurchdringliche Aegis bilden." General Jacksons Verwaltung kann als die Acme des amerikanischen Ruhms, der Freiheit und Wohlfahrt betrachtet werden, denn die Nationalschuld, welche 1815 125 Millionen betrug, war in diesem goldenen Zeitalter abbezahlt, und man bereitete sich vor, die Einnahme-Ueberschüsse unter die verschiedenen Staaten zu vertheilen. Als der hehre Patriot abtrat, nahm er nach seinen eigenen Worten Abschied von einem großen Volke, wohlhabend und glücklich, im vollen Genuß von Freiheit und Frieden, geehrt und geachtet von allen Nationen der Welt."

In diesem Alter von sechzig Jahren begann nun unsere blühende Republik unter der verdorrenden Hand Martins Van Buren zu sinken. Getäuschter Ehrgeiz, Herrschsucht, Stolz, Bestechlichkeit, Partheisucht, Factionen, Begünstigung, Sportelsucht, verwickelnde Bündnisse, Pfaffentrug und moralische Verworfenheit in hohen Aemtern reichten sich die Hand und schwelgten in mitternächtlichem Glanze. Unruhe, Angst, Verwirrung und Streit, gemischt mit Hoffnung, Furcht und Murren, gingen durch die ganze Union und regten die Nation auf, wie ein Erdbeben im Mittelpunct der Erde thun würde. So auf bessere Zeiten hoffend, während Eifersucht, heuchlerische Ansprüche und pomphafte Ehrsucht in der dem Volke entrissenen, übel erworbenen Beute schwelgte, erhob sich das Volk in seiner Majestät wie ein Sturmwind und kehrte das Land aus, bis General Harrison als ein Stern, der besseres Wetter verkündigt, am Horizonte erschien.

Die Ruhe kam und die Sprache des ehrwürdigen Patrioten verbreitete sich folgendermaßen über den Werth der Constitution und das Verdienst derer, die sie entworfen. "Es sind in derselben Züge, welche mit der Idee einer einfachen, repräsentativen Demokratie oder Republik nicht in Einklang stehen, und da jede Macht die Neigung hat, sich stets zu vergrößern, besonders wenn sie von einem einzelnen Individuum ausgeübt wird, so hat es nicht an Prophezeihungen gefehlt, daß die Regierung in einer nicht fernen Zeit in eine thatsächliche Monarchie endigen werde. Es würde mir nicht geziemen zu sagen, daß die Befürchtungen dieser Vaterlandsfreunde bereits in Erfüllung gegangen wären. Aber da ich aufrichtig glaube, daß gewisse Maßregeln und Ansichten vor einigen Jahren diese Tendenz hatten, so, meine ich, ist es passend, daß ich bei dieser Gelegenheit die Versicherung wiederhole, daß ich entschlossen bin, dem Fortschritt solcher Tendenzen, wenn sie wirklich existiren, entgegenzutreten und die Regierung in ihrer alten Reinheit und Kraft wiederherzustellen." Dieser gute Mann starb, bevor er Gelegenheit hatte, auf die Wunden unseres leidenden Vaterlandes Balsam zu legen, und ich lasse gern die Nation beurtheilen, ob General Harrison in seiner hohen Stellung und am Vorabende seines Eingangs in die Geisterwelt die Wahrheit sprach oder nicht, wenn es auf Präsident Tyler's dreijähriges pseudo-whig-demokratisches Regiment sieht, um den Bruch zu heilen oder die Wunden aufzuzeigen, secundum artem (nach den Regeln der Kunst). Nachfolgende Ereignisse, alles in Betracht gezogen, Van Burens Fall, Harrisons Tod und Tylers selbstzufriedene Wendung des Ganzen, werden zeigen, wie ein Chaldäer ausrufen würde: "Beram etai elauh besmayauh gauhah rauzeen" (Wahrlich es ist ein Gott im Himmel und er wird das Verborgene aufdecken).

Kein ehrlicher Mann kann einen Augenblick daran zweifeln, daß der Ruhm der amerikanischen Freiheit im Abnehmen ist und daß Unglück und Verwirrung früher oder später den Frieden des Volkes zerstören wird. Speculanten bestehen auf eine National-

Bank als ein Erhaltungsmittel von Credit und Wohlstand. Eine falsche Miethlings=Priesterschaft wird die Abolitions=Lehren und Praktiken weiter treiben und die „Menschenrechte" in dem Congreß und an jedem andern Orte vorbringen, wo der Sieg Ruhm bringt oder die Opposition Popularität erwirbt. Demokratie, Whiggery und Cliquenwesen werden ihre Elemente an sich ziehen, und Spaltungen unter dem Volk begünstigen, um eingebildete Pläne in Ausführung zu bringen und Gewalt an sich zu reißen, während Armuth zur Verzweiflung getrieben wird, und, wie Hunger durch jede Wand bricht, alle menschlichen Gesetze durchbricht, um ihr Leben zu retten und dann im Dunkel des Gefängnisses den Bruch wieder gut zu machen.

Ein noch höherer Grad von dem, was der „Adel der Nation" große Männer nennt, wird mit allen Rechten spielen, um sich mit „einem kühnen Griff" ein Vermögen zusammen zu schmuggeln; sie werden Texas verpfänden, Oregon in Besitz nehmen und alle unbewohnten Gegenden der Welt als ihre Jagdgründe in Anspruch nehmen; und sollte ein armer ehrlicher Mann, sei er roth, schwarz oder weiß, ein besseres Besitzrecht vorzeigen, so brauchen diese feinen Herren nur den Richter in reicheren Hermelin zu kleiden und die Finger der Advocaten mit kostbareren Ringen zu schmücken, um ein günstiges Urtheil von ihren Standesgenossen zu bekommen und sich als Muster von Redlichkeit, Tugend und Humanität herausgestrichen zu sehen, während am Wappen der Nation das Motto prangt: „Jedermann hat seinen Preis"!

Nun, o Volk, wende dich zu dem Herrn und lebe; reformire diese Nation. Mache die Pläne der Gottlosen zu Schanden. Setze die Zahl der Congreßmitglieder auf die Hälfte herab. Zwei Senatoren für jeden Staat, und zwei Mitglieder für jede Million der Bevölkerung werden mehr arbeiten, als das Heer, welches jetzt die Hallen der National=Gesetzgebung erfüllt. Zahle ihnen zwei Dollar und Kost täglich (Sonntags ausgenommen), das ist mehr, als ein Farmer hat, und wovon er anständig lebt. Verkürze die Regierungs=Aemter an Gehalt, Zahl und Einfluß, denn die Philister=Herren haben unserer Nation schon die schönen Locken in den Schooß der Delilah geschoren.

Petitionirt bei eurer Staats=Gesetzgebung, daß sie alle Sträflinge in ihren Zuchthäusern begnadigen, sie segnen und ihnen im Namen Gottes zurufen: „Gehe deines Weges und sündige hinfort nicht mehr"! Rathet euren Gesetzgebern, daß sie, wenn sie Gesetze gegen Diebstahl, Einbruch und andere schwere Verbrechen machen, solche Strafe vorschreiben, daß die Verurtheilten beim Straßenbau und anderen öffentlichen Arbeiten beschäftigt werden können, damit sie Weisheit und Tugend lernen und aufgeklärter werden. Härte und Absperrung werden niemals so gut bewirken, die bösen Neigungen der Menschen zu bekämpfen, als Vernunft und Freundlichkeit. Mord allein kann Einsperrung oder Tod nöthig machen. Laßt die Strafanstalten in Unterrichtsanstalten umgeschaffen werden, wo die Intelligenz, wie die Engel vom Himmel, solche Ueberbleibsel der Barbarei verbannen würden. Das Schuld=Gefängniß ist eine schlimmere Einrichtung, als wie sie der Wilde mit aller seiner Rohheit duldet. „Amor vincit omnia"! (Die Liebe besiegt Alles!).

Petitionirt auch, ihr braven Einwohner der Sklaven=Staaten, bei euren Gesetzgebern um Abschaffung der Sklaverei mit dem Jahre 1850, oder gleich, und ersparet dem Abolitionisten Tadel und Verfall, Infamie und Schande. Bittet den Congreß jedem für seine Sklaven einen anständigen Preis aus dem Ueberschuß der Einnahme vom Verkauf der öffentlichen Ländereien zu zahlen, und von dem Abzug, der von der Bezahlung der Congreß=Mitglieder zu machen ist. Zerbrecht die Fesseln des armen schwarzen Mannes und miethet ihn zur Arbeit, wie andere menschliche Wesen, denn „eine Stunde tugendhafter Freiheit auf Erden ist soviel werth, als eine ganze Ewigkeit der Sklaverei"! Schaffet in der Armee und in der Marine die Praxis ab, Leute wegen Desertion vor ein Kriegsgericht zu stellen; wenn ein Soldat oder ein Matrose wegläuft, so schicket ihm seinen Sold mit der Weisung, daß sein Vaterland ihm nie wieder trauen wird und daß seine Ehre verfallen sei. Machet die Ehre zum Wahrzeichen für alle Menschen; laßt in allen Fällen Böses mit Gutem wiedervergolten werden und die ganze Nation wird wie ein Reich von Königen und Priestern in Rechtschaffenheit zunehmen und als weise und achtungswerth auf Erden, als gerecht und heilig für den Himmel von Jehovah, dem Vater aller Vollkommenheit, geachtet werden.

Größere Sparsamkeit bei der National= und bei den Staats=Regierungen würden die Abgaben erleichtern, größere Gleichheit in Städten, Flecken und auf dem Lande würden weniger Unter=

scheidungen unter den Menschen aufkommen lassen und größere Aufrichtigkeit und Freundlichkeit im geselligen Leben würden weniger Heuchelei und Schmeichelei in allen Theilen des Gemeinwesens zu Folge haben. Ein offener, freier und biederer Anstand würde in diesem gerühmten Lande der Freiheit gegenseitige Achtung, Vertrauen, Brüderlichkeit und Liebe erzeugen, und der Nachbar aus einem anderen Staate oder einem anderen Lande, von welcher Farbe, aus welchem Klima und von welcher Zunge es auch sein möchte, würde sich freuen, wenn er den Fuß auf den heiligen Boden der Freiheit setzte und ausrufen: Schon der Name des Amerikaners bürgt für Freundschaft. O dann, schaffe Vertrauen! stelle die Freiheit wieder her! brich nieder die Sklaverei! verbanne das Schuldgefängniß! und sei in Liebe, Brüderlichkeit und Frieden mit der ganzen Welt! Bedenke wohl, daß Rechtschaffenheit nicht vom Gesetze abhängt, das Gesetz ist für Uebertreter gemacht. Deshalb sagt der Deutsche: "Ein rechtlicher Name ist besser als Reichthum."

Für die Bequemlichkeit des Volks in jedem Staat, in jedem Territorium sollte der Congreß eine Nationalbank mit Zweigbanken errichten, wozu die ganze Nation den Kapitalstock für die Mutterbank, die einzelnen Staaten und Territorien den für die Zweigbanken einschlössen, und deren Beamte und Directoren jährlich vom Volk erwählt werden müßten, aber keine größere Vergütung als 2 Dollar pr. Tag erhalten dürften. Die Banken müßten nicht mehr Noten ausgeben dürfen, als sie an Kapital in ihren Gewölben hätten und die Interessen. Der Nettogewinn für die Mutterbank müßte zu den National-Einkünften, und der der Filial-Banken zu den Einnahmen der Staaten und Territorien geschlagen werden. Und die Noten müßten in der ganzen Nation pari sein, was den abscheulichen Gebrauch, den man in den Städten "Courtage" nennt, abschaffen und den Leuten ihr Geld in den Taschen lassen würde.

Gebt jedem seine constitutionelle Freiheit und dem Präsidenten die volle Gewalt, eine bewaffnete Macht zur Unterdrückung von Aufständen zu commandiren. Die Staatsgewalten müßten dann den Rest von Unsinn abschaffen, die es dem Staats-Gouverneur zur Pflicht macht, in Fällen von feindlichem Einfall oder Rebellion erst Truppen vom Präsidenten zu verlangen. Der Gouverneur kann selbst ein Ausrufer sein und statt, wie er sollte, wegen Mord und Verrath bestraft zu werden, kann er das Leben, die Rechte und das Eigenthum seiner Bürger, die er beschützen sollte, zerstören. Gleich dem barmherzigen Samariter sendet jeden Advocaten, so bald als er Reue zeigt und den Befehlen des Himmels gehorcht, ohne Geld und ohne Gepäck aus und läßt ihn den Armen und Verlassenen das Evangelium predigen: eine gelehrte Priesterschaft ist sicher ehrenvoller, als eine "Miethlings-Geistlichkeit."

In Bezug auf die, an die Vereinigten Staaten grenzenden Territorien, sollte man sich vor Allianzen hüten, die einem die Hände binden. Oregon gehört ehrenhafter Weise dieser Regierung und wenn wir die Zustimmung des rothen Mannes haben, so laßt die Union sich vom östlichen bis zum westlichen Meere erstrecken; und wenn Texas den Congreß angeht, um unter die Söhne der Freiheit adoptirt zu werden, so reicht ihm die Bruderhand und verweigert dasselbe weder Canada noch Mexico. Und wenn der rechte Arm der freien Männer in Gestalt einer Flotte sich zum Schutze der Rechte, des Handels und der Ehre ausstreckt, so laßt die eisernen Augen der Gewalt von Maine bis Mexico und von Californien nach dem Columbia Wache halten. So kann die Union erstarken und fremde Speculation verhindert werden, indem man Breitseite gegen Breitseite legt.

Siebenzig Jahre haben viel für dieses brave Land gethan; sie haben die Ketten der Unterbrückung und der Monarchie gesprengt, und die Zahl seiner Bewohner von zwei auf zwanzig Millionen gebracht mit einem verhältnißmäßigen Theil von Kenntniß und Einsicht, kühn genug den Erdball zu umsegeln, die Blitze der Wolken zu leiten und den gekrönten Häuptern der Welt die Spitze zu bieten.

Und nun! will ein einst blühendes Volk nicht Phönix gleich aus der Asche Martin Van Buren's erstehen und sich erheben über den Ruinen und rauchenden Ueberresten anderer Politiker von gleichem Schlage und über den Windhall Benton's, Calhoun's, Clay's, Wright's und einer Caravane ähnlicher Rechts-Doctoren, und dann helfen die blutigen und die Brandwunden eines kranken aber dennoch gesegneten Landes mit einem Heilpflaster zu belegen und zu verbinden? Das Volk im Süden ist gastfrei und edel; es wird dazu helfen ein so freies Land von jeder Spur der Sklaverei zu befreien, wenn sie nur die Sicherheit haben, Ersatz für ihr Eigenthum zu erhalten. Das Land wird voll sein von Geld und Vertrauen, wenn eine National=bank von zwanzig Millionen, und eine Staatsbank in jedem Staate mit einer oder einigen Millionen in Geldsachen den Ton angäbe und ein Circulationsmittel schaffte, ebenso werthvoll in den Kassen eines ganzen Gemeinwesens, als in den Geldkisten einer speculirenden Privatbank oder eines Geldwechslers.

Das Volk mag Fehler haben, aber man sollte es deshalb doch niemals gering achten. Ich denke die Verse von Prior, welche Pitt im britischen Parlament anführte, indem er sie auf die Richtschnur anwandte, welche der König und sein Ministerium in Bezug auf die Colonien, die jetzigen Vereinigten Staaten, befolgen sollten, möchten eine richtige Regel für die Handlungs=weise gewisser Männer in hohen Aemtern gegen die Nachkommen jenes edlen und kühnen Volkes abgeben:

"Für seine Fehler sei ein wenig blind,
Die Tugenden erkenn' geschwind."

Wir haben democratische Präsidenten, Whig=Präsidenten, einen pseudo=democratischen Whig=Präsidenten gehabt. Nun ist es an der Zeit, einen Präsidenten der Vereinigten Staaten zu haben, und laßt das Volk der ganzen Union, wie die unbeugsamen Römer, wenn es findet, daß ein Beamter ein Ver=sprechen, welches er als Candidat gemacht hat, im Amte nicht hält, den elenden Sycophanten von seinem hohen Stuhl hinab=stoßen, wie Gott den Nebucadnezar mit seinem viehischen Herzen unter das Vieh versetzte und ihn das Gras auf dem Felde fres=sen ließ.

Herr Van Buren sagte in seiner Inaugural=Adresse, daß er den Präsidenten=Stuhl bestiege "als der unbeugsame und sich auf keinen Vergleich einlassende Gegner jedes Versuchs von Seiten des Congresses, die Sklaverei in District Columbia gegen den Wunsch der sklavenhaltenden Staaten abzuschaffen"; und ferner mit dem Entschlusse, "der geringsten Einmischung in die Sklaven=frage in den Staaten, wo die Sklaverei bestehe, entschiedenen Widerstand zu leisten." Der arme kleine Matten machte seine zusammengestoppelten Phrasen mit der Thatsache vor Augen, daß im Staate New York, seinem Geburts=Staate, die Sklaverei ohne Kampf und ohne Murren abgeschafft war. Großer Gott, wie unabhängig! Von jetzt an wird die Sklaverei geduldet, wo sie existirt; Constitution oder nicht Constitution, Volk oder nicht Volk, recht oder unrecht; vox Matti, vox Diaboli und vielleicht war sein großer Sub = Treasury = Plan ein Stück aus demselben Gehirn. — — — — — — — — —*)

In den Vereinigten Staaten ist das Volk die Regierung und seine vereinigte Stimme ist der einzige Souverain, welcher herrschen, die einzige Macht, der man gehorchen, der einzige "Gentleman", der geehrt werden sollte, innerhalb und außerhalb des Staates, zu Lande und zur See, deshalb würde ich, wenn ich durch die Stimmen eines tugendhaften Volks Präsident der Vereinigten Staaten wäre, die alten Wege der ehrwürdigen Väter der Freiheit gehen; ich würde den Fußtapfen dieser hehren Patrioten folgen, die den Bogen der Regierung über ihre Schultern trugen, aber ihr Auge allein auf den Ruhm des Volkes gerichtet hatten, und wenn dieses Volk um Abschaffung der Sklaverei in den Sklavenstaaten petitionirte, so würde ich alle ehrenhaften Mittel anwenden, diese Bitte in Ausführung zu bringen und den Gefangenen die Freiheit zu geben, während den Herren im Süden ein angemessener Ersatz für ihr Eigenthum zu leisten wäre, damit dann die ganze Nation in der That frei wäre. Petitionirte das Volk um eine Nationalbank, so würde ich mein Bestes thun, um auch diesen Wunsch zu erfüllen; ich würde eine solche auf nationalen Principien errichten, um die Abgaben herabzusetzen und das Volk selbst zum Controleur seiner Finanzmittel zu machen. Würde das Volk um den Besitz von Oregon oder von einem andern angrenzenden Territorium petitioniren, so würde ich meinen Einfluß als erster Beamter dahin verwenden, ein so vernünftiges Verlangen auszuführen, damit die mächtigen Kraftanstrengungen und Unternehmungen eines freien Volks sich vom östlichen bis zum westlichen Meere erstrecken und die Wildniß blühend machen möchten, wie die Rose; und wenn benachbarte Reiche bäten in die Union der Söhne der Freiheit aufgenommen zu werden, so würde meine Stimme sein: Kommt! Komme du, Texas, komme Canada, komme Mexico; komme alle Welt, und laßt uns Brüder sein; laßt uns eine große Familie sein und laßt allgemeinen Frieden herrschen. Schafft die grausamen Einrichtungen

*) Wir lassen hier einen Passus fort, welcher Anspielungen enthält, die dem Deutschen nicht verständlich sind. Es wird darin die Verhöhnung Van Burens fortgesetzt.

der Gefängnisse (mit Ausnahme einiger Fälle), der Zuchthäuser, und der Kriegsgerichte wegen Desertion ab und laßt Vernunft und Freundschaft auf den Ruinen der Unwissenheit und Barbarei herrschen. Ja, ich möchte als der allgemeine Freund der Menschheit die Gefängnisse öffnen, die Augen öffnen, die Ohren öffnen, und die Herzen alles Volkes öffnen, damit es sähe und genösse Freiheit unverfälschte Freiheit! Und Gott, der einst die Gewaltthätigkeit auf der Erde durch eine Fluth reinigte, dessen Sohn sein Leben ließ zur Erlösung Aller, die ihm sein Vater auf Erden gab, und der versprochen hat, wiederzukommen und die Welt noch einmal am jüngsten Tage mit Feuer zu reinigen, — er soll von mir angefleht sein um die Wohlfahrt alles Volkes.

Mit der höchsten Achtung
bin ich ein Freund der Tugend
und des ganzen Volkes

Nauvoo, Illinois, Februar 7. 1844.
Joseph Smith."

5. Circularschreiben des Hohen Raths an alle Gemeinden der Kirche der Jüngsten=Tags=Heiligen, vom 20. Januar 1846.

"Geliebte Brüder und Freunde! — Wir die Mitglieder des Hohen Raths der Kirche, kraft aller ihrer Behörden, sind einstimmig übereingekommen und ergreifen diese Gelegenheit, euch zu benachrichtigen, daß wir beabsichtigen, im Anfang des Märzmonats eine Pionier=Compagnie, größtentheils aus jungen kräftigen Leuten bestehend mit einigen Familien von hier in das westliche Land zu senden. Diese soll sehr reichlich ausgerüstet werden und eine Buchdruckeer=Presse, landwirthschaftliche Werkzeuge aller Art, die zum Mühlenbau nöthigen Apparate, Korn und Sämereien aller Art ꝛc. mitnehmen.

Der Zweck dieses frühen Aufbruchs ist, eine Sommer=Aussaat zu machen, Häuser zu bauen und Alles vorzubereiten für die Aufnahme von Familien, die ihnen nachfolgen werden, sobald hinreichend Gras gewachsen ist, um das Zugvieh und sonstiges Vieh zu ernähren. Unsere Pioniere haben den Auftrag, so weit nach Westen vorzudringen, bis sie einen guten Platz finden, um

Getreide darauf zu bauen, in irgend einem guten Thal in der Nähe des Felsengebirges, wo sie niemandem im Wege sind und wo man ihnen nicht leicht in den Weg treten wird. Hier wollen wir einen Ruhepunkt haben, bis wir uns über einen bleibenden Wohnort entscheiden können. Wenn der vom Präsidenten (dem Congreß) empfohlene Plan, längs der Route nach Oregon verpallisadirte Forts anzulegen, zum Gesetz wird, so haben wir Aussicht, daß uns diese Arbeit übertragen wird, die wir mit weniger Kosten für die Regierung ausführen können, als andere Leute. Wir erklären auch zur Beruhigung derjenigen, welche geglaubt haben, daß unsere Beschwerden uns dem Vaterlande entfremdet hätten, daß unser Patriotismus weder durch Feuer, noch durch das Schwert, noch durch die mörderischen Ueberfälle, die wir bei Tage und bei Nacht erlitten haben, getödtet ist, und daß sie uns den Institutionen unsers Vaterlandes nicht abwendig gemacht haben. Sollten Feindseligkeiten zwischen der Regierung und den Vereinigten Staaten und einer andern Macht ausbrechen in Bezug auf den Besitz des Oregon=Territoriums, so sind wir bereit, die Ansprüche der Vereinigten Staaten gegen jenes Land zu vertheidigen. Es gehört geographisch uns und von Rechts wegen sollte keine fremde Macht dort zu regieren haben. Wenn unsere Dienste gefordert werden, um dies zu verhindern, so werden wir sie willig nach unserem Vermögen leisten. Wir fühlen die Kränkungen, die wir erlitten haben, und sind gegen das uns zugefügte Unrecht nicht unempfindlich. Aber dennoch sind wir Amerikaner, und sollte unser Land mit Krieg überzogen werden, so hoffen wir wenigstens eben so viel zu thun, wie jener gewissenhafte Quäker, der als Passagier auf einem Kauffahrteischiffe fuhr, welches von Seeräubern angegriffen wurde. Der Seeräuber legte an das Schiff an und einer von den Leuten des Feindes fiel zwischen den beiden Schiffen ins Wasser, ergriff aber ein überhängendes Tau und wollte sich daran an das Kauffahrteischiff heraufziehen. Als der gewissenhafte Quäker dies sah, nahm er, obgleich er nicht gern haßt, sein Taschenmesser und rief dem Seeräuber zu: "Wenn du das Stück Tau gebrauchst, so will ich dir dazu verhelfen." Er schnitt das Tau durch, der Seeräuber fiel und ein wässeriges Grab wurde sein Ruheplatz.

Vieles von unserm Eigenthum wird in den Händen von bevollmächtigten Agenten bleiben, damit diese es wohlfeil gegen

Zugvieh, Waaren oder baares Geld verkaufen. Die daraus gelösten Summen sollen darauf verwandt werden, die zurückbleibenden Familien von Zeit zu Zeit und so bald wie möglich nachzusenden. Es wird sich nun fragen, ob die von unseren Familien und Freunden, die wir nothwendiger Weise noch für einige Zeit zurücklassen müssen, um durch Verkauf unsers Eigenthums eine Ausrüstung für sie zu bekommen, gemobbt, ausgebrannt und mit Gewalt verjagt werden, oder nicht. Giebt es irgend einen Amerikaner, der nach der Ehre begierig ist, dies zu thun? oder werden Amerikaner es dulden, daß dergleichen geschieht und die Schande davon auf ihrem Charakter haften bleibt? Wollen sie es, so laß die Welt es erfahren. Aber wir glauben nicht, daß sie es wollen werden.

Wir willigten ein, das Land zu verlassen um des Friedens willen, aber unter der Bedingung, daß keine ärgerlichen Verfolgungen mehr gegen uns angestellt würden. Wir sind bemüht gewesen, unsere Verpflichtungen in gutem Glauben zu erfüllen. Gouverneur Ford hat auch seine Pflicht gethan, unsere Wünsche in dieser Beziehung zu unterstützen. Aber es giebt Leute, die nicht wollen, daß wir irgendwo unser Dasein fristen sollen. Aber unser Schicksal ist in Gottes Hand und ebenso das ihrige.

Wir behaupten kühn, daß unsere Brüder kein falsches Geld gemacht haben, und wenn ein Müller 1500 Dollars schlechtes Geld in einer Woche von uns bekommen haben will, so laß ihn Zeugniß bringen. Wenn irgend ein Landagent der Generalregierung Wagenladungen voll schlechter Münze als Bezahlung von gekauftem Lande von uns erhalten hat, so laß ihn kommen und es behaupten; oder wenn er von uns überhaupt falsches Geld bekommen hat, so laß es ihn sagen. Jene Zeugen gegen uns haben eine große Fabel erdichtet. Aber hätten unsere Brüder nicht allen Einfluß gegen sie gebraucht, um sie zu ruiniren und sie zu zwingen unsere Stadt zu verlassen, nachdem sie sich überzeugt hatten, daß gerade diejenigen, welche uns beschuldigten, dasselbe Geschäft betrieben, so würde ihre Rache uns nie als Urheber ihrer gesetzwidrigen und falschen Erzeugnisse beschuldigt haben.

Wir haben niemals jemandem einen schwarzen Riemen um den Hals gelegt, oder jemandem die Eingeweide ausgenommen und die Fische des Mississippi damit gefüttert. Das systematische

Stehlen, wovon diese glaubwürdigen Zeugen sprechen, ist sicher ihre eigene originelle Idee. Solch' ein Plan kann nur bei einem Menschen entstehen, der die Flamme des Todes und der Zerstörung rings um uns anzufachen wünscht. Die niedrigste Hefe der Bosheit und Rache ist in die Aussagen der Zeugen gemischt, auf welche das "Sangamon Journal" anspielt. Man sollte denken, daß jeder vernünftige Mensch das erkennen müßte. In der That sehen dies auch manche Journalisten und wir sagen ihnen unseren Dank, daß sie dies aussprachen.

Wir haben nun unsere Gefühle, unsere Wünsche und unsere Absichten ausgesprochen, und dabei sind wir gewillt zu bleiben. Solche Zeitungs-Herausgeber, die wünschen, daß wir leben bleiben und nicht zu Grunde gehen und einen Aufenthaltsort auf Erden haben, so lange es dem Himmel gefällt, unsere Tage zu verlängern, sind achtungsvoll ersucht, diesen Artikel zu veröffentlichen. Und Leute, die sehr wohlfeil Grundeigenthum kaufen wollen, zu ihrem eigenen und zugleich zu unserem Vortheil, sind ersucht zu uns zu kommen und sich dasselbe anzusehen. Unser Gebet wird immer sein, daß Recht und Gerechtigkeit, Wahrheit und Barmherzigkeit erhöht werden möge, nicht nur in unserem Vaterlande, sondern auf der ganzen Welt und daß der Wille Gottes geschehe auf Erden, wie im Himmel.

Gegeben im Rathe in der Stadt Nauvoo, am 20sten Tage des Januars 1846.

Samuel Bent.	Henry G. Sherwood.	Lewis D. Wilson.
James Allred.	Alpheus Cutler.	David Fullmer.
George W. Harris.	Newel Knight.	Thomas Grover.
William Huntington.	Ezra T. Benson.	Aaron Johnson.

6. Aus „Salt Lake-City-News" vom 11. Januar und vom 8. Februar 1855.

"Legislative Gesellschaft gegeben in der Gesellschafts-Halle von dem Gouverneur und der legislativen Versammlung am Montage, den 1. Januar 1855, zu Ehren des Richters Kinney, seiner Gerichtsbeisitzer, anderer Vereinigten-Staaten-Beamten und des Oberstlieutenant

Steptoe von der Vereinigten-Staaten Armee, nebst dessen Officieren.

Arrangements Committe: Heber C. Kimball, J. M. Grant, Lorenzo Snow, H. S. Eldridge und Samuel W. Richards.

Das Haus wurde vom Präsidenten H. C. Kimball zur Ordnung gerufen, welcher bemerkte, daß es Zeit sei, die Gesellschaft beginnen zu lassen. Er wünschte erst einen kleinen Rath zu geben und er werde klar und verständlich sein. Es wäre bekannt, daß diese Gesellschaft vom Gouverneur und der legislativen Versammlung ausgehe; wir wünschten ein Beispiel zu geben, wie die gute Ordnung erhalten werden könne, welches auf Generationen hinaus nachgeahmt zu werden verdiene. Beim Tanz und während der Musik dürfe kein Gespräch und keine Unordnung sein, sondern jeder Mann müsse sich wie ein Gentleman und jede Dame wie eine Dame betragen. Wir wünschen nicht, daß irgend jemand von den Herrn oder Damen in das untere Zimmer geht, bis sie dazu eingeladen werden. Wir wünschen nicht, daß Whisky oder Branntewein in diese Gesellschaft gebracht werde; wir bitten daher, daß keiner der Eingeladenen hinausgehen und solche Getränke holen möge: sollte es dennoch geschehen, so betrachten wir es als eine Beleidigung. Dies ist eine strenge Enthaltsamkeit = Gesellschaft, d. h. vollständige Enthaltung von allen spirituosen Getränken ist ihr Gesetz. Wir führen das Kaltwasser=System ein, bis wir zu Tische gehen; dann kann wer will Thee oder Kaffe haben. Das Zimmer, aus dem Sie kamen, ist das Vorzimmer; Herrn und Damen werden Ihnen dort aufwarten, denn wir wünschen vollkommene Ordnung und Harmonie, damit die Engel, die gesandt sind uns zu bedienen (to administer to us) und in Gemeinschaft mit welchen wir die Schlüssel halten, mit uns zufrieden sind und uns alle mit der Macht Gottes stärken, daß wir unsere Rolle gut durchführen und daß unsere Musiker mit einem heiligen Gefühle beseelt werden um durch ihre Instrumente unsere Gefühle zu beleben und zu heben. Wir wollen diese Gesellschaft, uns selbst und die Musik dem Herrn weihen. Wenn dies auch Ihre Gefühle sind, so halten Sie Ihre rechte Hand in die Höhe und sagen Ja (was Alle thun). Hier ist niemand eingeladen, dessen Name nicht auf der Liste war. Das ist der Befehl des Gouverneurs. Seine Gesundheit ist schwach und er weiß nicht, ob er hier kommen kann, aber ich wünsche, daß wir seiner in unseren Gebeten gedenken, daß Gott ihn durch seine heilige Berührung stärke, denn ich möchte gern, daß er hier wäre und uns diesen Abend sähe. Die Herren mit Ihren Damen, die Ihnen unbekannt sind, werden förmlich eingeführt werden.

Präsident J. M. Grant sprach darauf ein Gebet zu dem Herrn, in welchem er ihm die Gesellschaft und die Vorgänge des Abends weihte.

Darauf organisirte Präsident Kimball den Cotillon und mit dem Worte "Fertig!" erfüllten die lieblichen Töne der Musik jedes Herz mit Tanzlust.

Das Orchester (sechs erste und zweite Violinen, ein Violoncell, ein Contrebaß und Flöten) war mit Musikern besetzt und zu jeder Seite stand ein Knabe in einem gaelischen Schäferkostüme und den Krummstab in der Hand.

Um 4 Uhr Nachmittags wurden Oberst Steptoe und Fräulein Kinney von dem achtbaren H. C. Kimball eingeführt und bald darauf Se. Ehren der Oberrichter J. F. Kinney und seine Gemahlin, ferner Hr. Mc=Clure und Gemahlin, Hr. Holman, V. St.=Districts=Anwald, Lieut. Tyler, Hr. Rankin und der Staatssecretair Babbitt und Gemahlin.

Cotillon folgte nun auf Cotillon in raschem Wechsel und alles im Saale war Ruhe und Ordnung, während draußen der Sturm heulte und von Süden her ein vollkommener Orkan tobte.

Um halb 6 Uhr kam Major Reynolds, Major Rose und Gemahlin und Marschall Heywood, eingeführt von dem achtbaren J. M. Grant.

Der achtbare H. C. Kimball trug den Versammelten vor, daß er soeben eine Mittheilung vom Gouverneur erhalten habe, welche er sich erlauben wolle, vorzulesen:

"Gouverneur B. Young empfiehlt sich hochachtungsvoll den heute Abend in der Gesellschaftshalle Versammelten und bringt den Damen und Herren seinen Neujahrswunsch dar. Er bedauert es außerordentlich, daß seine Gesundheit, die ihm nicht erlaubt das Zimmer zu verlassen, ihn zu so ungelegener Zeit des Vergnügens beraubt, seine Freunde zu sehen und an dem fröhlichen Tanze bei dieser Gelegenheit theilzunehmen. In der Hoffnung, daß die Gesellschaft sich bestens amüsiren wird und den Segen des Himmels auf die Vergnügungen dieses Abends herabsehend, wünscht er Allen einen recht vergnügten Abend. Neujahrstag. 5 Uhr."

Um 6 Uhr wurden Capitain Ingalls, Lieut. Mowry und der achtbare Richter Stiles von dem achtbaren J. M. Grant eingeführt und um 7 Uhr von demselben Joseph Green von der Firma Kinney, Green & Co. und Lieut. Alston. — Nachdem nun noch ein Tanz getanzt war, wurde ein Viertel nach 8 Uhr das Diner angekündigt. Es wurden nun die Herren von Nr. 1 bis 43 mit ihren Damen aufgerufen und in feierlicher Ordnung nach dem unteren Speisesaal geführt. Nachdem sich alle bequem niedergelassen hatten, erbat Präsident Kimball den Segen für die aufgetragenen Gerichte und Delikatessen und richtete ein Dankgebet an den Gott unserer Väter.

Die verschiedenen Gänge wurden durch Schellen mit einer Glocke angezeigt. Die Aufwartung wurde von gleichgekleideten Herren besorgt. Die verschiedenen Gänge, Gerichte und Leckerbissen erregten die Verwunderung und das Staunen aller Anwesenden, besonders der Fremden, aber noch erwähnenswerther ist der Geschmack, die Pracht und die Originalität, womit der Saal für diese Gelegenheit verziert war.

Die Wände waren mit Tannenzweigen, Flaggen, Bannern, Emblemen, Mottos und Gemälden geschmückt. An der südlichen Wand las man auf grüner Seide gestickt die Worte: "Friede den Fremden!" an der nördlichen Wand: "Einigkeit giebt Stärke!" Unsere Nationalflagge, die Sterne und Streifen, zierte die westliche Wand, daneben hing ein schönes Gemälde, welches den Uebergang unserer Pioniere über den Platt=Fluß darstellt. Links von der Nationalflagge waren die Banner des Nauvooer Musikkorps und dieser Stadt angebracht. Das letztere elegante Banner enthält die Umschrift: "Stadtregierung, Ordnung, Gerechtigkeit — Große Salzsee=Stadt." An der östlichen Wand war die Fahne der Leibgarden angebracht mit den Sternen und Streifen und einem Bienenkorbe von Bienen umschwärmt (den Wappen von Deseret), über den ein Adler schwebt mit dem Motto: "Unum" und unter welchen ein schwarzer Bär angebracht ist mit dem Motto: "Stets bereit!" In den vier Ecken der Fahne liest man die Worte: "Leib=Garden." An derselben Wand hing auch ein großer Banner mit einem Löwen, dem Könige des Waldes. In den vier Ecken der Zimmer-Decke standen die Worte: "Reinheit," "Tugend" "Wahrheit und Gerechtigkeit" und "Weisheit."

An den Pfosten rings um das Gebäude waren Tannenzweige befestigt, von welchen die Flaggen aller Nationen herabhingen. Der Fuß der Pfosten waren mit Rosen bekränzt. Ebenso waren die Säulen in der Mitte des Gebäudes decorirt und unter sich durch Blumen-Guirlanden mit einander verbunden.

Da die Gesellschaft so zahlreich war, mußte dieselbe in zwei Abtheilungen zu Tische gehen. Während der ersten Tafel spielten die Musiker, an der zweiten aßen sie selbst mit.

Nach der Tafel führte Präsident Kimball Hrn. Henry Mabin ein, welcher die Gesellschaft durch den Vortrag einiger, meistens komischer Gesangstücke und mormonischer Lieder unterhielt.

Darauf hielt der Aelteste Orson Hyde folgende Anrede: "Diese Festlichkeit macht mich sehr glücklich, denn es erfreut das Herz die Tage zu sehen, in welchen sich unser Volk heute in diesen Bergthälern befindet. Mein Herz ist dankbar gegen den Geber alles Guten für alles das, was meine Augen heute Abend sehen und meine Sinne genießen, und meine Gedanken durchlaufen den Wechsel des Schicksals, den dieses Volk erfahren hat. Vor wenig Jahren noch flohen wir vor der Hand der Verfolgung, die uns zu erdrücken drohte, und ohne zu wissen, wohin wir unsere Schritte wenden sollten, zogen wir durch die Ebenen, uns irgendwo eine Heimath zu suchen. Aber durch die allwaltende Hand der Vorsehung wurden wir sicher in dieses Gebirge geleitet, worin wir schon heimisch geworden sind. Damals war es von einem armseligen, herabgekommenen Indianerstamme bewohnt, der uns mit eifersüchtigen Blicken bewachte, unser ganzes Eigenthum bestand in unseren Wagen; das Land war unbekannt. Gebirgsjäger, welche hier gelebt hatten, sagten uns, wir könnten hier nicht eine Aehre Korn bauen; sie waren davon so fest überzeugt, daß sie uns 1000 L für die erste Aehre Korn boten, die wir hier ziehen würden. Unter so entmuthigenden Umständen fingen wir hier an zu arbeiten und machten unsere erste Aussaat. Eine unzählige Menge Insekten kam vom Gebirge und zerstörte die Saaten, aber die Rächer waren nahe, während die Heuschrecken jedes grüne Blatt verzehrten, kamen die Möven und fraßen von Sonnenaufgang bis zu den letzten Strahlen, die die Bergspitzen am westlichen Horizont vergoldeten, die Heuschrecken, brachen sie wieder aus und fraßen von Neuem. Dies betrachteten wir als das Werk der Vorsehung, die uns diese ganze Zeit über in Gnaden beschirmte.

Trotz alle dem sind wir zu unserer jetzigen günstigen Lage gelangt und während wir stets darauf gefaßt sein mußten, daß der Kriegsruf der Indianer erschallen und uns zur Vertheidigung von Weib und Kind aufrufen möchte. Und wie befinden wir uns jetzt? Laßt diesen Abend reden. Ich bin in fast jedem Staat unserer Union und in den Staaten und Reichen von Europa gewesen von der Mündung des Rheins bis zur Mündung der Donau, in Asien und in Afrika und ich sah nirgends etwas, was diesem Feste ähnlich war. Es mag etwas geben, was dem gleich kommt, aber mein Herz ist nicht dadurch erfreut worden, meine Augen haben es nicht gesehen. Laß die Welt, die Wunder sehen will, hierher kommen! Und während ich heute Abend hier mit Ihnen vereinigt war, hat mein Geist die Elemente betrachtet, die uns wüthend umtosen, während innerhalb dieser Mauern Alles so ruhig und freundlich ist. Möge Gott uns gnädig sein und unserem Volke den Frieden und die Eintracht erhalten, wie dieser Saal sie heute Abend darstellt, wenn auch die Welt, wie die Elemente draußen, in Krieg und Zwietracht tobt. Daß dies der Fall sei, dazu will ich alle Kräfte aufbieten bis zum Ende meiner Tage. Ich wünsche allen ein glückliches neues Jahr! Das ist mein Gebet. Gott gebe, daß es erfüllt werde. Amen!" —

Darauf wurde eine Anrede Sr. Ehren des Oberrichters des höchsten Gerichts für Utah J. F. Kinney angekündigt. Er erhob sich und sprach folgendermaßen: "Es ist der heutige Tag für mich eine Veranlassung meine Freude auszudrücken — die um so größer ist, wenn ich an die Geschichte dieses Landes denke. Ich kann es mir kaum vorstellen, daß wir hier 1000 oder 1500 Meilen weit von der Civilisation entfernt und doch mitten in derselben sind — und nicht blos in der Civilisation, sondern in der feinen Welt (in the most perfect refinement). Ich erinnere mich der Worte Daniel Webster's, die er einst bei einer Feier der Landung der Pilgrim-Väter sprach. Derselbe Himmel, sagte er, ist über uns und wir betreten denselben Boden, aber alles übrige ist anders geworden! Dasselbe paßt auf dieses Territorium. Wenn wir bedenken, daß kaum sieben Jahr vergangen sind, seitdem dieses Volk hier anlangte ohne Nahrungsmittel, mit Kräutern und

Wurzeln sein Leben fristend, und nun den Glanz, die Pracht und den Geschmack betrachten, der hier entfaltet ist: so können wir in Wahrheit erstaunt sein. Ich kann dies nur der Vorsehung des gütigen Wesens zuschreiben, welches alle Dinge zu seinem Ruhme und zum Wohle seiner Geschöpfe lenkt. Ich freue mich, daß seit meiner Anwesenheit unter Ihnen hier ein so gutes Einvernehmen bestanden hat. Wir sind alle Brüder; wir stehen hier auf demselben Boden — sind alle Reisende in dasselbe unbekannte Land. Es ist mein Wunsch, daß die gleiche freundliche, wohlwollende Gesinnung hier stets fortdauert — soll ich sagen zwischen Heiligen und Sündern? — die seit meiner Ankunft in dieser Stadt keinen Abbruch erlitten hat. Ich wünsche Ihnen allen ein glückliches neues Jahr. Mögen wir alle zur Beförderung der Einigkeit beitragen, welche in dem ganzen Thale herrscht!"

Nun begann der Ball wieder, bei dem in den Pausen Gefrorenes herumgereicht wurde. Um halb Eins wurde noch ein Souper servirt. Um halb zwei Uhr rief der Präsident Kimball das Haus zur Ordnung und sagte: "Wir sollten ehe wir auseinander gehen, wie wir stets zu thun pflegen, den Namen des Herrn rühmen, damit sein Segen, der über uns gewaltet hat so lange wir hier beisammen waren, uns nach Hause begleiten möge." — Dann sang Bruder Mabin "die lustigen Mormonen" mit Musikbegleitung, wobei fast die ganze Gesellschaft in den Chor einstimmte. — Den Schluß-Segen sprach Orson Hyde." — —

In einer Gesellschaft, die der bisherige Staatssecretair Babbit den Mitgliedern der gesetzgebenden Versammlung von Utah gab, hielt der Oberrichter Kinney folgende Rede:

"Ich stehe nicht auf, um eine Geschichte zu erzählen oder einen Toast auszubringen, sondern nur um meine Gefühle auszudrücken. Ich bin den Arbeiten der gesetzgebenden Versammlung während der jetzt beendigten Session gefolgt und habe gesehen, daß sie das weise System angenommen hat, wenige und einfache Gesetze zu geben. Die Regierungen, welche die wenigsten und einfachsten Gesetze geben, sind in der Regel die weisesten. Sie wünschen nicht Ihr Volk durch Gesetze zu regieren, sondern suchen es durch Liebe zu lenken. Ich spreche dies nicht blos zum Lobe des Gouverneur Young und seines Rathes. Alles hier im Thale verräth den Unternehmungsgeist, den Gewerbefleiß, die Bildung und die Intelligenz dieses Volkes. Ihre schönen Ansiedelungen, in Lieblichkeit und Schönheit unübertroffen, Ihre öffentlichen Gebäude, Ihre Fabrikeinrichtungen, und die Einigkeit und das Wohlwollen, welche in Ihrem ganzen Territorium herrschen, — Alles dies sind Beweise der Weisheit und der Kraft, die alle Zweige der Verwaltung beeinflussen und beaufsichtigen. Jeder Fremde, der in dieses Gebiet kommt, muß von dem Ueberflusse der Schönheit, dem Ebenmaße und der sinnreichen Eigenthümlichkeit, welche in diesem Thale herrscht, betroffen sein.

„Ich war sieben Jahre lang ein Mitglied des höchsten Gerichts in Jowa; mein Gehalt war 1000 Doll. jährlich, der Gehalt des Oberrichters in Utah betrug damals 1800 Doll. Ich hatte ein hübsches Haus in Jowa, wie Viele von Ihnen hier haben. Meine Versetzung nach Utah wurde bald bekannt und meine Freunde, die Mitglieder der Bar, widerriethen mir von Jowa wegzugehen, ich erhielt eine Menge Briefe in demselben Sinne, auch von meinen alten Freunden aus New-York, großentheils meinen Studiengenossen. Meine eigene Neigung ging dahin, der Welt zu zeigen, daß ein Mann meinen gegenwärtigen Posten bekleiden könne und seine Pflichten doch treu erfülle. Ich wurde mehr durch den Wunsch bestimmt, die öffentliche Meinung zu widerlegen und der Welt die Verläumdungen aufzudecken, die auf dieses Volk gehäuft sind, als durch irgend ein anderes Motiv. Ich ging weder des Geldes noch der Ehre wegen hierher. Ich habe eine Frau und fünf Kinder, worunter eine erwachsene Tochter; und ich kann behaupten, hier ist weniger Sittenlosigkeit, weniger Trunkenheit, weniger Ausgelassenheit als irgendwo sonst, wo ich gewesen bin. Ich kehrte mich nicht an den Rath meiner Freunde, und ich habe den Schritt, den ich gethan habe, niemals bereut. Man wollte mich überreden, wenigstens meine Familie zurückzulassen, ich überließ es ihr selbst zu entscheiden, ob sie mitgehen wollte oder nicht, und sie ging mit. Finden Sie hierin ein Compliment für Ihr Territorium, so ist es mir lieb, und ich bin stolz darauf."

Druck der Universitäts-Buchdruckerei von E. A. Huth in Göttingen.

**UNIVERSITY OF CALIFORNIA LIBRARY,
BERKELEY**

**THIS BOOK IS DUE ON THE LAST DATE
STAMPED BELOW**

Books not returned on time are subject to a fine of 50c per volume after the third day overdue, increasing to $1.00 per volume after the sixth day. Books not in demand may be renewed if application is made before expiration of loan period.

Due Jan. 15, 1925
as per note on
Call slip.

1-29-25m

JUL 29 1927

12Nov'48AP

22Mar'54SS

1954

'63

REC'D LD

MAR 29 1963